现代教育技术发展与应用研究

王利绒 ◎ 著

吉林人民出版社

图书在版编目(CIP)数据

现代教育技术发展与应用研究/王利绒著.-- 长春：吉林人民出版社, 2020.7
ISBN 978-7-206-17299-1

Ⅰ.①现… Ⅱ.①王… Ⅲ.①教育技术学 Ⅳ.①G40-057

中国版本图书馆 CIP 数据核字 (2020) 第 131434 号

现代教育技术发展与应用研究
XIANDAI JIAOYU JISHU FAZHAN YU YINGYONG YANJIU

著　　者：王利绒	
责任编辑：王　丹	封面设计：陈富志

吉林人民出版社出版 发行（长春市人民大街 7548 号）邮政编码：130022

印　　刷：定州启航印刷有限公司	
开　　本：710mm×1000mm　1/16	
印　　张：14.75	字　　数：263 千字
标准书号：ISBN 978-7-206-17299-1	
版　　次：2020 年 7 月第 1 版	印　　次：2020 年 7 月第 1 次印刷
定　　价：59.00 元	

如发现印装质量问题，影响阅读，请与印刷厂联系调换。

前　言

高速发展的科技，正在以空前的速度和规模向教育领域渗透。作为素质教育、信息技术教育、创新人才培养以及终身教育等重大课题的联系纽带，教育技术是当代教育体制革新的重要因素之一。现代教育技术的理论和实践应用是一个快速发展的领域，研究成果不断涌现，与创新型教育理念联系日益紧密。目前，无论是教学内容与课程形态的变化，还是教学方式与评价方式的变化，在教学资源的获取和组织上都离不开教育技术的强大支持。教育技术对我国基础教育领域内的新课程改革有着重要影响。

新形势下，教育技术作为教育信息化的主要抓手，需努力跟进发展，实现自我革新和理论突破，以更宏观的角度把握教育信息化的发展状况；联系各地各区的具体实际，由点带面，勾勒未来教育新形态，助力民族复兴教育发展。争创新、求发展，教育技术勇立教育改革的潮头。

在这样的大背景下，作为一部教育技术学专著，本书以现代教育技术学理论为核心，厘清了教育技术新技术发展的应用脉络，并结合教育技术创新扩散的思想，致力于夯实读者教育技术学的知识基础，开拓教育技术学发展的新思路，并提高教育技术专业人才的实践素养。

本书共分为七章，基本涵盖了当代教育技术领域的传统与前沿内容。第一章是教育技术学概述，介绍了教育技术的发展脉络；第二章是信息化教学设计，对信息化教学设计理论、设计模式、原则策略以及教学评价等方面内容进行了综合论述；第三章是信息技术与学科教学整合，重点介绍了基于课堂教学的信息技术与学科教学的整合问题；第四章是基于 MOOC 的混合式教学设计，对慕课这一"互联网＋教育"的产物进行了系统化的分析和研究；第五章是教育技术与教师教育，通过对师范生信息化教学能力的培养和中小学教师的教育技术能力两个师范类课题的探究，深化和发展了教育技术与教师教育二者间的关系；第六章是教育技术与人工智能，从教育的角度来分析和理解人工智能理论，从教学应用的角度来讲解人工智能技术；第七章是智慧教育，从智慧教育、物联网技术以及智慧校园三个方面，阐述智慧教育这一新型教育技术模式的内涵、发展与前景。

本书可以作为教育技术学专业教师、学生的工具书或培训资料使用，也可以作为教育技术理论与实践研究爱好者的参考用书。希望本书的出版可以促进教育技术朝着更加广阔的领域迈进。

由于时间和精力有限，书中难免存在缺陷与不足，敬请广大读者批评指正。

目 录

第一章　教育技术学概述 \ 1

　　第一节　教育技术基本概念 \ 1

　　第二节　现代教育技术的理论基础 \ 9

　　第三节　现代教育技术的发展趋势 \ 16

　　第四节　现代教育技术与教育革新 \ 24

第二章　信息化教学设计 \ 27

　　第一节　信息化教学设计概述 \ 27

　　第二节　信息化教学设计的理论基础 \ 32

　　第三节　信息化教学设计的模式 \ 43

　　第四节　信息化教学设计的原则与策略 \ 48

　　第五节　信息化教学设计的评价 \ 55

第三章　信息技术与学科教学整合 \ 61

　　第一节　信息技术与学科教学整合概述 \ 61

　　第二节　信息技术与学科教学整合的模式 \ 66

　　第三节　信息技术与学科教学整合的策略与评价 \ 69

第四章　基于MOOC的混合式教学设计 \ 83

　　第一节　混合式教学的教学目标 \ 83

　　第二节　混合式教学的学习者特征分析 \ 84

　　第三节　混合式教学的教学模式和策略设计 \ 87

　　第四节　混合式教学的学习环境设计 \ 90

　　第五节　混合式教学的教学评价 \ 93

第五章　教育技术与教师教育 \ 97

　　第一节　师范生信息化教学能力的培养 \ 97
　　第二节　中小学教师的教育技术能力 \ 148

第六章　教育技术与人工智能 \ 164

　　第一节　教育技术与人工智能的关系 \ 164
　　第二节　人工神经网络 \ 168
　　第三节　机器学习与自然语言 \ 177
　　第四节　专家系统与Agent技术 \ 186

第七章　智慧教育 \ 195

　　第一节　智慧教育概述 \ 195
　　第二节　物联网技术 \ 200
　　第三节　智慧校园 \ 211

参考文献 \ 226

第一章 教育技术学概述

教育技术（Educational Technology）最早出现在20世纪60年代末至70年代初的美国。美国教育技术产生最早，发展脉络清晰完整，在世界上影响也最大，其他国家如日本、英国、加拿大等均以美国的教育技术理论模式为借鉴，因此，美国可作为研究国外教育技术发展的典型代表。20世纪90年代中后期，随着科技的发展和新媒体技术的广泛应用，被称作"电化教育"的教育技术在我国迅速发展起来。因其教学效果显著，这种新型教育模式获得了国内广大教育工作者的认可。同时，为方便与世界接轨、吸收借鉴国外教育技术先进理论与实践成果、强化国际间教育合作与交流，我国的教育现代化建设与教育改革同步进行，一些教育学专业术语也在不断调整。在这样的背景下，"电化教育"一词逐渐成了历史，最终被更加规范的"教育技术"一词所取代。

第一节 教育技术基本概念

一、教育技术的定义

教育技术作为新兴学科，从20世纪60年代初到21世纪初，国内外关于教育技术的定义不下十几种，这也反映出教育技术始终处在不断自我完善、不断成熟的发展过程中。随着科学技术的进步，教育技术手段日新月异，对于教育技术定义的研究也将继续下去。这里主要介绍具有代表性的美国和中国的教育技术定义。

（一）美国AECT定义

由于媒体技术的发展和理论观念的拓新，国际教育界深感原有视听教育的名称不能代表该领域的实践和研究范畴。所以，在当时美国视听教育协会主席J.D.芬恩的建议下，由伊利领导成立了定义和术语委员会，致力于领域范畴、名称和定义的界定。该委员会在1963年发表的一份相关专题报告中坦露："视听传播这一名称是为了方便起见而采用的，如果今后有比这更合适的名称的话，肯定会取而代之的。"果然，在该协会1965年出版的《视听教学》杂志上，出现了视听教育、教育传播、学习资源、教学媒介、视听传播、教学技术、教育技术等诸多名称同时并用的乱象。1970年6月25日，美国视听教育协会经过大会表决，根据多数代表意见，决定改名为教育传播与技术协会，简称AECT。1972年，该协会将其实践和研究的领域正式定名为教育技术。

自教育技术的名称确定以后，学术界便开始探讨它的定义。美国教育传播与技术协会（AECT）对教育技术的定义有很多个版本，按年代分有1963年、1972年、1977年、1994年、2005年、2017年等多种版本。鉴于教育技术的理论研究始终处在不断发展中，本书重点介绍1994年、2005年、2017年的定义版本。

1.AECT在1994年的定义

针对教育技术，美国教育传播与技术协会（AECT）于1994年给出的定义流传广泛，影响也比较大。

其将教育技术定义为：教学技术是对学习过程和学习资源的设计、开发、运用、管理和评价的理论和实践。

该定义规定了教育技术的内涵及其理论和实践领域。分析该定义可以明确教育技术的研究对象、研究目的、研究形态和研究范畴。

（1）研究对象

教育技术研究的对象是学习过程和学习资源。

（2）研究目的

教育技术研究的目的是促进学习，即获得优化的学习效果。

（3）研究形态

教育技术研究的形态是理论与实践。教育技术既属于实践领域又属于理论研究领域。

（4）研究范畴

教育技术研究的范畴包括关于学习过程和学习资源的设计、开发、利用、管理和评价五个方面。

教育技术研究主要是非物化的方法论层面的研究，物化的媒体在定义中并没有具体的描述。可见，方法论、技术方法是教育技术研究的主要内容。教育技术可理解为系统技术与媒体技术的整合，如图1-1所示。

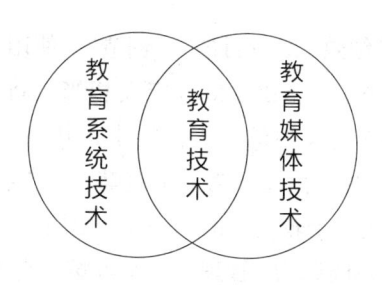

图 1-1 教育技术研究范畴

教育技术强调以学习者为中心、依靠一切资源、运用系统方法。学习者及其需求是教育技术关注的中心。因此，教育技术要研究学习者的特点，依据学习者的特点和需求确定目标和策略。现代教学观念正经历着从以教为中心转向以学为中心，从传授知识转向发展学生学习能力的重大转变。新的教学理论要求学生由被动的知识接受者转变为积极获取、加工、处理信息的主动学习者，教师由知识的传输者转变为学生学习的帮助者、品德的示范者、信息资源和学习环境的设计者。教育技术注重并且能提供相应的技术支持，实现学习者的自主学习、协作学习、创造学习、全面学习和终身学习。

学习理论认为，学习过程是学习者通过与信息、环境的相互作用获取知识和技能的认知过程。学习资源是学习过程中所要利用的各种信息和环境条件。教育技术解决教学问题的主要形式是借助教与学资源，使学习者与学习资源相互作用实现学习目标，教育技术依靠开发和使用教与学资源来提高学习者的学习质量。

系统方法是教育技术的核心。教学过程是一个综合复杂的过程，系统方法是将教与学过程当作系统来看待，以系统研究的思想方法来分析和处理教与学系统的主要因素及其相互关系，并且根据学与教的理论，从整体出发，设计出较为理想的教与学过程。

2.AECT 在 2005 年的定义

随着科学技术的发展，2005 年，美国教育传播与技术协会（AECT）在《教育技术的含义》文中提出了关于教育技术概念的新定义：教育技术是通过创造、使用、管理适当的技术性的过程和资源，以促进学习和改善绩效的研究与符合道德规范的实践。

该定义界定的概念名称是"教育技术"（Educational Technology）而不是"教学技术"（Instructional Technology）。

此外，该定义还明确了教育技术"研究"和"符合道德规范的实践"两大领域,"促进学习和改善绩效"双重目的,"创造""使用"和"管理"三大范畴。

与AECT1994定义相比,AECT2005定义相当于将AECT1994定义中的五大范畴整合到AECT2005定义中的三大范畴中,其对应关系是:将AECT1994定义的"设计""开发"两个范畴合为一个范畴——"创造";将AECT1994定义中的"利用"范畴改成一个较简单的词——"使用";将AECT1994定义中的"管理"与"评价"两个范畴归为"管理"一个范畴。与AECT1994定义中的"学习过程"和"学习资源"有一定区别,AECT2005定义中的"过程"和"资源"之前有两个限定词——"适当的""技术性的",教育技术的主要特征在于其技术性。

AECT2005定义的主要贡献在于:将教育技术的研究范围由教学领域扩展到企业绩效领域;首次明确提出了教育技术的实践应符合道德规范的要求;首次将"创造"作为教育技术领域的三大范畴之一,强调教育技术创新;从对一般的教学过程和教学资源的研究限定为对"适当的技术性的过程和资源"的研究,突出了专业的特色。

3.AECT在2017年的定义

2017年,美国教育传播与技术协会又一次对教育技术的定义进行调整。

AECT2017定义原文转述如下:"Educational technology is the study and ethical application of theory, research, and best practices to advance knowledge as well as mediate and improve learning and performance through the strategic design, management and implementation of learning and instructional processes and resources."[1]

国内学者经过科学论证,对最新定义的理解为:

教育技术是通过对学与教的过程和资源进行策略设计、管理和实施,以提升知识、调节和促进学习与绩效的关于理论、研究和最佳方案的研究且符合伦理的应用。[2]

相比于AECT2005定义,这个新的定义保留了"伦理"(Ethical)这个词,"创造"(Creating)这个词重新换成了"设计"(Design)。在该定义中,对"过程和资源"(Processes and resources)的表述仍然保留,可知AECT也认为"过

---

[1] THE DEFINITION AND TERMINOLOGY COMMITTEE. The definition for Educational Technology [EB/OL].[2017-12-09].

[2] 李海峰,王炜,吴曦.AECT2017定义与评析——兼论AECT教育技术定义的历史演进[J].电化教育研究,2018(08):22.

程和资源"是教育技术在过去的 12 年里最为关注的部分。

AECT2017 定义中,除了继续关注学习者、强调"调节和提高学习成绩"(Mediate and improve learning performance)外,还加入了"提升知识"(Advance knowledge)。"提升知识"不仅仅指学习者所获得的知识,也包括了教学设计人员、教师、培训师以及研究人员对于教育技术的更多认识和理解。毕竟,如今的技术发展日新月异,更新换代也非常快;而技术发展了,如果教育理论不能做到与时俱进,就无法更好地适配技术,使之更好地为学习效果的产生而服务。因此,AECT2017 定义不仅关注学习者的学习效果,也关注教学设计者和施教者的知识迭代及技能更新。

AECT2017 定义确定了教育技术的根本目的是提升知识、促进学习和提高绩效。提高学习者的高级知识与能力是当今教育技术需要重点关注的问题,应彻底转变那种通过技术实现知识复制、知识呈现以及知识记忆等类型的低水平学习方式,将教育技术应用转向提升学习者的高级知识、深度学习、协作探究等学习式样上,充分体现教育技术在学习领域中的潜能和功效。例如,教育技术如何支持学习者的批判性思维发展?如何促进学习者之间的深度在线知识建构?如何构建用于学习者进行问题探究的虚拟学习环境……

AECT2017 定义去掉了"技术"(Technological)一词,改回了"学习和教学"(Learning and instructional),同时又在定义中加入了"战略"(Strategic)一词。这表明,AECT 认为,要实现良好的学习效果并推动知识的迭代,教育技术必须回归到对教学过程和教学资源的关注上来,通过宏观的、战略层面上对教学过程和教学资源的设计、管理与实施来实现。

此外,运用技术促进学习是教育技术价值的充分体现。在技术促进学习的设计与实践过程中产生了各种各样的理论观点、学习模式和技术工具,AECT 2017 定义强调了技术促进学习的基本着眼点在于如何对"学与教"的过程进行策略设计、管理和实施,那么技术促进学习的关键则是探讨"教与学"中各个要素、各个环节所需技术支持的节点与功能。只有将技术支持定位于"学与教"活动,才能够促进学习和提升教学绩效。[1]

然而,在 AECT 2017 定义中强调对技术过程和技术资源的创造、使用和管理,这是一个存在争议的地方。要知道,对技术过程和技术资源的使用和管理的确应在教育技术的范畴内,但对技术过程和技术资源的创造则不应该是教育

---

[1] 李海峰,王炜,吴曦. AECT2017 定义与评析——兼论 AECT 教育技术定义的历史演进[J]. 电化教育研究,2018(08):24.

技术应该做的事情（至少不是主要应做的事情）。

虽然2017的定义没有直接强调"技术"，甚至抹去了这个词，但要实施对教学过程和教学资源的战略设计、管理与实施（如基于大数据的教学设计），又必须借助技术手段。只不过这样的提法，更关注教学本身的设计、管理与实施，而不至于过多地关注技术本身。

即使AECT在表述上非常隐晦，但显然AECT2017定义还是过于强调技术的重要。然而，教育技术专业又不能要求所有的教育技术从业者都是工程师、程序员或电脑专家，因为太不现实。这也是AECT2017定义遭到学术界、行业界质疑的根源。需要指出的是，AECT2017定义只是AECT这个协会对教育技术的定义，并不代表整个教育技术学术界、行业界都认同这个定义。

虽然存在着争议，但近30年来教育技术定义的嬗变，也说明了教育技术是一门不断发展的、有着巨大潜力的学科，发展前景非常广阔。从总体来看，1994年定义中"教学"（Instructional）一词表明，当时对教育技术的认知还停留在传统教学层面，而在2005年和2017年定义中均改成了"教育"（Educational）。这表明教育技术的内涵与形式有了更多的扩展和延伸，已不再局限于单纯的教学层面。比如，在1994年，无论学校教学还是企业培训，教学活动中往往有教师和学生（培训师和培训生）之间的教与学交替发生。而到了2005年，有些学习活动不需要教师直接参加，如学生利用计算机多媒体技术进行在线学习等。到了2017年，很多学习活动已经可以不需要教师参与，甚至不需要发生在教室或房间内，完全可以在移动设备上、在虚拟空间里、在游戏中进行。学生的学习也从单一的为了毕业获得学历而学习，变成了多重目的的学习，如为了职业技能而学习、为了个人成长而学习等。进入21世纪20年代以后，相信随着新技术的不断发展，这种趋势还将继续有所发展。

（二）中国的教育技术定义

美国的教育技术有它赖以生存和发展的环境。由于中国与美国在教育体制、教育价值观念、文化背景、社会分工等方面均存在很大差异，且美国教育技术的发展历史、涵盖范围等与我国的教育技术不完全相同，因而把美国AECT定义照搬到中国就会"水土不服"，会使中国教育技术的研究脱离中国国情。

中国的教育技术从电化教育发展而来，其实践和理论具有鲜明的中国特色。"电化教育"作为名词诞生于20世纪30年代。1935年，江苏镇江的民众教育馆将该馆的大会堂定名为"电化教学讲映场"，这是中国最早使用"电化教学"这一名词。1936年，教育界人士在讨论为当时推行的电影、播音教育的定名问题时,提出并确立了"电化教育"这个名词;同年,当时的金陵大学举办电化教育人员训练班,首次正式使用该名词。此后,"电化教育"一词便普及开来,直到20世纪90年代逐渐被"教育技术"取代。

从教育技术发展史来看,中国教育技术的定义、理论建构、教育技术实践等可以借鉴美国教育技术的研究成果,这种借鉴也是一种教育技术在我国本土化的过程。20多年来,我国教育技术发展迅速,其名称、定义还处在不断演变的过程中,不同定义所表述的内容均有所变化。

根据马克思主义哲学的观点,技术源于人的需求并由需求所驱动,同时也促进了人的发展,或者改造人的需求。随着人类需求的日益增多,技术发展日益迅速,并愈加复杂,从单纯的石器等"器物"层面的技术发展到了复杂的"智能"技术,因此,技术不再是远古时代的单一事物,而是由不同成分构成的复杂事物。[①]

从技术的构成来看,教育技术也不例外。各种技术要素聚合起来,服务于具体的教育实践,这也是教育技术开展的基础。现代教育技术包含了两个要素:现代教育思想与理论、信息技术与系统方法,两者缺一不可。现代教育技术的目的是促进教育效果最优化。现代教育技术与电化教育的研究对象、方法、目的是相同的,本质上也是相同的。

南国农教授提出,电化教育就是在现代教育思想、理论指导下,主要运用现代教育技术进行教育活动,以实现教育过程的最优化。在该定义中,现代教育思想指现代的教育观、教学观、学生观、学校观、人才观等。现代教育理论指对电化教育影响较大、较直接的学习理论和教学理论。现代教育技术指把现代教育理论应用于教育、教学实践的现代教育手段和方法论的体系。实现教育过程最优化是电化教育的目标。

该定义的内涵是,电化教育取得成功的关键在于实现现代教育思想、理论与现代教育技术的融合。开展电化教育,要以现代教育思想、理论为指导,设计科学的教学方案,准确、恰当地选择和使用现代教学媒体和教学法,以实现教学效果的最优化。

李克东教授提出,现代教育技术就是运用现代教育理论和现代信息技术,通过对教与学过程和教学资源的设计、开发、应用、管理和评价,以实现教学最优化的理论和实践。该定义是在借鉴AECT1994定义的基础上,结合信息技术的发展,根据我国国情而提出的现代教育技术的定义。

[①] 钟柏昌. 教育技术定义:争论与解读[J]. 开放教育研究,2012(03):39.

在定义中，现代教育思想包括现代教育观、现代师生观和现代人才观。现代教育理论包括现代学习理论、现代教学理论和现代传播理论。现代信息技术主要指在多媒体计算机和网络（含其他现代教学媒体）环境下，对信息的获取、储存、加工、创新的能力，包括了对计算机、网络环境的操作和计算机、网络在教育、教学中的应用方法两部分。系统方法是指系统科学与教育、教学的整合，它的代表是教学设计的理论与方法以及信息技术与学科教学的整合——整体技术。

以上两个定义在我国教育技术学界内影响比较广泛，通过对这两个定义的分析，可以加深对我国教育技术本质的理解。

此外，在大量的教学实践过程中，许多学者对教育技术学科建设、专业发展产生了新的思考，巩固了教育技术学专业的稳定发展。2003年，沙景荣等提出了学科建设思路，包括加强技术环境下的学习心理研究，深入开展信息技术与课程整合的研究，更加重视学习活动的动态设计与支持等。[①] 这些建设性思考无疑对我国的教育技术发展起到了推动作用，同时也不断丰富和完善了关于我国教育技术的定义。

二、我国教育技术的本质特征

综合分析我国教育技术领域的两个定义，可以看出，我国教育技术的本质特征表现在四个方面。

（一）依托现代教育理论

教育技术的理论和实践是教育科学的组成部分，教育技术离不开现代教育理论的指导。同时，教育技术的研究扩展了教育科学研究的领域，教育技术的研究成果丰富和补充了教育科学的体系和内容。

（二）开发和使用各种学习资源

学习资源是学习过程中所要利用的各种信息和环境条件，是学习者能够与之发生有意义联系的人、物和信息。学习资源具有五种形态，即人员、资料、设备、活动和环境。

（三）运用系统方法

系统方法是教育技术的核心，它是教育技术解决教育、教学问题的基本思

---

① 沙景荣，周跃良. 关于我国教育技术学学科建设的思考[J]. 电化教育研究，2003（09）：20.

想和方法。教育技术中的系统方法是指对不同层次的教育系统进行的由计划、开发到实施的过程，这个过程包括了不断的自我修改。

（四）追求教育的最优化

最优化不是理想化。教育过程最优化的基本含义是，在一定的教育条件下，在同样的时间里，能使学生学得更多、更快、更好，使更多的人能接受教育。比较美国教育技术定义和我国教育技术的定义，可以看出，美国教育技术定义的涵盖范围比我国教育技术要广泛得多，它包括对所有的学习资源和与教育有关的一切可操作要素的研究。结合我国教育技术理论和实践的特点和研究成果，我国教育技术的目标是培养学生在信息化环境下，对教育、教学信息获取、储存、加工、创新的能力，最终形成能够运用教学设计的理论与方法将信息技术与学科教学整合的能力。

第二节 现代教育技术的理论基础

教育技术的理论基础是多层次、多方面的。最直接、联系最紧密的层次是教与学理论和传播理论，其次是相关的自然科学和社会科学理论，基础层是哲学和系统科学方法。

学习理论就是学习心理学，它是心理学最活跃的研究领域之一。教育技术的目的是实现优化的学习效果，学习理论的研究和发展对教育技术有直接的影响。这里介绍与教育技术关系最直接的几种学习理论。

一、新行为主义学习理论

（一）新行为主义学习理论概述

新行为主义学习理论代表人物为斯金纳（Skinner）。斯金纳根据自己创制的斯金纳箱（Skinner box）对白鼠和鸽子进行实验，提出了操作性条件反射理论。强化物一般分为两类，与反应相依随的刺激能增强该反应，此为积极强化物，如水、食物、奖赏等；如果某一条件性强化物与许多原始强化物相匹配，那么该条件性强化物便具备了多方面的强化作用而成为一个概括性强化物。斯金纳进一步指出，概括性强化物即使没有与赖以为基础的原始强化物相依随出现，效果也依然存在。

斯金纳强调智力的培养以及知识、技能的掌握，重视认知发展因素和外显行为的研究，重视强化的作用。他通过实验发现，动物的学习行为是随着一个起强化作用的刺激而发生的。斯金纳把动物的学习行为推而广之到人类的学习行为上，他认为虽然人类学习行为的性质比动物复杂得多，但也要通过操作性条件反射。操作性条件反射的特点是：强化刺激既不与反应同时发生，也不先于反应，而是随着反应发生。有机体必须先做出所希望的反应，然后得到"报酬"，即强化刺激，使这种反应得到强化。学习的本质不是刺激的替代，而是反应的改变。斯金纳认为，人的一切行为几乎都是操作性强化的结果，人们有可能通过强化作用的影响去改变别人的反应。在教学方面，教师充当学生行为的设计师和建筑师，把学习目标分解成很多小任务并且一个一个地予以强化，学生通过操作性条件反射逐步完成学习任务。

（二）新行为主义学习理论关于学习的基本观点

新行为主义学习理论认为学习是反应概率的变化。如果一种反应之后伴随一种强化物，那么，在类似环境里发生这种反应的概率就会增加。反应有两种，即应答性反应（由刺激引发的反应）和操作性反应（有机体发出的反应）。前者是有机体被动地对环境做出反应；后者是有机体主动地作用于环境。人类从事的绝大多数有意义的行为都是操作性的。强化是学习成功的关键。

二、建构主义学习理论

（一）建构主义学习理论概述

建构主义学习理论被视为"教育界的一场革命"，创始人是皮亚杰（Piaget），后来在维果斯基（Vygotsky）的推动下得到完善。

建构主义是这样看待知识的：知识并不是对真实世界的反映，它只是一种解释、一种假设，并非最终答案。知识并不能精确概括这个世界，在具体问题中还需要针对情况在知识基础上再创造。

（二）建构主义的学生观

建构主义强调学生的经验世界的丰富性，强调学生有巨大的潜力，而并非白纸一张。对同样的事物，学生们的认知可能不一样。在面对一个事物（问题、场景、案例）时，这个事物给每个人的感觉也不尽相同。比如，同样一瓶辣椒酱，有人觉得辣，有人觉得不辣。

即使这个事物给每个人的感觉是一样的，但是由于每个人过去的经历不同，看待世界的"透镜"也不同（思维定式或者思维模型的不同），最后也会产生不同的认知。

因此，在教学上不能忽视学生的经验，而应该将现有的知识作为知识生长点，引导学生从原有的知识中生长出新的知识经验。

（三）建构主义的学习观

1. 学习是一种能动建构的过程

建构主义强调学习的主动建构性，即知识不是通过教师传授得到的，而是学习者在一定的社会文化背景（情境）下，借助他人的帮助并利用必要的学习资料，通过意义建构的方法而获得的。知识只有在具体的情境中才会产生，学习应该和具体的情境和社会实践结合起来。

2. 社会文化交流活动的重要性

学习是通过参与社会文化活动而内化相关的知识技能、掌握有关工具的过程。这个过程常常通过一个学习共同体的合作互动来完成。由于学习是学习者在与环境的交互作用过程中主动建构知识的，因此教学需要为学习者创设理想的学习环境，促进学习者的主动建构过程。按照这种理论，没有教学内容或者说知识的传播。教育者或者计算机辅助教学系统只能引起、促进和帮助受教育者的知识建构过程，也就是说，使受教育者自我建构知识。

3. 学生掌握解决问题的程序和方法（建构图式），比掌握知识内容更重要

按照这种理论，学习并不只是被动的信息和感觉的获取和存储，而是一个主动的知识建构的过程。同时，学习是一个个体自我调节的过程，是和已有知识和经验紧密相关的。建构主义学习理论强调，学习是主观经验系统的变化。学习时，学习者不是像接受一件物体那样接受客观的知识，而是在积极主动地建构和理解知识。这种建构是在主客体交互作用的过程中进行的。每一个学习者都是在自己先前经验的基础上，以其特殊的方式，来建构对新信息、新现象、新事物、新问题的理解，形成个人的意义。

（四）建构主义的教学观

建构主义对被教育者的知识和技能基础要求较高。如果被教育者的已有知识和经验不够，就会感觉到要求过度了，从而缺乏学习的信心和兴趣。教师的导航性作用对于学习者的知识建构也会起到重要的作用。

建构主义发展了许多教学模式，常见的模式有以下几种。

1. 随机通达教学

随机通达教学的基本原理是对同一教学内容，要在不同的时间，在重新安排的情境下，抱着不同的目的，从不同的角度多次学习，以达到获得高级知识的目标。学习的关键在于建构起围绕关键概念组成的网络结构（知识体系），

包括对事实、概念、策略有概念化的知识，从而达到随机通达的状态。也就是查理·芒格（Charlie Munger）说的思维格栅模型，即通识教育。

2. 支架式教学

教师仅在学习新知识初始时，起到一个脚手架的作用，给学生一定的引导。随着学生学习能力的提高，教师应逐步减少或取消"脚手架"。

3. 抛锚式教学

抛锚式教学也就是实例式教学，即基于问题的教学、情境式教学。这种教学方式要求情境设置与问题一致，培养学生的独立思考力、创新力及合作力。

4. 认知学徒式教学

认知学徒式教学是让学生像手工艺人一样跟随师傅学习，在实践中学习，从多个角度模仿。比如，现在很多医院的专家身边都会配一个刚毕业的大学生，他们就是学习专家如何解决实际问题的。这种教学就是在实践中学习。

5. 探究学习

探究学习是基于问题解决来建构知识的过程，通过有意义的问题情境，让学生不断地发现问题和解决问题。

6. 合作学习

合作学习以互动合作（师生间、学生间）为教学活动取向，以学习小组为基本组织形式。

三、人本主义学习理论

（一）人本主义学习理论概述

人本主义代表人物为马斯洛（Maslow）和罗杰斯（Rogers）。人本主义主张，心理学应当把人作为一个整体来研究，而不是将人的心理肢解为不完整的几个部分，应该研究正常的人，而且应该关注人的高级心理活动，如热情、信念、生命、尊严等内容。人本主义的学习理论从全人教育的视角阐释了学习者整个人的成长历程，以发展人性；注重启发学习者的经验和创造潜能，引导其结合认知和经验，肯定自我，进而自我实现。人本主义学习理论重点研究如何为学习者创造一个良好的环境，让其从自己的角度感知世界，发展出对世界的理解，达到自我实现的最高境界。

（二）人本主义的特点

人本主义心理学是有别于精神分析与行为主义的心理学界的"第三种力量"。人本主义强调个性化的发展，重视教学中情感问题的研究。人本主义主张从人的直接经验和内部感受来了解人的心理，强调人的本性、尊严、理想和兴趣，认为人的自我实现和为了实现目标而进行的创造才是人的行为的决定因素。

（三）人本主义的目标

人本主义的目标是要对作为一个活生生的完整的人进行全面描述。人本主义心理学家认为，行为主义将人类学习混同于一般动物学习，不能体现人类本身的特性，而认知心理学虽然重视人类认知结构，却忽视了人类情感、价值观、态度等最能体现人类特性的因素对学习的影响。在他们看来，要理解人的行为，必须理解他所知觉的世界，即必须从行为者的角度来看待事物。要改变一个人的行为，首先必须改变其信念和知觉。人本主义者特别关注学习者的个人知觉、情感、信念和意图，认为它们是导致人与人的差异的内部行为，因此他们强调要以学生为中心来构建学习情景。

罗杰斯认为，人类具有天生的学习愿望和潜能，这是一种值得信赖的心理倾向，它们可以在合适的条件下释放出来；当学生了解到学习内容与自身需要相关时，学习的积极性最容易激发；在一种具有心理安全感的环境下可以更好地学习。罗杰斯还认为，教师的任务不是教学生知识，也不是教学生如何学习知识，而是要为学生提供学习的手段，至于应当如何学习则应当由学生自己决定。教师的角色应当是学生学习的促进者。

（四）人本主义关于学习的基本观点

第一，人生来就有学习的潜能，对世界充满好奇心，教师的基本任务是要允许学生按照自己的需要学习，满足他们的好奇心。

第二，学习是丰满人性的形成，学习的根本目的是人的自我实现。

第三，有效的学习在于使学习具有个人意义。

第四，学习者是学习的主体，应受到尊重。只有当学生受到尊重时，他们才能更好地朝向自我实现。

第五，情感是有效学习的重要条件。现代教育的悲剧之一，就是认为唯有认知学习是重要的，认为唯有认知的学习是"颈部以上"的学习。

第六，大多数有意义的学习是从做中学的。

四、折中主义学习理论

（一）折中主义学习理论概述

折中主义学习理论代表人物为加涅（Gagne）。加涅被公认是行为主义与认知心理学派的折中主义者。他自己也坚持认为，他实际上不是在系统论述一种新的学习理论，而是从各理论流派中汲取所需要的成分。加涅一方面承认行为的基本单位是刺激与反应的联结，另一方面又注重探讨刺激与反应之间的中介因素——心智活动。尤其是在20世纪70年代后，他在对学习理论的探讨中，试图阐明学生的认知结构，并着重用信息加工模式来解释学习活动。在他看来，信息加工学习理论代表了人类学习研究方面的重要进步。

（二）折中主义学习理论关于学习的基本观点

加涅认为，学习是指人的心理倾向和能力的变化，这种变化要能持续一段时间，而且不能把这种变化简单地归结于生长过程。

加涅认为心理学的目的，就是要观察学习发生的条件，并对它们加以客观地描述，他一直把自己看作是一位对学习采取自然主义态度的观察者。因此，他在阐述学习的意义时，注重对学习内部条件和外部条件的描述。加涅认为引起学习的条件有两种：内部条件，即学生已有的知识和能力；外部条件，即学习的环境。学习是内部条件和外部条件相互作用的过程。内部条件是基础，在学生学习过程的每一个阶段中，教师要提供最充分的指导，对学生的内部条件做出影响。折中主义学习理论关注学习阶段与教学工作的对应关系，重视学习的两种条件的研究。

学习由简到繁可分为八个层次（累积学习模式）：信号学习、刺激—反应学习、动作链索、言语联想、辨别学习、概念学习、规则学习、问题解决学习。每一层次的学习，都是以前一层次的学习为前提。

加涅将学习结果分为五类：理智技能、认知策略、言语信息、动作技能、态度。

理智技能是指能使学生运用概念符号与环境相互作用的能力，它们是学校中最基本、最普通的教育内容，包括最基本的语言技能及高级的专业技能。理智技能学习与言语信息学习不同，前者关注学会如何做某些理智的事情，后者关注知道某些事情或某些特征。例如，运用运算规则解答习题，是理智技能学习的例子；学习"先乘除后加减"这一规则，则是言语信息学习的例子。

认知策略是一种特殊的、非常重要的技能，是学生用来指导自己注意、学习、记忆和思维的能力。认知策略的实质与理智技能不同，理智技能指向学生的环境，使学生能处理"外部的"数字、文字和符号等；而认知策略则是在学生应付环境事件过程中控制自己"内部的"行为。加涅指出，学生能否解决问题，既取决于是否掌握有关的规则，也取决于学生控制自己内部思维过程的策略。

教学的目标之一是向学生传递各种言语信息。学生一般是通过听和看习得知识的。言语信息与理智技能密切相关，但又不是同一回事。例如，学生通过讲述某件事，把要传递的信息表述出来了，这就表明他已具有言语信息的能力；但讲述的技巧和造句的优劣（有时这并不妨碍传递信息），则属于理智技能的范畴。

学校教育主要是通过言语信息把人类千百年来累积起来的知识一代一代传递下去。当学生能够用命题（句子）的形式来陈述他已习得的内容时，我们就可以说他已具有言语信息的能力了。因为各种言语信息的复杂性程度不同，加涅把它们区分为三种类型：命名，就是给物体的类别以称呼；用简单命题（句子）表述事实；知识群，即各种命题和事实的聚合体。实际上，加涅所讲的言语信息，即我们通常所讲的知识或书本知识。

加涅认为，言语信息对学生来讲具有三种功能：它们常常作为进一步学习的必备条件，不知道基本的知识，就不可能习得复杂的规则；它们将直接影响学生将来的职业和生活方式，在现代社会中尤其是这样；有组织的知识是思维运行的工具。当学生试图解决一个新的问题时，他往往先要根据头脑中已有的这方面的知识，然后再做出决策。

我们要求学生掌握的另一种能力是动作技能。这是一种大家熟悉的能力，如幼儿穿衣、吃饭，小学生写字、爬梯、打球等。但我们不能把动作技能只看作是小学生的目标，在职业技术教育科目中，有许多动手操作的程序也属于动作技能的范畴。尽管动作技能在学校教育中未占中心地位，但始终是一个重要方面。

动作技能的一个显著的特点是，只有经过长期不断地练习，才能日益精确和连贯。只有当学生不仅能完成某种规定动作，而且这些动作已被组织成一个连贯的、精确的和在一定时间内完成的完整的动作时，才能说他已获得了这种技能。

态度是一种影响和调节一个人行动的内部状态，也是一种学习的结果。一般把它归入情感领域。事实上，我们对不同的事物、人物和情境有许多不同的态度。人们采取什么行动，显然是受态度影响的，但是，态度与人们行为的关系不是直接的，而是曲折复杂的。

我们的许多态度是通过与他人相互作用的一系列结果习得的，而且往往是附带习得的，不是预先计划好的。态度一般要经过相当长的时期才能逐渐形成或改变，而不是作为单一经验的结果突然发生的。一个人对某件事情态度强烈的程度，往往是由他在各种不同情况下选择这件事情的频率决定的。形成或改变学生态度的最佳方法是"榜样"的作用。

加涅不仅对这五类学习结果的表现形式做了区分，还分别阐述了它们各自所需的学习条件。由于每种能力具有不同的特点，因而所需要的条件也各不相同。加涅认为，把学习结果作为教育目标，有利于确定达到目标所需要的学习条件。而且，从学习条件中还可派生出教学事件，告诉教师应注意些什么。因此，对学习结果进行分析，可为教学设计提供可靠的依据，从而为达到教学目标铺平道路。

第三节 现代教育技术的发展趋势

一、教育技术在美国的发展趋势

美国教育技术产生最早，发展脉络清晰完整。美国教育技术的形成与发展可从三个主要方面追溯：一是视听教学运动推动了各类学习资源在教学中的应用；二是个别化教学促进了以学习者为中心的个性化教学的形成；三是教学系统方法的发展促进了教育技术理论核心——教学设计理论的诞生。媒体教学技术、个别化教学技术、教学系统方法逐步融合为一体。20世纪70年代，美国的教育技术已逐渐成为一个系统而完整的领域和学科。其演变过程如图1-2所示。

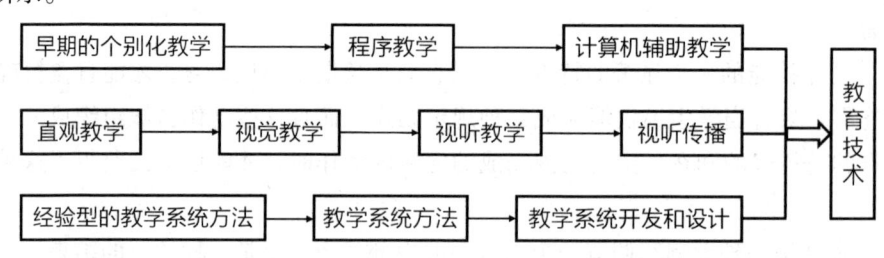

图1-2 美国教育技术的历史演变过程

从技术内涵来分析，教育技术既包含有形的媒体技术，也包含无形的智能技术。从技术的内涵出发，教育技术发展有两条平行的线索：一条是物化技术—媒体技术的发展，另一条是非物化技术—智能技术的发展。两条线索的相互作用、有机结合，构成了教育技术的发展史。

（一）媒体教学技术的发展

媒体教学技术的发展历程是直观教学—视觉教学—视听教学—视听传播。

19世纪，夸美纽斯（Comenius）的直观教学理论传播到美国，对美国的视觉教学产生了深刻的影响。19世纪以前的教学，直观教具主要是实物、模型等。19世纪末20世纪初，摄影、幻灯、无声电影在教学中得到了应用，其直观的形象打破了传统教学的抽象和形式主义。从1918年开始，美国进行了为期10年的"视觉教学（Visual Instruction）"运动。视觉教学被认为是教育技术的发端。

1920年，无线电广播开始播送教育节目，其后有声电影在教学中得到应用，这使得视觉教学的概念已不能涵盖当时的领域。因此，视觉教学发展成为"视听教学（Audio-Visual Instruction）"。1946年，戴尔（Dale）提出的"经验之塔"理论使视听教学趋于成熟。从20世纪50年代开始，语言实验室和电视在教学中得到应用，促进了视听教学的发展，使视听媒体在教学中的应用越来越普遍。

20世纪40年代兴起的传播理论，使人们从动态的、多维的视角审视教学的全过程。由仅仅重视教具、教材的使用，转为充分关注教学信息怎样从发送者经由各种渠道，传递到接受者的整个传播过程。由"重媒体"阶段发展到"重过程"阶段，由视听教育发展到视听传播阶段。

从上面的分析可以看出，自20世纪20年代以来，越来越多的媒体用于教学过程，促进了教学手段的革新和教学质量的提高。上述这些媒体基本是在班级集体授课的体制下运用的，因而充实了基于"教"的教学模式的内涵。

（二）个别化教学技术的发展

个别化教学技术的发展历程是教学机器—程序教学—计算机辅助教学。

美国心理学家普莱西（Pressey）在20世纪20年代初展示了由他设计、制作的自动教学机，用于对学生的学习进行测试。其后，斯金纳利用并依据其强化理论所设计的教学机器把"程序教学"推向了高潮。在此基础上，美国于20世纪50年代末期开始了"计算机辅助教学"的试验。随着个人计算机的出现和其性能价格比的不断提高，计算机辅助教学发展非常迅速。20世纪90年代初开始，多媒体技术和网络技术的日渐成熟，为教育技术在信息化环境下的发展奠定了基础。而从20世纪90年代中期开始推出的虚拟现实技术，则为教育技术的发展开辟了广阔的前景。

由于计算机具有很强的交互性，所以非常适合个别化学习和小组协作学习，极大地促进了基于"学"的教学模式的发展。

（三）教学系统方法的形成

对教学要素的分析研究从20世纪40年代中期开始取得了明显的成果，其中戴尔的"经验之塔"理论、斯金纳的"程序教学"理论、布卢姆（Bloom）的"教学目标分类"理论等，均对教育技术的发展起到了直接的推动作用。

从20世纪60年代开始，系统理论和教育、教学相结合，产生了以教学设计为代表的"系统技术（Systems Technology）"，促使教育技术产生了质的飞跃。20世纪70年代至90年代，主要是以行为主义和认知学习理论为基础的、基于"教"的教学设计占据主导地位。从20世纪90年代开始，由于建构主义学习理论的发展，基于"学"的教学设计成为主要的研究方向。20世纪90年代后期，一项以提高个人和组织的绩效为目标的"整体技术（Systemic Technology）"成为教育技术的重要研究方向。20世纪20年代初至60年代末的50年被称为视听教育阶段，这一阶段的主要特点为注重媒体在教学中的应用，媒体技术得以迅速发展，智能技术开始得到重视，但在实践中还未起到举足轻重的作用。从20世纪70年代开始，这一时期被称为系统教育技术阶段。教育技术成为具有明确的研究目的、研究对象、研究领域和研究方法的新兴学科。

（四）教育技术整体规划

美国教育的快速发展是其政府高度重视的结果。美国政府早在20世纪末，就关注网络和数字技术给教育带来的巨大发展机遇，自1996年起陆续出台了四部国家教育技术发展规划，对美国教育信息化的快速发展起到有力的促进作用。

1996年，首次提出《让美国学生做好迎接21世纪的准备：迎接技术素养的挑战》教育技术发展规划。1996年2月，时任美国总统的克林顿提出"到21世纪美国所有学生都应成为具有技术素养的公民"的前景规划。规划提出四大教育技术目标：所有教师都将获得教育技术的培训与支持，以促进学生学习应用计算机与信息高速公路；所有师生都将在教室里使用现代多媒体计算机；所有教室都将与信息高速公路相连接；学习软件与在线学习资源，将作为所有学校课程的必要组成部分。

2000年的《E-Learning：使每个孩子触手可及世界一流的教育》规划，指出了五大教育技术目标：所有师生都将能够在教室、学校、社区及家中使用信息技术；所有教师都需要有效应用技术以帮助学生达到更高的学业水平；所有学生都具备技术与信息素养；开展有关研究和评估工作，以进一步完善下一代技术在教学中的应用；通过应用网络及数字教学内容变革教学。[①]

2005年的《迈向美国教育的新黄金时代：因特网、法律及当代学生的变革展望》规划提出七项行动措施目标：加强领导力；重视技术革新投入；改进教师培训；支持创建E-Learning与网络学校；促进宽带畅通连接；教学内容数字化；整合教学数据系统。

2010年美国出台《变革美国教育：技术推动学习》，要求以信息技术变革当前美国教育状态，以信息技术手段降低教育成本且提高教育效益，提出并具体规划了以下五项教育技术指标。其一是学习指标：使所有学习者在校内外均能获得富有成效和吸引力的学习体验，训练他们成为全球网络社会富有知识、道德与创造力的积极参与者；其二是评价指标：各级各类教育系统都需要利用教育技术进行教学评估，并以相应的评估数据使学习者获得持续发展；其三是教学指标：专业教师通过使用信息技术获取数据、内容、资源、专业知识技能与学习体验，并能够获得个人性与团队性的支持，从而促使他们能够胜任更有效的教学；其四是基础设施：所有师生都能够使用所需的基础设施，随时随地学习；其五是生产力指标：各级各类教育系统将重新设计教育进程与结构，以便更好地利用技术力量，确保时间、资金、人力等资源发挥更大效用，提高教学成效。

2010年11月，为借助技术的优势来实现革新教育的目标，美国教育部教育技术办公室（OET）发布了美国国家教育技术规划（NETP），号召对美国教育实施革命性的转变，呼吁美国民众与机构一起合作来设计有效、高效且灵活的教育结构和教学过程，并提出了技术革新教育的21世纪模式，如图1-3所示。

---

① 李卢一,郑燕林.美国新国家教育技术规划及述评[J].中国电化教育,2002（04）:67—69.

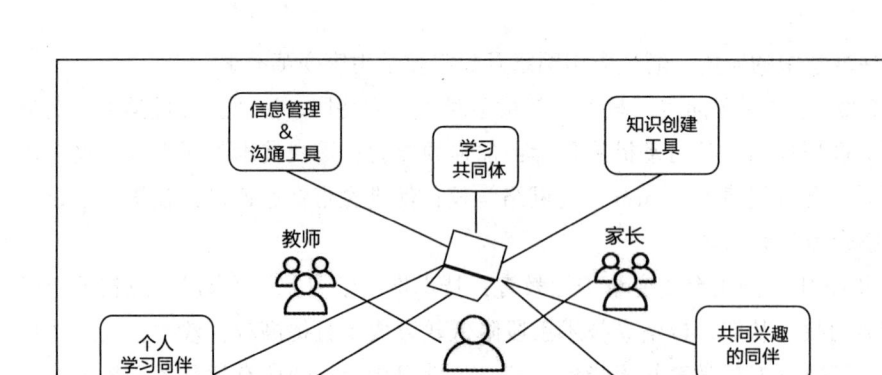

图 1-3　技术革新教育的 21 世纪模式

NETP 预言 21 世纪将出现一些从根本上进行重新设计的学校，它们将展示一系列重组教育的可能性。这其中包括：学校根据学生的能力而非在座时间或其他因素来组织学习，为学生提供更灵活的课程安排，更适合学生的个体需求，而不是按照传统的学期或固定的课程节奏来组织；学校开始将网络融入学习之中，为广大的学习者拓展了学习的机会与时空，按需提供个性化的发展和成长支持。

二、教育技术在中国的发展趋势

我国的教育技术是从电化教育起步和发展的，它的发展历程可划分为五个阶段。

（一）萌芽阶段（20 世纪 20 年代到 40 年代末期）

在国外视听教育的影响下，20 世纪 20 年代，南京、上海、无锡、苏州等地开展了最初的电化教育，主要包括幻灯、电影、播音在教育中的应用，兴办电化教育专业，开设电化教育选修课，出版电化教育刊物和书籍等。如，1936 年，上海教育界人士创办了我国最早的电化教育刊物——《电化教育》周刊；1942 年，在重庆北碚成立了"中华教育电影制片厂"，这是我国最早的教育电影制片厂；1945 年，我国最早的电化教育专业在苏州建立。

（二）奠基阶段（20 世纪 50 年代初期至 60 年代中期）

新中国成立后，电化教育随着教育事业的而发展。从 20 世纪 50 年代初开始,广播电台开设俄语讲座、文化补习自学辅导讲座,并建成广播、函授学校;一些高校利用唱片、电影、幻灯以及录音等媒体进行教学;有的高校开设电化教育课程,如1951年北京辅仁大学教育系开设电教课程,这是中华人民共和国成立后第一个开设电化教育课程的学校(1952年辅仁大学教育系并入北京师范大学);北京、沈阳等一些城市建立了电化教育馆,在中小学开展电化教育;一些高校也建立了电化教育机构,正式开展电化教学。到1965年,我国的电化教育工作已有了一定的基础,取得了很大的成绩。

(三)发展阶段(20世纪70年代末期至90年代初期)

党的十一届三中全会以后,在党和政府的关怀下,电化教育得到了迅速发展,主要表现在几个方面。

1. 电教机构的设立

从中央到省(自治区、直辖市)、市、县,普遍建立了电教馆(站);全国1 000多所高等学校设立了不同级别的电教机构;部分中小学建立了电教组,配备了专职电教人员。

2. 电化教育深入开展

电化教育媒体从幻灯、投影、录音扩展到电视、录像、卫星广播电视等方面。各级各类学校大都配置了幻灯、投影、录音、电视等电教设备,有条件的还配置了计算机、语言实验室等设备。电教人员和教师自制电教教材,电化教育深入课堂教学。

3. 出版电化教育书刊

随着我国电化教育事业的发展,先后创办了一大批电教刊物。这一时期创办了《电化教育》《中小学电教》《教育传播与技术》《电化教育研究》《教育技术与外语教学》《外语电化教学》等一批有影响的电教杂志,并出版了数十种电化教育(教育技术)著作。

4. 培养电化教育专门人才

为了适应电化教育事业的发展,各级高校从开办短期培训班开始逐渐建立起电化教育专业,进行专门人才的培养。1983—1986年,先后在华南师范大学、华东师范大学、西北师范大学、东北师范大学、北京师范大学、南京师范大学等师范类重点高校批准设立电化教育(教育技术)系。到了20世纪90年代初期,全国已有30多所院校设置了电化教育专业,并建立了数个硕士点。

5. 发展广播电视教育

为了适应改革开放对人才的需求,党中央和国务院决定建立面向全国的中央广播电视大学。1979年2月6日,中央广播电视大学与全国28所省、自治区和直辖市广播电视大学同时开学。至20世纪90年代初，已发展成为由一所中央广播电视大学，43所省、自治区、直辖市和计划单列市广播电视大学，575所地（市）广播电视大学和1 500多个县级广播电视大学工作站（分校）组成的广播电视高等教育系统。

1986年，中国教育电视台成立，正式开办了卫星教育电视节目，开始运用卫星进行教育电视广播。此后，各省（自治区、直辖市）、市、县也纷纷建立起教育电视台，以适应社会经济的迅速发展。至20世纪90年代初期，全国各地有教育电视台（站）500多座，教育电视单收站3 000多个，放像点30 000多个，初步形成了卫星电视教育网络，为国家培养了一大批建设人才。

6.积极开展国内外学术交流活动

为了促进我国电化教育事业的发展，吸取国外现代化教育经验，及时总结国内电化教育经验，这一时期各种电教学术交流活动十分活跃。1987年以后，我国先后建立了一些群众性电教学术团体，如中国电化教育研究会、中国高校外语电教协会、东北三省电教协会、西北五省电教协会，以及各省、直辖市、自治区的电教研究会等。为了加强对外交流活动，我国多次派出代表团（组）或专家、学者，到欧美、日本等国家和地区访问、考察、学习。同时，外国教育代表团和专家、学者也不断来中国进行访问、讲学。这些学术交流活动沟通了国内外情况，交流了技术，也交流了经验，活跃了学术气氛，推动了我国电化教育事业的发展。

7.电化教育研究得到深入开展

这一时期，学术界对电化教育的定义、概念、本质等展开了激烈的讨论，并对媒体在教学中的作用开展研究。从20世纪80年代后期开始，在国外教育技术系统观的影响下，国内电教界转向了"系统方法""教学设计""多媒体组合教学"研究，从媒体观转向了系统观。这一时期的主要特点是引进了以教学设计为代表的系统方法，媒体以音像技术为主。我国的电化教育从20世纪90年代初开始呈现了从电化教育向教育技术过渡的态势。

（四）成熟阶段（20世纪90年代中期至21世纪初）

进入20世纪90年代以后，对国外教育技术逐步深入的研究，尤其是美国AECT1994定义的提出，对我国教育技术的进一步发展有着宝贵的借鉴意义。在这个时期，媒体技术除了涉及上述常规的媒体以外，更主要地涉及多媒体计算机和网络，以及仿真教学系统。智能技术中的教学设计理论与实践得到了深入研究和广泛应用，绩效技术已开始得到教育技术工作者的重视。建构主义学习理论的发展，引起了教育工作者对学习理论更深层次的探讨。这一时期，教育技术学专业得到了迅速发展。至21世纪初，全国已有100多所院校开设了教育技术本科、专科层次教育，并建立了5个教育技术学专业博士点和30多个硕士点。这一时期的特点是以多媒体计算机和网络为主的媒体技术得到迅速发展；以教学设计和绩效技术为代表的智能技术得到重视；教育技术研究成果丰富，教育技术学科初步得以确立。

（五）信息化现代化阶段（21世纪初至今）

继《关于加强高等学校教育技术工作的意见》颁布之后，教育部于1999年6月13日发布了《中共中央国务院关于深化教育改革全面推进素质教育的决定》，对教育信息化和教学手段现代化的发展提出了更为明确的任务，即"大力提高教育技术手段的现代化水平和教育信息化程度"。

2004年12月25日，教育部印发了《中小学教师教育技术能力标准（试行）》，这是中国颁布的第一个有关中小学教师的专业能力标准。该标准对教育技术做出了如下的定义："教育技术是指运用各种理论及技术，通过对教与学过程及相关资源的设计、开发、利用、管理和评价，实现教育教学优化的理论与实践。"

2005年1月1日，教育部印发《关于进一步加强高等学校本科教学工作的若干意见》，文件强调，"加大教学信息化建设力度，推进优质教学资源共享。各级教育行政部门和高等学校要确保高质量完成1 500门国家精品课程建设任务，大力推进校、省、国家三级精品课程体系建设，形成多学科、多课程的网络共享平台。要建设仪器设备共享系统和数字化图书馆等，加快信息化教学环境建设的进程。要鼓励教师共享精品课程等优质教学资源，按照教育规律和课程特点，推动多媒体辅助教学，不断提高教学效果。国家重点建设的高等学校所开设的必修课程，使用多媒体授课的课时比例应达到30%以上，其他高等学校应达到15%以上"。

2016年6月7日，教育部正式颁布了《教育信息化"十三五"规划》，规划提出，要"不断扩大优质教育资源覆盖面，优先提升教育信息化促进教育公平、提高教育质量的能力"。要"深入推进三个课堂建设，积极推动'专递课堂'建设，巩固深化'教学点数字教育资源全覆盖'项目成果"；"推广"一校带多点、一校带多校"的教学和教研组织模式，逐步使依托信息技术的'优质学校带薄弱学校、优秀教师带普通教师'模式制度化。大力推进'名师课堂'建设，充分发挥名师的示范、辐射和指导作用"；"积极组织推进多种形式的信息化教学活动，鼓励教师利用信息技术创新教学模式，推动形成'课堂用、经常用、普遍用'的信息化教学新常态。创新推进'名校网络课堂'建设"；"利用'名校网络课堂'带动一定数量的周边学校，使名校优质教育资源在更广范围内得到共享，让更多的学生享受到高质量的教育"。

2018年4月13日，教育部发布《教育信息化2.0行动计划》，教育信息化由1.0升级为2.0，其基本目标"从教育专用资源向教育大资源转变、从提升师生信息技术应用能力向全面提升信息素养转变、从融合应用向创新发展转变"。这对新时代的教育技术提出了更高的要求，在智能化时代，人工智能、大数据、区块链等技术迅猛发展，将深刻改变人才需求和教育形态。

自2018年教育部出台《教育信息化2.0行动计划》之后，业界更加注重学生的个性化和多样化教育，不断朝着智慧教育、智慧学习环境、基于证据的教学转变、个性化和结构化转变。随着科技水平的飞速发展，学习方式开始从单一变得多样化，而教育本身也具备了很多的流行趋势。由于信息技术和云技术的大规模使用，数字革新深入到生活和工作的各个领域。伴随着语音识别、自然语音理解、深度学习、AR/VR等前沿技术的不断引入，人工智能教育得到快速发展，包括自适应学习系统、智能导视系统、智能测试系统、基于虚拟现实（增强现实）的场景式教育大都实现稳步落地。如，一些学校采取"自带设备（Bring Your Own Device）"的方式，允许学生和教师在课堂上使用移动设备，并且配备了无线网络，让学生在学习上投入更多的精力，通过个性化学习的机会接触到大量的信息和数据，强化学生的自主学习意识。当技术全面渗透教育，教育逐步走向"AI+"，智慧教育正在悄然开启教育3.0时代。

人工智能教育是当下一个独有的新的教育体系，但其中不可否认的一点是人工智能教育一定是混合式教育。值得注意的是，人工智能教育仍然无法代替教师存在。无论AI有多智能，教育的本质仍旧离不开教师，教师面对面的教学，学生学习水平的提高才是这个行业的核心点。只有抓住核心点，再考虑人工智能的配置、时机以及方式。

目前，信息技术在教育领域中的应用使教育领域正在经历一场前所未有的大变革，它促使教育技术的内涵不断扩大，所含媒体技术与智能技术的水平也在不断提高。

第四节　现代教育技术与教育革新

2011年，南国农先生提出了发人深省的南国农之问："为什么教育事业蒸蒸日上，而教育技术学科却逐渐衰弱？"一针见血地指出了我国教育技术学科建设需要思考的问题。李子运等提出了教育技术学科的根本性诘问："教育技术学向何处去？"许多学者也对教育技术学科的发展产生迷惘，并在迷惘中积极寻求发展之路。

现代教育技术的发展，与教育革新密切相关。

技术革新，往往意味着体系的改变。技术的社会性可投射出技术的个性化特征。社会是由作为个体的人组成的，而个体存在差异性。技术是人类生存必备的基本要素之一，几乎所有个体都或多或少地掌握着技术，只是不同的个体对技术的掌握程度不同，掌握的技术种类也不同。进入技术时代以后，技术正在改变人类的基本思维方式。当人类的基本思维方式发生意义深远的改变时，在旧有思维方式基础之上建立起来的教育体系必将发生根本的改变，无论是教学思想、教学理念还是教学组织形态、教学方法等均会发生意义深远的改变。

在教育领域，技术绝不是仅仅用于完成现有的模式和方法，而是要推动技术时代的教育革新。技术的革新必然要对教育思想、教育模式、教育方法、教育组织体系等产生意义深远的颠覆性影响，只有这样才能够促使教育全面的发展。教育只有成为技术时代变革的践行者，才能培养出适应未来发展、具有现代认知特点的新型人才。

新技术扩展了教育的深度和广度，降低了教与学的信息不对称程度，使得学生学习的需求效用拉长，最后倒逼教育革新。从一般意义上讲，知识的获取应遵循一般的经济规律，即以最短的路线、最经济的方法去选择。新技术是对原有教育模式的颠覆，是对教育思维方式的彻底转变。而这一切，都是通过现代教育技术来实现的。

教育技术是特定的社会性实践领域创造出来并加以使用的，关涉个体与世界，具有人文、社会和自然等多重秉性。哲学、教育学、心理学、脑科学等基础学科的研究是给各应用学科解决实际问题而参考使用的，基础学科的责任不是直接解决问题，而是指导各应用学科去进一步思考解决问题的方法。众所周知，教育技术研究绝不同于一般的自然科学与技术研究。作为一个应用学科，教育技术学要扎实地、充分地消化各基础学科的研究成果，而不是机械地应用，所借鉴到的经验必须经过本学科的消化理解、综合研究，并在本学科的领域内实现突破。如果在综合研究的过程中遇到无法逾越的思维障碍，那么还要从本学科的角度来重新整合、理解基础学科所要表达的内容。因此，教育技术是一项艰苦的工程，需要与新技术同步、适配。

世界正处在快速变化和变革中，在这个时代，人们不仅要掌握基本的学科知识，还要具有实践能力、动手能力以及解决实际问题的能力，要有适应这个时代要求的基本知识。这些基本的要求正在发生巨大的变化。美国21世纪技能合作组织提出，要生存于21世纪，人们不仅需要有基础性的学科知识，还要培养缜密的思考并做出决定的能力，解决复杂的、多学科的开放性问题的能力，创新能力，交流与合作的能力，创新地利用知识、信息和机会的能力，个人经济、健康的管理和公民责任意识。学生除了必须要学习和掌握一些核心课程之外，还要以此作为基础，发展学生的生活和职业技能，学习和创新技能以及信息、媒体和技术技能。

随着信息技术的发展，教育网络化、智能化、虚拟化的程度将日益提高，并对教学手段、教学方法、教学模式乃至整个教学体系产生深远的影响。

第二章 信息化教学设计

第一节 信息化教学设计概述

教学设计是20世纪60年代初期在西方发展起来的一门新兴的实践性很强的学科。它是以教学过程为研究对象，在学习理论和教学理论的指导下，运用系统方法分析参与教学过程的各个要素，对教学目标、教学内容、教学方法和教学策略、教学评价等环节进行具体计划并形成较优的教与学的过程或"程序"。设计教与学的根本目的是促进学习者的学习。随着理论和实践的不断深入，教学设计的相关理论和方法已经非常丰富。

自20世纪90年代以来，国际教育界出现了以信息技术的广泛应用为特征的发展趋向，国内学者称之为教育信息化现象，它给传统的教育带来很大的冲击。信息化教学不仅仅是在传统教学的基础上对教学媒体和手段的改变，而且是以现代信息技术为基础对整体的教学体系的一系列的改革和变化。面对信息化浪潮，学界必须重视信息技术对社会、教育的影响和作用，应采取相应措施，加快教育信息化建设，实现教育现代化，完成教育跨越式发展。

一、教学设计发展历程

到目前为止，教学设计的发展已经历了四代：程序教学设计、计算机辅助教学设计、多媒体组合教学设计和信息化教学设计。

（一）程序教学设计

程序教学是一种使用程序教材并以个人自学形式进行的教学。1925年，美国心理学家普莱西设计了第一台程序教学机，主要用于对学生的学习实现测试自动化，允许学生自定学习步调，要求学生积极反应和及时反馈。1954年，斯金纳发表了《学习的科学和教学的艺术》一文，按照行为主义学习理论关于操作条件反射和积极强化的理论，设计了便于及时强化的程序教学机和便于进行程序教学的程序，由此掀起了程序教学的高潮。

（二）计算机辅助教学设计

计算机辅助教学把计算机作为主要的教学媒体来进行教学活动，即利用计算机来辅助教师进行教学。1958年，美国IBM公司设计了第一个计算机教学系统，利用一台IBM650计算机和一台电传打字机向小学生讲授二进制算术，并根据学生的要求产生练习题；同时还研制了一种编写课件的著作语言。计算机不仅能呈现单纯的文字、数字等字符教学信息，还能输出动画、视频、图像和声音，能非常容易做到教学信息的图、文、声并茂。这种多维立体的教育信息传播，增强了信息的真实感和表现力。另外，计算机作为教学媒体，学生可利用一定的输入、输出设备，通过人机对话的方式进行学习。这种人机交互作用是计算机媒体所特有的。早期的计算机辅助教学遵循程序教学的原则和方法，以行为主义学习理论为指导。在20世纪70年代末和80年代初，在计算机辅助教学的理论基础上增加了认知学习理论。于是，在计算机辅助教学系统设计中，人们开始关注学习者的内部心理过程，开始研究并强调学习者的心理特征与认知规律。

（三）多媒体组合教学设计

20世纪90年代初，随着多媒体技术的日益成熟和普及，多媒体技术在教学中的应用越来越普遍。多媒体技术是以计算机为中心，把语言处理技术、图像处理技术、视听技术集成在一起，对语言信号、图像信号进行存储、加工、控制、编辑的一种技术。多媒体组合教学设计通常就是利用文本、图形、动画、声音、视频等多种媒体组合起来呈现信息，图、文、声、像并茂地给学生提供多种外部刺激。这种刺激能引起学生的学习兴趣，提高学生的学习积极性，实现教学过程的优化。

（四）信息化教学设计

进入21世纪，随着信息技术的发展，越来越多的学校和地区实现了网络连接，教育进入了信息化时代。信息成倍增长，知识更新速度加快，现代化的教学面对这种变化，必须基于现代丰富的信息资源进行发展。传统的教学和教学设计已经难以满足社会发展的需要，于是产生了信息化教学模式以及相应的教学设计——信息化教学设计。

所谓信息化教学设计，就是在信息化环境下的教学设计。这一概念是由上海师范大学黎加厚教授率先提出来的。在综合把握现代教育和教学理念的基础上，运用系统方法，以学为中心，充分利用现代信息技术和信息资源，科学地安排教学过程的各个环节和要素，以实现教学过程的优化。应用信息技术构建信息化环境，获取、利用信息资源，支持学生的自主探究学习，培养学生的信息素养，提高学生的学习兴趣，从而优化教学效果。

信息化教学设计强调要发挥学习者在学习过程中的主动性和建构性，注重学习者学习能力的培养，提倡利用各种信息资源来支持教与学。其核心是创设问题情境，提出任务项目，提供相关信息资源，设定评价标准，在教师指导下让学生进行探索式学习、资源型学习和协作化学习。

二、信息化教学设计的特点

信息化教学设计是在传统教学的基础上对教学媒体和手段的改变，也是以现代信息技术为基础的整体的教学体系的一系列的改革和变化。信息化教学设计具有几个方面的特点。

（一）以信息技术为支撑

信息化教学设计要求教师和学生均要具备相应的信息知识和素养，能够使用先进的信息技术设备，掌握一定的信息技术。

（二）以现代教育教学理论为指导

信息化教学设计围绕"以学生为主体""以学为中心"的现代教育教学理论，充分利用各种信息资源（尤其是网络上的全球信息资源）来支持学生的"学"，这也符合素质教育的根本要求和国家新课程标准——注重培养学生的创新精神和实践能力。

（三）强调新型教学模式的构建

信息化教学设计强调新型教学模式的构建，体现了新型教学关系。相较于多媒体组合教学设计，信息化教学设计是在多媒体组合教学设计基础上的拓展，二者不是对立关系而是包容关系。因为信息化环境本身就包含了多种媒体及其优化组合，不可避免地要包含有教学传递的成分，只不过在学习环境中，这些教学传递活动的启动者和控制者不再是教师，而是学生自己。

（四）教学内容具有更强的时代性和丰富性

21世纪是一个协作的时代，尤其体现在技术领域。信息化教学设计强调协作，这种协作不仅指学生之间、师生之间的协作，也包括教师之间的协作。如，实施跨年级和跨学科的基于资源的学习，针对学习过程和学习资源的评价等。信息化教学内容具有更强的时代性。此外，信息化教学设计要求教师转变自己的角色。教师的教学设计和教学任务要基于学生学习的水准，对教学目标、课程标准、教学资源、活动过程、评价量规、个别指导等进行设计和组织实施，而不是教师才华的表演和知识的广播，教师也要不断更新、拓展自己的知识面，以提高教学内容的丰富性。

（五）教学更适合学生的学习需要和特点

信息化教学设计不限于课堂教学形式和学科知识系统，而是将教学目标组合成新的教学活动单元，以任务驱动、问题解决作为学习与研究活动的主线，以学为中心，倡导三种新型学习模式，即探究式学习、资源型学习和协作化学习；注重培养学生的信息能力、批判性思考能力和问题解决与创新能力；把学生对知识的意义建构作为整个学习过程的评价标准；注重个别指导，针对不同学生的特点和学习情况进行科学引导。

三、信息化教学设计与其他教学方法的比较

（一）信息化学习方法与传统学习方法特点比较

信息化学习方法与传统学习方法有很大的不同，如表2-1所示。

表2-1　信息化学习方法与传统学习方法特点比较

比较项目	信息化学习方法	传统学习方法
知识观	知识是在行为活动（经验）中建构的、逐渐显现的、情境化的、分布式的	知识是传递的、外在于学习者的、客观的、稳定的、现成的、非情境化的
现实观	心智（思维）活动的结果	外在于学习者的客观存在
意义观	反映个人的观点（经验）的理解	外部世界的反映
符号观	建构现实的工具	用于描绘或表现世界
学习观	知识建构、解释世界、建构意义、劣构的、真实—经验的、阐释—反思的、重视过程的	知识传递、反映教师所知、良构的、抽象—符号化的、接受—保持—回忆的、重视结果的

续 表

比较项目	信息化学习方法	传统学习方法
教学观	反映多种观点、递进的复杂度、发散性（多样性）的、由下至上的、归纳式的、认知学徒、模拟、指导、探究、以学习者为中心	简化知识、抽象原则、重视基础、从上至下的、推演式的、重视符号表征系统（规则或原理）的应用、讲授的、监护的、教师支配（控制）的、个别化的、竞争性的

（二）信息化教学设计与传统教学设计特点的比较

信息化教学设计以建构主义为指导思想，它在教学设计思想上与行为主义主导的传统教学设计有很大的不同。传统教学设计与信息化教学设计特点的比较，如表2-2所示。

表2-2　传统教学设计与信息化教学设计特点的比较

传统教学设计	信息化教学设计
设计过程是顺序的、客观的和线性的	设计过程是递归的、非线性的，有时甚至是混沌的
制订计划是自顶向下的和有规则的，包括一个带有行为目标的严格行动计划，并且按计划有组织地按顺序展开设计过程	制订计划开始时概念还不清晰，随着开发工作进展而渐趋详细。开发工作应该是合作性的，设计小组人员一起工作，产生一个共同的意愿
教学设计专家对设计工作至关重要	教学设计专家不存在。懂得教学内容与情境的开发者是必须的，但他们不是一般的教学设计专家
复杂任务被分解为子技能并被按顺序地进行教授	教学重点是在意义丰富的情境中拓展理解能力
教学重心在于授递由专家选定的事实与强化技能。计算机被用来扮演传统教师的角色：信息发送者、评价者、学习记录者	所用教学手段是为了提出问题，并为学生提供获取解决这些问题所需知识的条件
总结性评价至关重要，因为它可以用来检验学习材料是否行之有效	形成性评价比终结性评价重要，因为它能够提供有助于改进教学的反馈信息

续　表

传统教学设计	信息化教学设计
客观性数据是教学过程各部分的要素，从确定起点行为到事后测试	主观性数据可能最有价值，因为许多重要目标无法仅用客观性数据来评估。许多时候，其他类型的评估方法（如电子作品、面谈、观察、重点小组、口头征询）会比定量数据更宝贵

（三）经典计算机辅助教学设计与信息化教学设计比较

在信息化教学设计中，也会涉及电子作品的制作，它与经典计算机辅助教学设计（CAI）有很大的区别。虽然经典 CAI 中的主要教学模式从广义上讲属于信息化教学模式，但信息化教学设计更加强调以学为中心，致力于促进学生综合能力的提高。表 2-3 为经典 CAI 设计与信息化教学设计比较。

表2-3　经典CAI设计与信息化教学设计比较

比较项目	经典 CAI 设计	信息化教学设计
设计核心	教学内容设计，以课件开发为中心	教学过程设计，重视学习资源的利用
学习内容	单学科知识点	交叉学科专题
主要教学模式	讲授或辅导 模拟演示 操练练习	探究或研究型学习 资源型学习 合作型学习
教学周期	以课时为单位	以单元为单位（短至一星期，长至学期或学年）
教学评价	依据行为反应	依据电子作品集

第二节　信息化教学设计的理论基础

对于信息化教学设计的理论基础，许多专家做过精辟的阐述。北京师范大学何克抗教授认为，信息化教学设计的理论基础是建构主义学习理论和系统论。

建构主义学习理论强调知识是通过学生主动建构来获得的，而不是通过教师向学生传播信息来获得。系统论把事物看成一个系统，认为一个系统有许多要素并且各要素之间相互联系，要求用系统的观点和方法来分析问题和解决问题。上海师范大学黎加厚教授认为，信息化教学设计的理论基础应该包括人的全面发展理论、主体教育理论、新基础教育理论、信息技术与课程整合理论、布卢姆教学目标分类学理论、基于问题导向式的学习理论。

综合学界的看法与观点，笔者认为信息化教学设计的理论基础应该包括人的全面发展理论、建构主义学习理论、多元智能理论、素质教育理论、信息技术与课程整合理论、系统科学理论。

一、人的全面发展理论

人的全面发展，最根本是指人的劳动能力的全面发展，即人的智力和体力的充分、统一的发展。同时，也包括人的才能、志趣和道德品质的多方面发展。人的发展始终是思想先驱们所思考的问题，普罗泰戈拉（Protagoras）、圣西门（Saint-Simon）、傅立叶（Fourier）等均对人的发展进行过探讨。但直到19世纪中叶，马克思与恩格斯在吸收前人理论的基础上才提出了人的全面发展理论，标志着人的发展理论的正式确立。

马克思关于人的全面发展理论，概括起来主要包括几个方面的内容。

（一）人的需要的全面发展

马克思认为，需要是人的本性，需要是人类一切活动的源泉和动力，没有需要，就没有生产。人正是为了满足自己的生存、享受和发展需要，才进行物质生产和社会活动。人的需要的不断丰富和全面，标志着人本质力量新的呈现和人存在的充实。满足正当需要是人不可剥夺的权利，一切压抑人的正当需要的行为，都是违背人性的，都从根本上否认了人本身。所谓人的需求的全面发展，就是除了物质需求以外，社会关系方面的各种需求和精神生活中的各种需求，以及自我实现和发展、自由的需求等。

（二）人的主体性的全面发展

人的主体性是指凭借自己的综合素质与实践活动而处于支配地位，成为主体人的人所具有的特殊属性。马克思认为，人是社会历史的主体，人的主体性是人在创造自己历史的活动中所表现出来的能动性、创造性、自主性。

（三）人的能力或才能的全面发展

马克思把人的能力的全面发展看作是人的全面发展的核心。人的能力的发展是人的全面发展的重要内容，发展人必须发展人的各种才能。人的能力是多方面的，包括人的自然力和社会能力、潜力和现实能力、体力和智力等。只有人的这些能力或才能得到充分发展，才是真正的全面发展。

（四）人的个性的自由发展

人的自由个性是人的本质力量发展的集中体现，是个人的生理素质、心理素质和社会素质在不同社会领域的集中表现，是人的自主性、能动性、独特性、创造性的充分展示。马克思指出，个性的自由发展就是"一切天赋得到充分发展"。

（五）人的社会关系的全面发展

人的社会关系是指人与自然、社会以及他人的关系。社会关系是人的现实本质，或是人的本质的现实性表现。马克思认为，人的本质并不是单个人所固有的抽象物，在其现实性上，它是一切社会关系的总和。所以，在其本质意义上，人的全面发展实际上就是人的一切社会关系的全面发展，因为社会关系实际上决定着一个人能够发展到什么程度，一个人的发展取决于与他直接或间接进行交往的其他一切人的发展。因此，人必须积极参与社会生活多个领域的交往，在交往中形成丰富而全面的社会关系。可见，人的全面发展的核心内容就是人的本质的全面发展。人的本质的全面发展，也就是人的社会属性即人的社会关系的全面发展。人的本质的丰富性、全面性取决于社会关系的丰富性、全面性。没有个人与社会之间的普遍联系，个人的才能就不能得到发展，人的社会性质也不能得以充分的体现。只有人的社会关系得到高度的丰富和发展，人的全面发展才有可能。

二、建构主义学习理论

建构主义的最早提出者是瑞士认知心理学家皮亚杰，他的建构主义是基于其有关儿童的认知发展的观点，他发展了发生认识论。从儿童认知发展理论和儿童发展阶段理论出发，皮亚杰认为，儿童所获得的成功主要不是由教师传授，而是出自儿童本身，是儿童主动发现、自发学习的结果。儿童是在与周围环境相互作用的过程中，逐步建构起关于外部世界的知识，从而使自身认知结构（即图式）得到发展。

建构主义学习理论是认知主义学习理论的进一步发展，该理论发展了早期认知学习论中已有的关于"建构心理结构"的思想，强调学生在学习过程中主动建构知识的意义，并力图在更接近、更符合实际情况的情境性学习活动中，以个人原有的经验、心理结构和信念为基础来建构和理解新知识。

此后，建构主义流派纷呈，呈现出百家争鸣的昌盛局面。各种建构主义观点的立足点尽管存在分歧，但它们对学习的观点达成了几点共识。

（一）学习是学习者主动建构内部心理表征的过程

建构主义认为，根本不存在一成不变的"客观"事实。学习不是由教师向学生传递知识，而是学生根据外在信息，通过自己的背景知识和经验，自我建构知识的过程。在这个过程中，学习者不是被动的信息吸收者和刺激接受者，他既要对外部信息进行选择和加工，又要根据新知识与自己原有经验背景知识的关联，主动地建构信息的意义。

（二）学习过程是一个双向建构的过程

建构主义认为，建构一方面是对新信息的意义建构，运用原有的经验超越所提供的信息；另一方面又包含对原有经验的改造和重组。在学习过程中，每个学习者大都在以自己原有的经验系统为基础对新的信息进行编码，建构自己的理解。而且，原有知识又因为新经验的进入而发生调整和改变，所以学习并不单单是信息的量的积累，它同时包含由于新旧经验的冲突而引发的观念转变和结构重组；学习过程也不单单是信息的输入、存储和提取，而是新旧经验之间双向的相互作用过程。

（三）学习具有社会性

建构主义认为，知识或意义是以学习者原有的经验背景知识为基础建构起来的，由于每个人所处的社群、积累的经验和文化背景不同，因此，他们对事物的理解也是存在个体差异的。因此，知识或意义不仅是个人主动建构的结果，而且需要依靠意义的社会共享和协商进行深层的建构。人的自然属性和社会属性决定了他们不可能孤立地在社会实际生活中完成学习，必然要彼此之间进行交流和协作。通过对话、协商、沟通，学习者能够看到那些与自己不同的观点，在多种不同观点的"碰撞"和"融合"中，激励学习者自我反思，完善对知识的意义建构。

（四）学习具有情境性

建构主义认为，学习发生于真实的学习任务中，学习环境中的情境必须有利于学生对所学内容的意义建构。真实的学习任务不仅有利于激发学习者的学习主动性，而且这种客观活动还是个体建构知识的源泉。一方面表现在学习者理解、建构知识受到特定学习情境的影响，个人的认知结构是在与社会交互作用，并与其自身的经验背景相互作用的过程中，逐步形成与完善起来的。另一方面表现在知识在各种情况下的应用都不是简单套用,而是需要针对具体情境的特殊性对知识进行再创造。

三、多元智能理论

20世纪初,法国心理学家比奈(Binet)创造了智力测验,用来测试人的智力的高低。1916年,德国心理学家施太伦(Stern)提出了"智商"的概念:智商即智力商数,它是用数值来表示智力水平的重要概念。1935年,亚历山大(Alexander)第一次提出"非智力因素"这个概念。所谓"非智力因素",是指记忆力、注意力、观察力、想象力、思维力等智力因素之外的一切心理因素,主要包括动机、兴趣、情感、意志、性格等,这些非智力因素是直接影响和制约智力因素发展的意向性因素。然而,这一理论提出后并未受到人们的广泛关注。

1967年,美国在哈佛大学教育研究生院创立"零点项目",由美国著名哲学家戈尔曼(Goleman)主持。"零点项目"的主要任务是研究在学校中加强艺术教育,开发人脑的形象思维问题。自此以后的20年间,美国对该项目的投入达上亿美元,参与研究的科学家、教育家超过百人,他们先后在100多所学校做实验,有的人从幼儿园开始连续进行20多年的跟踪对比研究,出版了几十本专著,发表了上千篇论文。多元智能理论就是这个项目在20世纪80年代的一个重要成果。

哈佛大学霍华德·加德纳(Howard Gardner)教授在参与此项研究中首先重新考察了大量的、迄今没有相对联系的资料,即关于神童的研究、关于脑损伤病人的研究、关于有特殊技能而心智不全者的研究、关于正常儿童的研究、关于正常成人的研究、关于不同领域的专家以及各种不同文化中个体的研究。通过对这些研究的分析整理,他提出了自己对智力的独特理论观点。基于多年来对人类潜能的大量实验研究,加德纳在1983年出版的《心智的结构》一书中,首次提出并着重论述了他的多元智能理论的基本结构,他认为支撑多元理论的是个体身上相对独立存在着的、与特定的认知领域或知识范畴相联系的八种智力。这些为多元智能理论奠定了理论基础。

加德纳认为过去对智力的定义过于狭隘,未能正确反映一个人的真实能力。他认为,人的智力应该是一个量度其解题能力的指标。根据这个定义,他在《心智的结构》一书中提出,人类的智能至少可以分成七个范畴(后来增加至九个)。

（一）语言智能

语言智能主要是指有效地运用口头语言及文字的能力，即听、说、读、写能力，表现为个人能够顺利而高效地利用语言描述事件、表达思想并与人交流的能力。这种智能在作家、演说家、记者、编辑、节目主持人、播音员、律师等职业上有更加突出的表现。

（二）逻辑数学智能

从事与数字有关工作的人特别需要这种有效运用数字和推理的智能。他们学习时靠推理来进行思考，喜欢提出问题并执行实验以寻求答案，寻找事物的规律及逻辑顺序，对科学的新发展有兴趣。即使是他人的言谈及行为也会成为他们寻找逻辑缺陷的好地方，他们对可被测量、归类、分析的事物比较容易接受。

（三）空间智能

空间智能强调人对色彩、线条、形状、形式、空间及它们之间关系的敏感性很高，感受、辨别、记忆、改变物体的空间关系并借此表达思想和情感的能力比较强，表现为对线条、形状、结构、色彩和空间关系的敏感，以及通过平面图形和立体造型将它们表现出来的能力。这类人能准确地感觉视觉空间，并把所知觉到的事物表现出来，他们在学习时是用意象及图像来思考的。空间智能可以划分为形象的空间智能和抽象的空间智能两种能力。形象的空间智能为画家的特长，抽象的空间智能为几何学家的特长。建筑学家则形象和抽象的空间智能都擅长。

（四）肢体运作智能

善于运用整个身体来表达想法和感觉，以及运用双手灵巧地生产或改造事物的能力。这类人很难长时间坐着不动，喜欢动手建造东西，喜欢户外活动，与人谈话时常用手势或其他肢体语言。他们学习时是透过身体感觉来思考的。这种智能主要是指人调节身体运动及用巧妙的双手改变物体的技能，表现为能够较好地控制自己的身体，对事件能够做出恰当的身体反应以及善于利用身体语言来表达自己的思想。运动员、舞蹈家、外科医生、手艺人……有这种智能优势。

（五）音乐智能

音乐智能主要是指人敏感地感知音调、旋律、节奏和音色等的能力，表现为个人对音乐节奏、音调、音色和旋律的敏感以及通过作曲、演奏和歌唱等表达音乐的能力。这种智能在作曲家、指挥家、歌唱家、乐师、乐器制作者、音乐评论家等人员那里有出色的表现。

（六）人际关系智能

人际关系智能是指能够有效地理解别人及其关系，以及与人交往的能力，包括四大要素。

第一，组织能力，包括群体动员与协调能力。

第二，协商能力，指仲裁与排解纷争能力。

第三，分析能力，指能够敏锐察知他人的情感动向与想法，易与他人建立密切关系的能力。

第四，人际联系，指对他人表现出关心，善解人意，适于团体合作的能力。

（七）内省智能

内省智能主要是指认识到自己的能力，正确把握自己的长处和短处，把握自己的情绪、意向、动机、欲望，对自己的生活有规划，能自尊、自律，会吸收他人的长处。内省智能可以划分两个层次：事件层次和价值层次。事件层次的内省指向对于事件成败的总结，价值层次的内省指将事件的成败和价值观联系起来自审。

（八）自然探索智能

自然探索智能指的是能认识植物、动物和其他自然环境（如云和石头）的能力。自然智能强的人，在打猎、耕作、生物科学上的表现较为突出。自然探索智能应当进一步归结为探索智能，包括对于社会的探索和对于自然的探索两个方面。

（九）存在智能

人们表现出的对生命、死亡和终极现实提出问题，并思考这些问题的倾向性。

多元智能理论有助于形成正确的智力观。真正有效的教育必须认识到智力的广泛性和多样性，并使培养和发展学生的各方面的能力占有同等重要的地位。多元智能理论有助于转变我们的教学观。我国传统的教学基本上以"教师讲，学生听"为主要形式，辅之以枯燥乏味的"题海战术"，而忽视了不同学科或能力之间在认知活动和方式上的差异。多元智能理论有助于形成正确的评价观。多元智能理论对传统的标准化智力测验和学生成绩考查提出了严厉的批评。多元智能理论有助于转变教师的学生观。根据多元智能理论，每个人均有其独特的智力结构和学习方法。多元智能理论为教师们提供了一个积极乐观的学生观。每个学生都有闪光点和可取之处，教师应从多方面去了解学生的特长，并相应地采取适合其特点的有效方法，使其特长得到充分的发挥。多元智能理论有助于形成正确的发展观。按照加德纳的观点，学校教育的宗旨应该是开发多种智能并帮助学生发现适合其智能特点的职业和业余爱好，应该让学生在接受学校教育的同时，发现自己至少一个方面的长处，这样学生就会有热切地追求自身内在的兴趣。

四、素质教育理论

素质教育是指一种以提高受教育者诸方面素质为目标的教育理念，相对于应试教育而言，它重视人的思想道德素质、能力培养、个性发展、身体健康和心理健康教育。目前，教育界对素质教育内涵的研究，由于角度不同，素质教育的定义也不尽相同。有的依据"强调点"归纳素质教育，有的强调以人的发展为出发点，有的同时强调人的发展和社会发展，有的强调公民素质，有的强调先天与后天相结合，有的把各种素质平列，有的试图划分素质层次，还有的强调通过科学途径充分发挥天赋。

综观这些定义，虽然表述不一，但有着共同特点。第一，认为素质教育是以全面提高全体学生的基本素质为根本目的的教育。第二，认为素质教育要依据社会发展和人的发展的实际需要。第三，在某种意义上，素质使人联想到潜能。这些定义不仅主张充分开发智慧潜能，而且主张个性的全面发展，重视心理素质的培养。

依据以上的分析，可以将素质教育定义为：素质教育是依据人的发展和社会发展的实际需要，以全面提高全体学生的基本素质为根本目的，以尊重学生个性，注重开发人的身心潜能，注重形成人的健全个性为根本特征的教育。

五、信息技术与课程整合理论

"整合"在系统科学的思维方法论上，表示为由两个或两个以上较小部分的事物在符合具体客观规律或符合一定条件要求的前提下，凝聚成一个较大整体的发展过程及结果。教育界引用"整合"一词通常表示整体综合、渗透、重组、互补、凝聚等意思。信息技术与课程整合的概念是从传统计算机辅助教学（CAI）发展而来的。这种发展脉络符合教育技术的发展，也符合学习理论，特别是建构主义学习理论的发展。

关于信息技术与课程整合理论，国内学界有着许多精辟的论断。

南国农认为，课程整合是指将信息技术以工具的形式与课程融合，以促进学习，将信息技术融入课程教学系统各要素中，使之成为教师的教学工具、学生的认识工具、重要的教材形态、主要的教学媒体。综上所述，信息技术与课程整合就是在现代教育理论和学习理论的指导下，把信息技术与课程有机结合，创造新的教学方式和学习方式，优化教学效果。

李克东认为，信息技术与课程整合是指在课程教学过程中把信息技术、信息资源、信息方法、人力资源和课程内容有机结合，共同完成课程教学任务的一种新型的教学方式。它的基本思想包括三个基本点：要在以多媒体和网络为基础的信息化环境中实施课程教学活动；对课程教学内容进行信息化处理后使之成为学习者的学习资源；利用信息加工工具让学生进行知识重构。数字化学习是信息时代学习的重要方式，数字化学习是信息技术与课程整合的核心。信息技术与课程整合是我国面向21世纪基础教育教学改革的新视点，是与传统的学科教学有着密切联系，又具有一定相对独立性特点的新型教学类型。对它的研究与实施将对发展学生主体性、创造性和培养学生创新精神和实践能力具有重要意义。

何克抗认为，信息技术与课程整合就是在先进的教育思想、理论的指导下，尤其是"主导—主体"教学理论的指导下，把计算机及网络为核心的信息技术作为促进学生自主学习的认知和情感激励工具，以及丰富的教学环境的创设工具，并将这些工具全面地应用到各学科教学过程中，使各种教学资源、各个教学要素和教学环节，经过整理、组合、相互融合，在整体优化的基础上产生聚集效应，从而促进传统教学方式的根本变革，也就是促进以教师为中心的教学结构与教学模式的变革，最终达到培养学生创新精神与实践能力的目标。

解月光提出，信息技术在学科教学中的应用可以有两个层面。一是基于"辅助"的理念，将信息技术作为教学媒体、手段和方法来帮助教师或学生解决教与学中的问题。在这一层面上，信息技术主要扮演媒体的角色，发挥的是媒体功能，体现的是媒体特征，不能引起真正意义上的教学模式、学习方式的改变。二是基于"整合"的理念，使信息技术作为构建自主、探究学习环境的重要要素来支持学习。在这个层面上，信息技术不再是辅助教学的手段，而是成为学习内容或教学内容的有机组成部分，扮演学习、研究工具的角色，发挥学习环境的作用。无论是知识的学习，还是技能与能力的掌握与培养，均可以基于这种包含信息技术要素的学习环境，达到统一、和谐并最终完成目标。因此，信息技术在这一层面的应用可引起教学内容、教学模式、学习方式的改变，特别是在学习方式上，能让学生转变单纯的接受式学习方式，学会自主、探究式的学习。

近年来，与信息化教学概念相关的、讨论得非常多的一个概念就是"信息技术与课程整合"。从信息化角度来认识，信息技术与课程整合是在教育领域全面应用信息技术的中观层次，而教育领域全面应用信息技术的微观层次是信息技术与教学整合，宏观层次是信息技术与教育的全方位整合。[①] 信息化教育专家们站在信息技术发展应用的立场上，关注的是教育、课程、教学等信息化的过程，教育学、课程论及教学论专家们站在教育课程教学改革、创新的立场上，关注的是信息技术在教育、课程、教学中的整合过程。信息化与整合是同一事件、同一过程，最终目的是实现系统的整体优化，如图2-1所示。

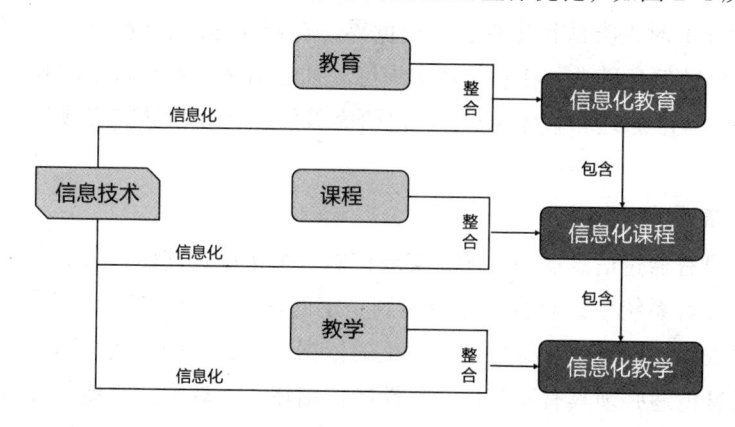

图2-1 信息化教学相关概念关系

六、系统科学理论

系统科学是研究一切系统的模式、原理及规律的科学，是在系统论、信息论和控制论的基础上形成的，它是新兴的一般方法论，也是信息时代认识世界和改造世界的方法论，广泛应用于各领域和学科。教学设计在发展过程中受到了来自科学方法论发展的影响，突出地体现在系统科学的思想、观念对教学设计研究与实践的影响。系统科学是"三论"（系统论、信息论和控制论）和"新三论"（耗散结构理论、协同论和突变论）的总称，它既是现代自然科学、社会科学、思维科学发展综合的结果，又是现代科学研究共同的一般方法论。教学

---

① 马启龙.信息化教育学原理[M].兰州：甘肃人民出版社，2017：77.

设计在其产生、发展、成熟过程中，受到了系统科学理论的深刻影响。系统科学理论是教学设计的重要理论基础。

系统方法是按事物本身的系统性把研究对象作为一个具有一定组织、结构和功能的整体来加以考察的一种方法。具体地说，即从系统与要素之间、要素与要素之间、系统与外部环境之间的相互联系、相互制约、相互作用的关系中综合地研究对象的一种方法。系统方法是系统科学基本原理和基本观念在认识和解决实际问题中的应用。最优化是系统方法的根本目的。它可以根据需要和可能，为系统定量地确定出最优目标；运用最新技术手段和处理方法，在动态中协调整体与部分的关系，使部分的功能和目标服从系统总体的最优目标，达到总体最优化。

系统科学理论对人类认识世界、改造世界，有着深远的影响。用"三论"的理论和方法指导教育科学，特别是从中提炼和抽象出来的系统科学的基本原理（反馈原理、有序原理和整体原理），对研究教学设计和指导其实践具有重要的意义。

（一）反馈原理

任何系统只有通过信息反馈，才能实现控制一个系统，其信息通道是一个闭合回路。在教育系统中，教育者是否达到一定的教育目的，教育效果如何，也必须不断地从反馈信息中获得控制与调整的依据，这也是一个闭合回路。在教学实践中信息传递必须具有双向性。反馈的作用在于使教师及时地获得学生学习态度和学习成效的反馈信息，调整教学程序、教学信息传递速度和教学方法，从而保证教学按照预定的教学目标和教学计划，高效率、高质量地有序进行。因此，教师要在教学过程中，通过反馈信息，掌握情况，找出问题，改进教法，提高效率，使教学达到预期目的；而学习者吸收信息并输出信息，也是通过反馈和评价知道正确与否，使学习达到预期目的。所以，从输入信息到反馈信息是一个完整的教学过程。在这一教学过程中，教师与学生之间相互及时反馈信息，不断改进教学，提高教学效果。有经验的教师，常常是随时了解和观察学生的学习反应，及时调整与控制教学过程。

（二）有序原理

系统内部各要素有其排列和组合的顺序、层次，其组织形式构成系统的结构。一种事物存在于某种系统之中，作为该系统的一个要素。一切事物又自成系统，有其内部结构。任何一个系统都是较高一级系统的要素（或子系统），同时任何一个系统的要素又自成系统，它又包含自己的要素。对于一个特定系统来说，其他系统是该系统存在的外部环境，所以，系统、要素和环境三者是有机统一的关系，是彼此相互联系和相互制约的。教育中强调，要处理好教学系统内部的要素之间，以及与外部环境之间的关系，使它们之间的信息交换处于开放、有序的状态。在现代教育技术的实施过程中，生动直观的教育信息与方法更能启发学生的积极思维，教师可以按照从感性到理性、从直观到抽象、从简单到复杂、从个别到系统的认识过程来进行教学。有序是最有效的学习方法。

（三）整体原理

整体性是系统的根本属性。任何系统都是一个有结构的整体，系统是由若干相互联系、相互作用的要素构成的整体。系统的整体功能不仅包括各孤立部分的功能之和，还应加上各部分相互作用而形成的新结构产生的功能。优化的课堂教学，应重视从教学整体进行系统分析，综合考虑课堂教学过程中的各个要素，包括教学目的的确定、优化的教学方法、优化的媒体选择，并注意各要素之间的配合、协调，只有发挥系统的整体功能才能达到优化的目标。

系统科学理论的三个原理建立了一个比较完整的理论体系，对研究教学系统设计和指导教学实践有着重要的意义。我们可以把教育技术的系统方法定义为：一种在系统科学和教育实践基础之上产生的，指导具体教育、教学实践活动的思想和方法。这是为了更好地达到教育、教学以及相应的实践活动目标，而对系统构成的要素、组织结构、信息流动、教学教育环境和教育教学的控制机构的分析与设计的技术。对于复杂的教育、教学问题，人们可以广泛采用定义系统和子系统的方法来定义问题和解决问题。如此对待问题，那么一个极为复杂的问题就完全可以分解为几个或许多相关的、能找到令人满意答案的局部问题。

第三节　信息化教学设计的模式

随着多媒体技术和网络技术的发展以及信息技术功能的强大及其与各种理论的相互促进，出现了新的教学模式——信息化教学模式。信息化教学模式根据现代教学环境中信息的传递方式和学生对知识信息加工的心理过程，充分利用现代教育技术手段的支持，调动尽可能多的教学媒体、信息资源，构建一个良好的学习环境，在教师的组织和指导下，充分发挥学生的主动性、积极性、创造性，使学生能够真正成为知识信息的主动建构者，从而达到良好的教学效果。

常见的信息化教学模式有以下十几种。

一、个别授导模式

个别授导（Tutorial）是经典的信息化教学模式之一，此模式试图在一定程度上通过计算机来实现教师的指导性教学行为，对学生实施个别化教学。其基本教学过程为：计算机呈示与提问—学生应答—计算机判别应答并提供反馈。在多媒体方式下，个别授导型教学软件的教学内容呈示可变得图文并茂、声色俱全，并可使交互形式更为生动活泼，结合网络技术还可以做成网络型个别授导型教学软件。

二、操练与练习模式

操练与练习模式是发展历史最长而且应用最广的教学模式，此类教学软件并不向学生教授新的内容，而是由计算机向学生逐个呈示问题，学生在计算机上作答，计算机给予适当的即时反馈。运用多媒体，可将许多可视化动态情境作为提问或答案的背景。

三、教学模拟型模式

教学模拟是利用计算机建模和仿真技术来表现某些系统（自然的、物理的、社会的）的结构和动态，为学生提供一种可供他们体验和观测的环境。建立教学模拟的关键工作是建立被模拟对象（真实世界）的模型（数学的、逻辑的、过程的），然后用计算机程序描述此模型，通过运算产生输出。这些输出能够在一定程度上反映真实世界的行为。教学模拟允许学生通过改变输入数据的范围来观测系统的变化状态，在教学中有广泛的应用。

四、教学游戏型模式

教学游戏与计算机模拟有密切关系，多数教学游戏本质上也是一种模拟程序，只不过在其中刻意加入了趣味性、竞争性、参与性的因素，做到了寓教于乐。在教学游戏中利用多媒体技术，不但可使模拟的现象变得更加逼真，而且可以创造在现实世界中难觅的虚拟现实情境。

五、智能导师型模式

严格地讲，智能导师也是个别授导的一种，因为它需要借助人工智能技术来实现，因此又称为智能导师系统（ITS）。智能导师系统是利用人工智能技术来模拟"家教"的行为，允许学生与计算机进行双向问答式对话。一个理想的智能导师系统不仅要具有学科领域知识，而且要知道它所教学生的学习风格，还要能理解学生用自然语言表达的提问。然而，世界上迄今所建立的此类系统能达到实用水平的屈指可数。

六、问题解决型模式

问题解决（Problem-solving）是一个十分广泛的概念，但作为一种 CAI 模式，它专指利用计算机作为解题计算工具，让学生利用计算机的信息处理功能解决学科领域相关的问题。

七、微型世界模式

微型世界（Microworld）是利用计算机构造一种可供学习者自由探索的学习环境，大多数微型世界是借助计算机化建模技术构造的，它和教学模拟与教学游戏有密切的关系。微型世界的基本特点是学生可操纵模拟环境中的对象，可建构自己的实验系统，可测试实验系统的行为。

八、虚拟实验室模式

所谓虚拟实验室，实际上是利用虚拟现实技术仿真或虚构某些情境，供学生观察与操纵其中的对象，使他们获得体验或有所发现。

九、情境化学习模式

情境化学习（Situated learning）是当前盛行的建构主义学习的主要研究内容之一。它是利用多媒体计算机技术创设接近实际的情境进行学习，利用生动、直观的形象有效地激发联想，唤醒长期记忆中的有关知识、经验和表象，从而使学习者能利用自己原有认知结构中的有关知识与经验去同化当前学习到的新知识，赋予新知识以某种意义。

十、案例研习模式

案例研习（Case studies）系统为学生提供一种丰富的信息环境，系统中包含从实际案例中抽取的资料，让学生以调查员的角色去调查案情（犯罪案件、医疗事故、道德伦理问题等），通过资料收集、分析和决策，得出问题的结论。

十一、基于资源的学习模式

基于资源的学习（Resources-based learning）由来已久，不是信息化教育特有的。学习资源的概念非常广泛，基于资源的学习就是要求学生利用各类资源进行自学。在信息化教育的范围内，基于资源的学习从量与质两方面来说不可同日而语。现代信息技术，特别是多媒体与计算机网络技术的应用，为学习者提供了极为丰富的电子化学习资源，包括数字化图书馆、电子阅览室、网上报纸期刊和数据库、多媒体电子书等。学习者掌握了一定的网络通信操作技能，就可以通过各种网上检索机制，方便快捷地获取自己所需要的知识进行高效的学习。

十二、探究性学习模式

探究性学习（Inquiry learning）本质上是数据库系统和情报检索技术的教学应用，能按照学生的提问从学科数据库中检索出有关信息，如历史、地理、生物等涉及大量数据的领域。学生利用系统的信息服务功能，通过信息收集和推理之类的智力活动，得出对预设（通常由教师所给）问题的解答。

探究性学习与案例研习、基于资源的学习的相似之处是均涉及信息检索技术的应用，但它们的数据组织与范围是不同的。探究性学习的数据库通常按学科范围组织而成，案例研习的数据库是围绕有一定实际背景的事例来组织的，而基于资源学习的资源通常无预定范围。

十三、计算机支持合作学习模式

计算机支持合作学习（CSCL）是与传统的个别化 CAI 截然不同的概念。个别化 CAI 注重于人机交互活动对学习的影响，CSCL 强调利用计算机支持学生同伴之间的交互活动。在计算机网络通信工具的支持下，学生们可突破地域和时间上的限制，进行同伴互教、小组讨论、小组练习、小组课题等合作性学习活动。

十四、虚拟学伴模式

虚拟学伴系统（VLCS）是利用人工智能技术，让计算机来模拟教师和同级学生的行为。关于人工智能在 CAI 中的作用，存在着一个认识不断发展的过程。20 世纪 80 年代初提出智能导师系统的概念，即企图用计算机模拟教师的行为；20 世纪 80 年代中期提出让计算机扮演学习者的角色，而不是当教师；20 世纪 80 年代末期更进一步提出了让计算机同时模拟教师和学生（多个或至少一个）的行为，从而形成一个虚拟的社会学习系统。

十五、虚拟学社模式

虚拟学社是指利用网上群体虚拟现实工具 MUD/MOO 支持异步式学习交流的形式。MUD/MOO 是 20 世纪 90 年代中期开始在互联网上流行起来的多用户异步通信系统。MUD 代表虚拟的多用户空间，MOO 是由 MUD 发展而来的，是一种面向对象的 MUD，它通过对由各种 MOO 对象构成的核心数据库的共享来向用户提供虚拟社会环境。每一个用户通过自己的客户机程序进入 MOO，MOO 提供实时的在线通信，它引入房屋空间隐喻的概念，使得在实际地理位置上处于分离状态的用户能够在一个共同机制中进行交互和协作。

MUD/MOO 是为支持网上虚拟社会中的交际活动而设计的，近年来，MUD/MOO 越来越多地被应用于教育和研究工作中，它给网上合作学习提供了新颖而有效的手段。一个教育 MOO 有一个学术主题，它利用 MOO 提供的各种通信工具，如 E-mail、电子报纸、文档、电子白板、虚拟教室等，来支持各种学习活动和校园文化。

十六、协同实验室模式

网上协同实验室（Collaboratory）是对真实实验环境和虚拟实验平台的集成，它实现了基于网络的问题求解过程。在协同实验室中，学生可以同学习伙伴一起设计实验，并通过模拟软件观看到实验结果。直到他们认为方案成熟，转移到真实的实验环境中完成实验，以验证真实的情形。学生的所有行为会被系统记录，以供进一步研究找出最佳学习路径或分析实验中的交互行为。网上协同实验室中的学生组成一个个学习小组，所有学习小组构成一个学习型社会。在实验过程中，只有组长能够控制实验器材，获取实验数据。其他成员只是向组长提供想法和观察实验结果。当然，组内的每一名成员都进行了明确的分工，他们各司其职。教师在整个实验过程中监控每一个成员的表现和实验结果。

十七、计算机支持讲授模式

计算机支持讲授（Computer-supported lecturing）包括计算机多媒体在课堂教学中的多种应用。例如，电子讲稿制作与演示，用网络化多媒体教室支持课堂演示、示范性练习、师生对话、小组讨论等。计算机在课堂教学中的应用使传统的教学形式得到新生，并且有助于教师在信息化时代的教学过程中继续发挥其应有的作用。

十八、虚拟教室模式

虚拟教室（Virtual classroom）是指在计算机网络上利用多媒体通信技术构造的学习环境，允许身处异地的教师和学生互相听得着，看得见，不但可以利用实时通信功能实现传统物理教室中所能进行的大多数教学活动，还能利用异步通信功能实现前所未有的教学活动，如异步辅导、异步讨论等。

随着教育信息化的发展、深入，新的教学模式不断出现，要对它做一个系统的分类是比较困难的。

第四节　信息化教学设计的原则与策略

一、信息化教学设计的原则

信息化教学指的是充分利用信息技术手段进行基于资源、基于合作、基于研究、基于问题等形式的学习，使学习者在意义丰富的情境中主动建构知识。信息化教学设计应遵循几大基本原则。

（一）以学生的学为中心，注重学习者学习能力的培养

在信息化教学环境下，强化学习者在教学中的主体地位。传统的讲授法（接收式学习）忽略了对学生学习兴趣、学习主动性、积极性和求知欲望的培养，对学生探索知识的能力培养不够，没有调动起学生的积极性和主动性，很多学生即使学习了十几年，依然停留在教师要求做什么就做什么、教师不安排就不知道怎么做的被动状况。

信息化教学设计强调教学的中心应该由教师的"教"转变为学生的"学"，学生由被动学习转变为主动学习，由接受式学习转变为探究（问题）式学习。教师作为学习的促进者，应该把学生当作教学的主体，引导、监控和评价学生的学习进程，以充分调动学生参与学习的积极性、探索知识的主动性；培养学生思维的独立性和批判性，培养学生的创新意识和创新能力。

（二）利用各种信息技术工具和信息资源来支持"学"

为了支持学习者的主动探索和意义建构的完成，在学习过程中要为学习者提供各种信息资源（包括各种类型的教学媒体和教学资料）。这些资源并非用于辅助教师的讲解和演示，而是用于支持学生的自主学习和协作式探索。教师的任务是告诉学习者如何获取信息资源、从哪里获取，以及如何有效地加以利用。比如，提供给学生与教学主题或问题相关的网络资源、典型案例，对学生的学习进行一定的指导和帮助等。信息技术工具和信息资源在信息化教学设计中具有不可替代的作用。

（三）为学习者的意义建构创设情境

建构主义认为，学习总是与一定的社会文化背景即情境相联系，在实际情境下进行学习，有助于学习者利用自己原有认知结构中的有关经验去同化当前学习到的新知识，从而赋予新知识以某种意义；如果原有经验不能同化新知识，则要引起顺应过程，即对原有认知结构进行改造与重组。所以在学习中，教师要尽量给学生创设出接近真实任务的情境，帮助学生进行意义建构，而且情境应具有生动性、丰富性。

（四）强调协作学习

建构主义理论认为，学习者与周围环境的交互作用，对于学习内容的理解（即对知识意义的建构）起着关键性的作用。这是建构主义的核心概念之一。学生在教师的组织和引导下一起讨论和交流，共同建立起学习群体并成为其中的一员。在这样的群体中，学习者共同批判地考察各种理论、观点、信仰和假说；进行协商和辩论，先内部协商，然后再相互协商。通过这样的协作学习环境，学习者个人的思维与智慧可以被整个群体所共享，即整个学习群体共同完成对所学知识的意义建构，而不是其中的某一位或某几位学生完成意义建构。学生之间相互协作，共享他人的知识和背景，共同实现教学目标。这种协作学习不仅指学生之间、师生之间的协作，也包括教师之间的协作，如实施跨年级和跨学科的基于资源的学习等。

（五）学习的最终目的是完成意义建构

学习的最终目的就是我们的教学目标，它既是教学过程的出发点，又是教学过程的归宿。在传统教学设计中，教学目标是检查最终教学效果和进行教学评估的依据。建构主义学习理论强调学生是认知主体，是意义的主动建构者，所以在信息化教学设计中要把学生对知识的意义建构作为整个学习过程的最终目的。信息化教学设计通常不是从分析教学目标开始，而是从如何创设有利于学生意义建构的情境开始，整个教学设计过程紧紧围绕"意义建构"这个中心而展开，不论是学生的独立探索、协作学习还是教师辅导。

（六）强调针对学习过程和学习资源的评价

传统的教学设计评价是对教师的教学过程和设计结果（教案、课件）的评价，从教案、课件中反映教师的教学思想理念、对教学内容的把握、对教学方法的运用等情况，重在对教师的评价。信息化教学设计的评价，其评价目标不仅仅是针对教师的教学结果，同时也强调学生在学习过程中的表现以及教师提供的学习资源对学生学习的影响情况等。信息化教学设计是一个连续的、动态的过程，在学习过程中，教师通过不断的研究和质量评估，收集数据，使用过程性评价达到改进设计的目的。同时，由于信息化学习资源种类繁多，为了有效地利用信息化学习资源，也必须对资源进行优化选择。

二、信息化教学设计的策略

信息化教学设计的目的是充分利用信息化资源环境，设计自主探究学习过程，培养学生的解决问题能力、创新意识和创新能力。信息化教学设计及其组织实施的大致过程是将课程内容按国家课程标准和实际教学进度进行重新组合，提出一个核心问题及其相关问题，形成问题情境和任务活动系列，组织、优选学习资源，设计学生学习过程，指导学生自主学习、协作化学习、动手操作，参与实践，广泛收集、处理相关信息资源，获得知识，得出结论，以电子作品形式（如 PPT 报告、电子板报、网页等）提交任务完成报告，再对学生电子作品进行多元化评价。其中的关键是创设教学情境和提供信息资源环境。

（一）创设教学情境

信息化教学设计的情境创设，简单地说就是基于特定的教学目标创设问题情境，以及将学习的内容安排在信息技术支持下的比较真实或接近真实的活动中，让学生通过参与真实的问题求解等实践活动而获得有效的学习。

1. 常见的教学情境

利用信息技术和信息资源创设接近真实的情境的方式有很多，其使用的方法也因不同的学科和内容而具有很大差异。根据创设的作用和一般方法的相似性，可以有这几类教学情景：问题情境、故事情境、模拟实验情境、协作情境等。

（1）问题情境

创设问题情境，就是在教学内容和学生求知心理之间设障立疑，让学生处于"愤""悱"的状态，将其引入一种与问题有关的情境。教师创设情境的重要原则是激情引趣，即通过情境激发学生的情感，引起学生对知识、对科学、对人生的兴趣。问题情境是最常见的启迪思维激发兴趣的重要途径。教师如果能抓住时机，依据问题情境所提供的各种线索，引导学生多角度、多方位地对情境内容进行分析、比较、综合，让学生不断地完成"同化"和"顺应"，就能使学生很好地建构新的认知结构。创设问题情境的方式多种多样，它可以在其他创设情境的途径中交叉使用。教师可以通过故事、模拟实验、图像、音像、活动等多种途径设置问题情境。

（2）故事情境

在信息化教学设计中创设故事情境，就是将教学内容通过各种信息技术和信息资源，以故事的形式展现给学生。创设故事情境就是要利用丰富的信息资源，调动学生视觉听觉等尽可能多的感官理解来建构知识。实验心理学家告诉我们，获取信息的途径来自视觉、听觉等多种感官，并且多感官的刺激有利于知识的保持和迁移。教师创设故事情境要根据教学内容、教学目标、学生原有认知水平和学生无意识的心理特征，采用适当媒体创设能够引起学生积极情绪反应的形象整体。

（3）模拟实验情境

实验是学生学习的重要方式之一。恰当的实验可以使学生把当前学习内容所反映的事物尽量和自己已经知道的事物相联系，并通过这种联系认真思考，从而建构起当前所学知识的意义。但实验的条件在课堂上并不能得到满足，创设模拟实验情境可代其功能。学生一方面按照教师的要求及学习目标模仿练习，以巩固新知识，另一方面凭借想象，再现表象，展开联想，亲身体会实验的乐趣，得到成功的体验，从而强化对问题的求解能力。创设模拟实验情境首先需要设计与主题相关的，尽可能接近真实的实验条件和实验环境；其次要利用各种信息资源去实现；最后由教师进行指导评价。

（4）协作情境

信息化教学设计中的创设协作情境，就是利用网上多种交流工具，如BBS、可视化语音聊天室、电子邮件、Net meeting、QQ以及Internet Phone等，通过竞争、协作、伙伴和角色扮演等方式进行学习,针对某一个问题展开讨论交流,共同完成学习任务。一般情况下,在信息化教学设计中创设协作学习情境包括以下几个步骤:对信息资源的整合,对学习任务和目标的确定,小组学习,小组学习成果的交流,教师总结与评价。在信息化环境中创设协作学习情境,不仅实现了时间和空间上的连续,也使交互变得更加容易控制,学习者的角色可以进行隐藏,教师的角色也发生了根本转变,他们要掌握的不仅仅是教学内容的逻辑序列和目标的合理安排,更多的是学生的协作情况、学习过程的规划设计。

2. 创设教学情境的一般程序

(1) 明确教学目的、研究教学内容,分析教学内容各维度,确定教学目标落实点

课堂教学总是要完成一定的教学目标,有一定学习内容的预设。教学情境是为完成课堂教学目标和内容服务的,因此,教师要创设一个好的教学情境必须认真学习和弄清学科课程标准中相应阶段的学生的知识与能力、过程与方法、情感态度价值观等目标在本教学中的具体落实,弄清课程的性质、目标、学习的内容框架,认真学习和落实课程标准中相应的教学和评价建议。另外,教师还要认真理解课程标准中有关学段目标、相应学习领域的具体标准以及课程实施建议等,根据新课程的要求创设适合学生认知状况、生活实际,蕴含多维目标要素的学习情境。

(2) 了解学生实际认知状况和生活经历,使用与学生生活和实际经验密切相关的教学情境素材

教学情境是学生主动积极建构性学习的学习环境,教师所创设的教学情境符合学生的认知状况,贴近学生生活。一位课程专家指出,"你要把学生领到你要他去的地方,你必须知道他现在在哪里"。好的教学情境一定是学生熟悉的,是学生个人经历中可以找到或相似的、可以理解的东西。要创设一个成功的教学情境,就必须先了解学生,熟悉学生的生活,了解学生的认知状况。通过家访、与学生交谈以及师生共同参与各种活动等机会,深入了解学生,积累各种有用的素材和信息。这样在创设教学情境时,才能在学生熟悉的生活中找到并筛选出学生感兴趣的、具有挑战性的、能自由参与探索与创新的课程资源。当然还要注意,教育既不能脱离生活,也不能简单地还原为学生的生活;教育必须高于生活,教育的内容和活动是对生活的提炼和对生活的超越。

(3) 认真在较为丰富的课程资源中进行筛选

新课程要求教师必须要有课程资源的意识,把可利用的校内、校外、自

然、社区的课程资源以及信息化的课程资源开发利用起来,这样才可以有大量可供选择的素材,并从中筛选出最适合的用于创设教学情境。与传统教科书相比,课程资源是丰富的、大量的,具有开放性的,它以其具体形象、生动活泼和学生能够亲自参与等特点,给学生多方面的信息刺激,调动学生多种感官参与活动,激发学生兴趣,使学生身临其境,在愉悦中增长知识,培养能力,陶冶情操,这是传统教科书所无法代替的。在信息化教学设计中,教师面临的不是创设一个或几个好的教学情境,而是每个内容的教学情境是恰当的、有效的,这需要大量的课程资源的支持。我们应当树立新的课程资源观,发挥课程资源的作用,使各种资源和学校课程融为一体,更好地为教育发展服务。学生应该成为课程资源的主体和学习的主人,应当学会主动地,有创造性地利用一切可用资源,为自身的学习、实践、探索性活动服务。教师应该成为学生利用课程资源的引导者,而不仅仅是知识的传授者,应该围绕学生的学习,引导、帮助学生走出教科书,走出课堂和学校,充分利用校外各种资源,在社会的大环境里学习和探索。同时,教师还应当成为课程资源的开发者和利用者,充分挖掘各种资源的潜力和深层次价值,提高利用率。

(4)精心设计教学情境和教学方案

准备创设教学情境和制定教学方案时必须解决下列问题:教学目标的确定与叙写、教学材料的处理与准备(包括课程资源的开发利用)、主要的教学情境与教学行为的选择、教学组织形式的设计、教学方案的编制。在创设教学情境时可以设计几个方案,必要时要有代表性地选择对象征求一下学生的意见,也可以与其他教师进行一些讨论,然后再确定教学情境创设的方案。在教学设计和教学情境创设时,要考虑为学习者理解知识提供合理的概念支架。这种支架中的概念是为学生对问题的进一步理解所需要的,为此,事先要把复杂的学习任务进行分解,并在教学情境设计中将各种要素蕴含其中,以便把学习者的理解逐步引向深入。

(5)准备教学设备和试操作

利用创设的教学情境进行教学需要大量信息技术手段的运用、课程资源的开发和运用,涉及学生动手操作、分组合作、交流研讨的学习活动,还可能涉及大量设备器材的使用、素材的收集、活动的组织等。为了在教学中不出或少出差错,教师必须做好充分的准备,复查小组活动方案的可行性。

(6)做好学生可能出现的问题的预案

学生的发展是在活动中的发展,因此学生在课堂上要想真正获得发展,唯有积极参与建构知识的活动才能实现。建构活动是学生的知识经验对课程资源的意义加工和重组的过程，因此在教学过程中调集学生已有的经验，并促成其与要学习的内容发生相互作用并建立起实质性非人为的联系，就显得尤为重要。教师在教学方案的预先设计中，可能已经对学生的直接经验有所估计，但只有在与学生的教学交往中，才能对学生拥有的直接经验的状况做出准确判断。如果课堂中获取的反馈与预先估计有不一致时，应该对教学做出及时调整。在创设教学情境的过程中，充分做好学生在课堂教学中可能出现的问题的预案是十分必要的。

（7）教学中的应用

在课堂教学中，教师按照事先创设好的教学情境和教学程序展开教学。教师应当充满激情地利用所创设的丰富的教学环境，激发学生的学习动机，培养学生的学习兴趣；为学生提供各种便利，为学生的学习服务；建立一个接纳的、支持性的、宽容的课堂气氛。教师应当作为学习参与者，平等参与学生的研究，注意发现学生思维中的闪光点，并与学生分享自己的感情和想法；和学生一道寻找真理，并且能够承认自己的过失和错误。教师还要成为学生学习的促进者，积极地旁观学生认知建构的过程。学生在自主观察、实验或讨论时，教师要积极地看，积极地听，设身处地地感受学生的所作所为、所思所想，随时掌握课堂中的各种情况，考虑下一步如何指导学生学习。教师要给学生心理上的支持，创造良好的学习氛围，采用各种适当的方式，给学生以心理上的安全和精神上的鼓舞，使学生的思维更加活跃，探索热情更加高涨。教师还要注意培养学生的自律能力，注意教育学生遵守纪律，与他人友好相处，培养学生的合作精神。教师应成为学生学习的引导者，对课堂教学中出现的突发情况和学生学习中的问题，要运用合理的方法加以解决。

（二）提供信息资源环境

信息化教学设计的另一个策略是信息资源环境的开发。信息资源环境是信息化教学设计的重要内容，在信息化教学中，教师能够提供什么样的信息资源环境或者学习者能够获取什么样的学习资源直接决定了学习者最终的学习效果。信息资源环境的创设提供程度已成为衡量一个信息化教学设计质量的重要指标。信息资源环境大致可以分为硬件信息资源环境和软件信息资源环境两部分。

1. 硬件信息资源环境创设

信息化教学的实施要在信息化环境下进行，信息化环境建设没有一个最高标准，为了获得一个真实、复杂的信息化教学情境，目前，多媒体网络教室是最佳选择。在多媒体网络教室中，学生可以自主探究、相互合作和支持并利用信息技术和信息资源参与问题解决活动；教师可以借助多媒体网络教室所提供的网络教学环境,为学生创设更有利于探索的教学情境。比如,教师围绕教学单元中的某一个问题,要求学生利用互联网搜集信息并利用 PowerPoint 创建一个指向单元学习内容的演示文稿。教师在教学情境中鼓励学生进行团队合作,结对评审他们的学习或设计成果并共同解决问题,促进学生竞争意识的形成等均可以在多媒体网络教室中进行。多媒体网络教室一般由两部分组成,一部分是多媒体演示系统,另一部分是网络学习系统,其中多媒体演示系统主要供教师创设情境、展示学生的作品、进行报告演示以及交流讨论等。

2.软件信息资源环境创设

(1)信息资源种类

目前常见的信息资源主要包括媒体素材(文本类素材、图形或图像类素材、音频类素材、视频类素材、动画类素材)、题库、试卷素材、课件与网络课件、案例、文献资料、常见问题解答、资源目录索引和网络课程。另外,还可根据实际需求,增加其他类型的资源,如电子图书、工具软件和影片等。

(2)信息资源开发

在信息化教学中,教师不仅要拥有更多的知识,还应该具备设计、开发、利用和评价信息资源的能力;教师既传授知识,同时还应该引领学生搜索、获取和处理信息;教师不仅仅研究"如何教",还要更多地设计"如何学"。教师在开发信息资源过程中,要考虑不同特点的学习者,使基础差的同学能够获得足够的帮助,高水平的同学的能力能得到充分发挥,要使信息资源成为学生实现学习目标提供多种活动或策略的选择。需要强调的是,信息化教学设计如果忽视了信息资源的开发,那么教学情境将成为空中楼阁,因为教学情境的创设与信息资源的开发是相互依存的。

第五节 信息化教学设计的评价

教学评价是以教学目标为依据,制定科学标准,运用一切有效的技术手段,对教学活动过程及其结果进行测定、衡量并给予价值判断。教学评价是教学设计的有机组成,由评价主体、客体、方法和标准等要素构成。随着西方教育改革运动的兴起,教学评价的改进与调控功能受到人们的关注,教学评价转向关心对学生的学习诊断、学习过程的促进与形成。

信息化教学设计在建构主义学习理论等先进教育理念的指导下,激励学生利用信息化环境合作进行探究、实践、思考、综合、运用、问题解决等高级思维活动，以培养学生的创新精神和实践能力。系统地进行信息化教学评价，有助于达到评价目的，进而实现整个教学的目标。

一、信息化教学评价原则

（一）在教学进行前提出预期

在信息化教学中，学习的任务往往是真实的，而学生又具有较大的自主权和控制权。为避免学生在学习过程中迷途，在教学进行前，预先通过提供范例、制定量规、签订契约等方式使学生对自己要达到的结果有一个明确的认识将是非常有效的。这样一来，学生就会主动地使自己的工作向任务的预期要求看齐。

（二）评价要基于学生在实际任务中的表现

在信息化教学中，教学的组织者要尽可能地从真实的世界中选择挑战和问题，并在评价时关注学生在实际任务中所表现出来的提问的能力、寻求答案的能力、理解的能力、合作的能力、创新的能力、交流的能力和评价的能力。评价的重点要放在如何使学生的这些能力得到发展和提高上，而不仅仅是放在判断学生的能力如何上。

（三）评价是随时并频繁进行的

既然信息化教学中的评价是一个进行中的、嵌入的过程，那么它也应该是随时并频繁进行的，目的是衡量学生的表现与教学目标之间的差距，进而及时改变教学策略，或者要求学生改变他们的学习方法及努力方向。事实上，评价是促进整个学习发展的主要工具。

（四）学生对评价进程和质量承担责任

要发展自我评价能力，学生需要有机会制订和使用评价的标准，使他们在思考和反思中发展自身的技能。学生应该知道如何回答和解决"需要解决的问题是什么""我们如何才能得到提高"之类的问题。因此，只要有可能，教师就要尽量鼓励学生进行自评或互评，并使他们对评价的进程和质量承担责任。

二、信息化教学评价工具

在信息化教学中，除了要根据教学目标的不同充分利用传统的优秀评价方法外，还要对传统评价方法进行改造，也要发展新的评价方法（工具）。评价工具是评价主体为完成评价任务所采用的相关技术和方法，它们支撑着评价中的各种相关因素，决定评价的质量。因此，正确选用评价工具，对顺利完成评价工作有着不可忽视的意义。①

信息化教学评价工具主要有以下几种。

（一）范例展示

范例展示在布置学习任务之前，是向学生展示符合要求的学习成果范例，以为学生提供清晰的学习预期目标的教学评价工具。

（二）评定包

评定包又称档案袋，是按一定目的收集的反映学习过程以及最终成果的一整套材料，这些材料借助信息技术能很好地实现组织与管理。

（三）概念图

概念图是一种图表，作为评价工具，它可以方便地表征课、单元或知识领域的组织结构。概念图是用来组织和表征知识的工具，通常将有关某一主题的概念置于圆圈或方框之中，然后用连线将相关的概念和命题连接，连线上标明两个概念之间的意义关系。作为学习工具，概念图能够构造一个清晰的知识网络，便于学习者掌握整个知识架构。作为评价工具，可了解学生的学习进展和内心思维活动的情况，从而及时给出诊断；从中不但能发现学生理解上的问题，还可以发现学生的学习风格和思维习惯。

（四）量规

量规是一种结构化的定量评价标准，它往往是从与评价目标相关的多个方面详细规定评级指标，具有操作性好、准确性高的特点。表2-4为对学生网站的评价量规。

表2-4　对学生网站的评价量规

评价项目	分数	评价标准
界面友好性	10	区域划分清晰，易于理解，包括恰当明了的、加了标签的链接
高效合理性	10	图片下载迅速，相关文本易读，背景服从文本与图片
页面审美性	10	图片吸引人、动画新颖并富有创意
内容准确性	10	信息准确、完整、有保留价值
内容有用性	10	内容有意义，对学习有指导作用

---

① 张有录.信息化教学概论[M].北京：中国铁道出版社，2012：229.

续　表

评价项目	分数	评价标准
内容丰富性	10	信息丰富，具有重读价值
内容综合性	10	多种内容或学科的有机结合，能充分体现学生的发散思维
学习思考性	10	鼓励学生思考、讨论、假设、对比、分类等
过程吸引性	10	通过网站学习的过程能够吸引学生
个性发展性	10	有效地将多学科的智力或潜能开发融于一体

评价说明：对学生网站评价标准如上有10个方面，每个项目为10分。30分以下为浪费时间，30—50分为一般，50—70分为非常好，70—90分为优秀。

（五）学习契约

学习契约，又称学习合同，是学习者与帮助者（专家、教师或学友）之间的书面协议或者保证书，主要有自学式学习契约和同伴辅导学习契约两种。这种评价方法来源于真正意义上的契约或合同，其意义与实施方法与现实合约相差无几。

（六）评估表

评估表是以问题或评价条目组成的表单，对评价表适当地进行设计可以帮助学习者通过回答预先设计好的问题来产生某种感悟，有效地启发学习者的反思，从而增强他们自主学习的能力。

三、信息化教学评价要求

评价一个信息化教学设计是否成功，应考虑以下几个方面的内容。

（一）是否有利于提高学生的学习效果

学习目标应该内容明确，表述清晰，符合教学大纲的要求。教学设计中应考虑到学生的个体差异，并明确说明如何调整成效标准以适应不同的学习者。教学设计应该能够激发学生的兴趣，符合学生的年龄特征，并有利于学生的学习以及高级思维能力的培养，有利于学生信息处理能力的培养。

（二）技术与教学相整合是否合理

技术的应用和学生的学习之间要有明显的关联，不能只是为了使用技术而使用技术。技术应该是教学成功必不可少的一部分。计算机作为工具要有助于教学计划的实施，但是不应视为信息化的全部。

（三）教学计划的实施是否简单易行

教学计划应该可以根据具体教学情况的差异很容易地进行修改，以便应用到不同的班级。教师应该可以轻松地应用教学计划中所涉及的技术，并获得相应的软硬件支持。

（四）是否能够有效评价学生的学习

教学设计中应该包括一些评价工具，用于务实的评价和评估。学生的学习目标和学习成果评估标准之间要有明确的关系。

四、信息化教学评价与传统教学评价的比较

与传统的教学设计相比，信息化教学设计强调以学为中心，促进学习者创新能力和综合能力的形成。为了达到信息化教育的培养目标，即培养具有处理信息能力的、独立的终身学习者，其教学评价必须要与各种相关的教学要素相适应，从而也必然与传统的教学评价迥然不同，其区别可以概括为以下几点。

（一）评价目的不同

传统的教学评价侧重于评价学习结果，以便给学生定级或分类。评价通常包含根据外部标准对某种努力的价值、重要性、优点的判断，并依据这种标准对学生所学到的与没有学到的进行判断。为了评价学习结果，传统的评价往往是正规的、判断性的。而在信息化教学中，评价是基于学生的表现和过程的，用于评价学生应用知识的能力。它关注的重点不再是学到了什么知识，而是在学习过程中获得了什么技能。这时的评价通常是不正规的、建议性的。

（二）评价标准的制定者不同

传统评价的标准是根据教学大纲或教师、课程编制者等的意图制定的，因而对全体学生的评价标准是相对固定且统一的；而信息化教学强调学生的个别化学习，学生在如何学、学什么等方面有一定的控制权，教师则起到督促和引导的作用。在信息化教学中，评价的标准往往是由教师和学生根据实际问题和学生先前的知识、兴趣和经验共同制定的。

（三）对学习资源的关注不同

在传统教学中，学习资源往往是相对固定的教材和辅导材料，因而对于学习资源的评价相对忽视，往往只是在教材和辅导材料等成为产品前，才有由特定学生与教师所实施的检验或实验性质的评价出现。而在信息化教学中，学习资源的来源十分广泛，特别是互联网在学习中的介入，更使学习资源呈现出取之不竭之势。如何选择适合学习目标的资源不仅是教师的重要任务，也是学生

所要获得的必备能力之一。因而，在信息化教学评价中，对学习资源的评价受到更广泛的重视。

（四）学生所获得的能力不同

在传统的教学评价中，学生的角色是被动的。他们通过教师的评价被定级或分类，并从评价的反馈中认识自己的学习是否达到预期。然而，在信息化社会中，面对不断更新的知识，指望像传统教学中的教师一样适时地对学生的学习提供评价是不可能的。因而，作为一个合格的终身学习者，自我评价将是必备的技能，培养学生的这种技能本身就是信息化教学的目标之一，也是评价工作的任务之一。

（五）评价与教学过程的整合性不同

在传统教学中，评价往往是在教学之后进行的一种孤立的、终结性的活动，目的在于对学习结果进行判断，如图2-2所示。而在信息化教学中，培养自我评价的能力和技术本身就是教学的目标之一，评价具有指导学习方向、在教学过程中给予激励的作用，正是由于有了评价的参与，学生才有可能达到预期的学习结果。因此，评价是镶嵌在真实任务之中的，评价的出现是自然而然的，是一个进行之中的、嵌入的过程，是整个学习不可分割的一部分，如图2-3所示。

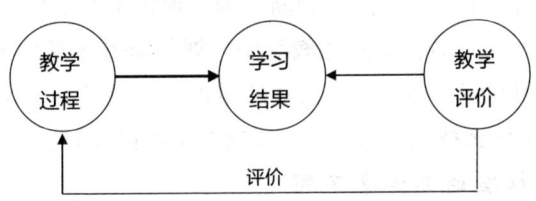

图2-2 评价在传统教学中的位置

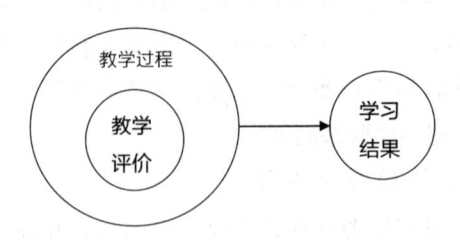

图2-3 评价在信息化教学中的位置

第三章　信息技术与学科教学整合

第一节　信息技术与学科教学整合概述

随着信息技术的发展，人类已经迈入信息时代，信息技术与人们各种信息活动息息相关，有着千丝万缕的联系。在这样的背景下，信息技术与学科教学（或课程）的整合逐渐成为教育改革中的重点内容。

一、信息技术与学科教学整合的概念

信息技术与学科教学整合是指将信息技术、信息资源与学科教学有机结合，通过在各学科教学中有效地应用信息技术，促进教学内容呈现方式、学生学习方式、教学方式和师生互动方式的变革，为学生创造生动的信息化学习环境，使信息技术成为学生认知、探索和解决问题的工具，培养学生的信息素养及利用信息技术自主探究、解决问题的能力，提高学生的学习效果。[①]

信息技术与学科教学整合的实质是将信息技术作为工具，服务于学科教学，以利于新的教学方法的实施，而不等于信息技术在学科教学中的简单使用。

二、信息技术给学科教学带来的变化

信息技术与学科教学的整合使学科教学在教学内容的呈现方式、学生的学习方式、教师的教学方式、师生互动方式等方面产生了巨大变化。

（一）信息技术与教学内容呈现方式的变革

传统的教学内容的呈现方式主要是声音（教师语言）、文字和图像，主要通过书、纸的记录和传播来呈现教学内容。信息技术作为呈现教学内容的重要工具，可以将多种媒体快速地集成，实现了对教育资源的有效整合。

---

① 周海银.教育教学知识与能力（小学）[M].北京：中国经济出版社，2014:244.

信息技术对教学内容呈现方式变革的促进作用主要表现在以下几个方面。

首先，信息技术可提供多种媒体的刺激，有利于知识的获取和保持。在课堂教学过程中，多媒体教学软件可以提供教科书以外的教学内容。这些软件依据学科特点由教师选择、集成在计算机中，以便在课堂教学中随时使用。

其次，信息技术可以提供超文本特性，实现对教学内容最有效的组织与管理。在课程资源建设方面，可开发多媒体电子教材、教学资料，将文字、声音、图像、动画等有机地组合起来，制作成光盘，长期、大容量地储存。

最后，信息技术可提供网络传递方式，实现教学内容的实时开放。建立教学专用网站，随时更新、补充网上教学资源，供教师和学生使用。

（二）信息技术与学生学习方式的变革

信息技术与学生学习方式之间并不存在必然的关系。信息技术可以是知识的灌输者，学生的学习方式主要是接受式；信息技术也可以是学习的辅助者，学生的学习方式主要是研究式。因此，信息技术与学生学习方式变革的主要决定因素是教育思想和理念。

信息技术作为学生自主探究学习的重要工具，其对学生学习方式变革的促进作用主要表现在以下几个方面。

首先，信息技术有助于实现分层次教学、个性化学习，可以为每个学生尽可能地提供选择学习内容的空间。

其次，信息技术可以作为学生自主学习的重要工具。学生从提高基本的学习效率（读、写、算）到完成复杂的研究任务均可以运用信息技术，从而能够提高自身的学习质量和效率。

最后，信息技术的网络特性更有利于实现学生的协作式学习。

（三）信息技术与教师教学方式的变革

教师教学方式与学生学习方式是相对而言的，学生学习方式发生变革的同时，教师教学方式也必然发生变化。教师的角色应从传授者、权威者转换为学生学习的辅导者、支持者，信息技术则成为教师辅导学生学习的重要工具。

信息技术对教师教学方式变革的促进作用表现在以下几个方面。

第一，信息技术可以作为准备教学的重要工具，从备课查找资料，到设计、制作教学软件等可以应用信息技术，从而提高教师的工作效率和质量。

第二，信息技术有助于教师创设更生动、逼真的问题情境，引导学生进入自主学习状态。

第三，信息技术有助于提高教师呈现教学内容的质量和效率。

第四，信息技术可以作为教师总结教学经验的工具。例如，教师利用工具软件记录、管理教学日志，通过网络发表自己的教学体会，与其他教师进行交流。

（四）信息技术与师生互动方式的变革

师生互动方式的转变实际上是师生关系转变的表现，信息技术使师生由主动与被动的关系转变为平等和谐的关系。信息技术的传递具有快速、隐蔽、灵活等特点，可以丰富传统的师生互动方式，促进师生之间的交流。

信息技术对师生互动方式变革的促进作用主要表现在以下几个方面。

第一，信息技术可以实现一名教师与多个学生的互动，学生可以随时向教师提问，教师可以针对每个学生的特点进行个别性的辅导。

第二，信息技术可以实现远距离师生互动，加强师生、生生之间的跨时空的交流与合作。

第三，信息技术强大的管理功能可以提高师生之间评价与反馈的质量与效率。

三、信息技术与学科教学整合的意义

（一）有利于实现教育教学的根本目的

信息技术与学科教学整合属于教育教学范畴之中的行为，教育教学的本质就是信息技术整合的本质，教育教学的目的就是信息技术整合的目的。因此，信息技术整合追求的目的应该是教育教学方面的目的，信息技术应该在促进教师教学、学生学习和学生全面发展等方面起到积极作用。信息技术与学科教学整合确实有利于实现教育教学的根本目的。信息技术和课程整合，为课程设计提供了丰富的手段，拓宽了课程设计的范围。信息技术强大的功能，使得教学形式呈现出多样化的特征。

（二）可以帮助教师教学

信息技术和课程整合，可以充分利用各种资源，发挥设备的最大潜力，实施高质量和高效率的教学。这似乎已经是一个老生常谈的话题，但在实践中却是一个长期困扰教师的瓶颈。信息技术到底能够帮助教师干什么？教师自己应该负有什么教学责任？到底如何整合？这些问题一直没有得到很好的解决。关于作为教学工具的作用，首先，一般的观点认为学科教师借助信息技术备课，可提高备课质量和节约备课时间。其次，学科教师利用信息技术授课，延长了师生交流的时间，也更有利于学生与教师深层次的交流与沟通。最后，通过计算机互联网，可以大大减少教师的重复劳动，教师可以从大量的备课和讲课的任务中解放出来，能把较多的精力投入到教学和科研活动中，使教学活动从劳动密集型转变为技术密集型，从而提高教学活动的效率。

任何一种媒体在教育教学过程中有它的作用，因此，我们不能简单地将其视为一种替代关系。我们使用信息技术应该把重点放在解决那些传统教学不便解决或无力解决的教学和学习问题上，应该利用信息技术解决那些信息社会给我们提出的新问题，信息技术具有支持现代学习和教学的使命，应该充分发挥信息技术的优势才对。

（三）有利于提高学生的信息素养

信息技术与学科教学整合是培养学生信息素养的有效途径。所谓信息素养是指能够清楚地意识到何时需要信息，并能确定、评价、有效利用信息以及利用各种形式交流信息的能力。

信息素养主要包含以下几个方面的内容。

一是信息应用的实践能力，即按照课题和目的应用适当的信息手段，主要包括积极独立地收集、判断、表现、处理和创造必要的信息，按照对方的具体情况发送和传递信息的能力。

二是对信息科学的理解，包括对信息手段特性的理解，对为了评价和改善处理、应用信息的基本理论和方法的理解。在信息收集、处理和利用的所有阶段，批评性地处理信息，在接收信息之前，认真思考信息的有效性和准确性。这些素养的形成不仅仅是通过计算机技术训练的，而且应该是通过加强科学分析思维能力的训练来培养的。

三是参与信息社会的态度，即对社会生活中的信息与信息技术的作用的理解，思考信息道德的必要性以及对信息的责任，积极地、创造性地参与信息社会的态度。要求学生具有强烈的社会责任感、具有良好的与他人合作的精神。

（四）帮助学生学习

信息技术与学科教学的整合使得传统的认知工具得到了充实，学生可以将信息技术作为认知工具进行更有效的学习。认知工具具有以下几个方面的内涵。

第一，作为课程学习内容和学习资源的获取工具。获取和占有信息是处理和应用信息的前提，将信息技术作为信息获取工具，是学生发现和获取信息的一种良好途径。

第二，作为情境探究和发现学习的工具。信息技术与课程整合之后可以根据一定的课程学习内容，利用多媒体和网络开发工具将课程内容以多媒体、超文本、友好交互等方式转化为数字化学习资源，根据教学需要，创设一定的情境，让学生在这些情境中进行探究和发现。

第三，作为协作学习和交流的通信工具。在传统的课堂教学中，由于人数、教学内容和课时等因素的限制，协作学习常常无法顺利进行，而信息技术为有效实现协作学习提供了良好的技术基础和支持环境。

第四，作为自我评测和信息反馈的工具，包括作为学生自我评价和相互评价的工具、教师对学生的评价工具、学生对教师教学设计和导学过程实施的评价工具。信息技术可以为学生提供十分高效和准确的学习评测系统，学生可以及时地了解自己的学习情况，发现各种问题，为不断进步打下基础。

（五）有利于培养学生的创新精神和创新能力

学生创新能力的培养需要理想的教学和学习环境的支持，信息技术整合于教学过程之中，可以为培养学生的创新能力营造理想的环境。信息技术可以作为学生的创造工具。

首先，现代教育技术的最新理论基础有力支持着创造性能力的培养。

其次，基于计算机的课件开发平台有利于培养学生的直觉思维。

再次，优秀的多媒体课件可以为形象思维的培养提供有力支持。

最后，基于计算机网络的协作式学习和发现式学习，可以为辩证思维和发散思维的培养提供有力的支持。

（六）作为整合多学科的工具

信息技术与课程整合可以促进多学科的相互渗透，可以作为整合多学科的工具。例如，学生在制作关于地理内容的多媒体作品时，需要同时使用计算机、地理、美术、音乐等多学科的知识，需要综合运用多学科的知识分析、规划、制定有关内容。特别是在综合学习活动中，可以将多门学科聚拢在一起，学生可以学习多学科的交叉性知识。如果有效地将信息技术与学习活动进行整合，信息技术就可以使学生不区分学科的界限，在完成某一主题或课题的过程中，以学生的兴趣和爱好为基础，经过体验和活动，进行问题解决的学习活动。这样，可以着重培养学生主体性地运用多种知识解决问题的资质和能力，创造性、协作性地处理事物的态度，促进学生生存发展能力的形成。因此，信息技术在教育中的应用，既是技术和工具，又是使学生综合运用其他学科知识的桥梁。

第二节 信息技术与学科教学整合的模式

信息技术与学科教学的整合实际上是实现教与学最优化的一个过程，在这个过程中，要用先进的教育理论做指导，充分发挥信息技术和信息资源的作用，合理地进行信息化教学设计，实现课堂教与学方式的根本性变革，从而达到培养学生创新精神和实践能力的目标。

在整合过程中，教师在不同教育思想理论的指导下，应用不同的信息技术手段和信息资源进行信息化教学设计，可形成多种信息技术与学科教学整合的模式。针对教学内容与学生特点，合理选择学科教学整合模式，有利于提升课堂上教与学的效果。

一、信息技术与课程整合模式的分类

（一）基于信息技术的作用

对于不同学科定位，信息技术的作用是不一样的。可以将信息技术与课程整合分为三种基本课程模式，一是将信息技术作为学习对象的本科本位型课程模式，二是将信息技术作为教学工具的学科辅助型课程模式，三是将信息技术作为学习资源、工具与手段的学科研究型课程模式。

（二）基于教学过程的阶段

在教学过程的不同阶段，可以将信息技术与课程整合分为三种模式：课前阶段模式、课后阶段模式和课内阶段模式。

（三）从学科的角度来看

依据学科的不同可以将信息技术与课程整合模式划分为数学、物理、化学、语文、历史、地理等不同学科的课内整合教学模式。

（四）依据教学策略划分

根据教师的教学策略可将信息技术与课程整合模型分为自主探究、协作学习、演示、讲授、讨论、辩论、角色扮演等不同策略的课内整合教学模式。

（五）依据技术支撑环境划分

从技术支撑环境来看，有基于网络、多媒体、软件工具、仿真实验、投影教室、多媒体网络教室等不同的课内整合教学模式。

要设计好一节整合课，必须回答"信息技术在一节课中的性质与作用是什

么""在一节课的哪些地方引入信息技术""在一节课中如何引入信息技术"等问题。我们既要了解信息技术在教学中的作用，还要会设计信息技术在教学中运用的过程，也可以借鉴一些整合的模式来帮助我们设计本学科的课程。

二、常用的信息技术与课程整合模式

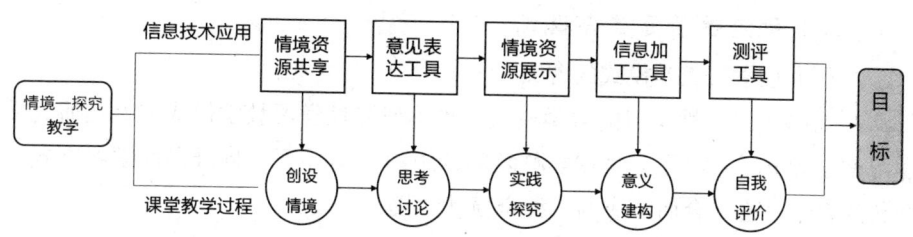

（一）情境—探究整合模式

情境—探究整合模式注重利用信息技术的优势创设真实的情境，提供真实的活动，如图 3-1 所示。在学习者解决问题的活动过程中，教师或专家为学习者提供指导和支架，强调认知工具、资源的运用以及知识的协作和社会性建构，促使学习者在学习过程中清晰地表达理解和反思，并注重对任务中的学习实施真实性的评价。

图 3-1 情境—探究整合模式

这一模式分为以下几个步骤。

第一，利用数字化的共享资源，创设探究学习情境。

第二，指导学生初步观察情境，提出思考问题，借助信息表达工具（如 Word、BBS 等）形成意见并发表。

第三，对数字化资源所展示的学习情境，指导学生进行深入观察和探索性的操作实践，从中发现事物的特征、关系和规律。

第四，借助信息加工工具（如 PowerPoint、FrontPage 等）进行意义建构。

第五，借助测评工具，进行自我学习评价，及时发现问题，获取反馈信息。

（二）资源利用—主题探究—合作学习整合模式

这类整合模式主要适用于校园网络环境，具体分为以下几个步骤。

第一，在教师指导下，组织学生进行社会调查，了解可供学习的主题。

第二，根据课程学习需要，选择并确定学习主题，制订主题学习计划（包括确定目标、小组分工、计划进度）。

第三，组织协作学习小组。

第四，教师提供与学习主题相关的资源目录、网址、资料收集方法和途径（包括社会资源、学校资源及网络资源的收集）。

第五，指导学生浏览相关网页和资源，并对所得信息进行去伪存真、选优除劣的分析。

第六，根据需要组织有关协作学习活动（如竞争、辩论、设计、问题解决或角色扮演等）。

第七，形成作品。要求学生以所找到的资料为基础，做一个与主题相关的研究报告（形式可以是文本、电子文稿、网页等），并向全体同学展示。

第八，教师组织学生评价作品，形成观点意见，最终达到意义构建的目的。

（三）研究性学习整合模式

1. 研究性学习教学模式的含义

所谓基于研究性学习的教学模式（也称研究性学习教学模式或专题研究性学习教学模式），实际上是在学科教师的组织与指导下，将研究性学习方式与学科的教学过程结合而形成的一种全新教学模式。

2. 研究性学习教学模式的实施步骤

研究性学习教学模式的实施步骤是：提出问题—分析问题—解决问题—实施解决问题方案—总结提高。

上面是教学中经常用到的整合模式，我们在借鉴的时候要知道影响教学模式选择的因素：根据教学目标选择教学模式；根据教学内容选择教学模式；根据学习者的特征选择教学模式；根据教师的自身特点选择教学模式。

每种模式给我们的教学提供的只是范式，教师往往要根据教学的实际情况有针对性地选择教学模式，还可以把模式进行综合运用。所谓教无定法，想要培养学生的创新意识与创新能力，教师在教学中不能生搬硬套各种模式，要不断创新、灵活运用，才有可能给学生带来耳目一新的课堂教学体验，才能培养学生的创新精神。

第三节 信息技术与学科教学整合的策略与评价

一、信息技术与学科教学整合的教学原则

教师是学校层面实施信息技术与学科教学整合的主体。教师在系统教学设计基础（School-based）上的校本实践是落实整合实效的关键环节和重要途径。教师在开展整合的教学设计和教学实践时应遵循以下原则。

（一）在系统、科学的教学设计的基础上，开展有针对性、有特色的校本实践，形成信息技术整合于教学的常规和习惯

一次或一系列教学和学习的质量如何，在很大程度上取决于教学设计的质量，取决于教师能否在教学设计中系统分析和创设可促进有效学习的各种条件，信息技术与教学的整合也不例外。教师应系统全面地把握教学前、教学中和教学后不同教学环节的各个影响要素及其相互作用，注意全面分析课程标准及教学目标的要求、教学内容的特点、学习者的已有基础和特点，并在此基础上选择或创设有效的教学策略和评价方式，选用或开发信息技术设备和资源，创设有利的学习环境，制定适应本校发展水平、能解决实际问题的校本信息技术应用方案。

我国现有的信息技术整合实践大多是为了参加公开课或应付上级检查，多处于小范围零散应用的局面，信息技术整合于教学的实践不连贯、不系统，信息技术对教学、学习和学生发展的实效性难以持续发挥，且不利于整合经验的积累和纵向提高。为了推进信息技术在教学中的普遍应用，教师应以课程标准为依据，以适合采用信息技术的教学内容和教学目标为关键点，以学段（如以学期或学年）为单位，对信息技术整合的校本实践进行阶段性的规划，使信息技术应用真正融入日常的教学常规中，逐步养成在教学中一贯性地、常规性地应用信息技术的习惯。

（二）在选择或设计教学策略、设计教学过程和学习活动时，应追求信息技术应用与教学方式变革的相互促进，通过信息技术应用与多种活动方式的综合运用，实现多层次的课程目标

信息技术在支持现有教学方式的同时，也在推动着教学方式的变革。教师应在教学设计和教学过程中，有机组合各种信息技术手段和信息化资源，帮助

和支持学生的自主学习、主动探究、问题解决、交流协作等，积极探索和创造适于信息技术条件下的教学方式，如基于网络的探究性学习、远程协作学习等，实现信息技术应用与教学方式变革之间的相互促进和有机结合。避免利用信息技术进行"机械电灌"或选择不利于学生发展的教学方式。

课程培养目标是多层次的。多层次的课程目标要求教师综合选用多种教学方式和教学工具，将信息技术的应用（如上机操作等）与学生的独立思考、主动建构、理解探究，尤其是实验、制作、调查、访谈等多种需要动手或亲身参与和体验的活动方式结合起来，实现综合化、多层次的教学目标。应避免信息技术应用与其他活动方式的对立，不能为利用信息技术而剥夺学生的动手实践机会和切断学生与社会、自然的联系。例如，试图用计算机演示或模拟实验取代学生所有的动手实验，用上网查询资料取代学生的社会调查和实地考察等。

（三）在评价和选用教学技术时，应发挥信息技术不可替代的优势，并将现代信息技术与其他教学技术结合来使用

对信息技术整合效果的研究和调查表明，信息技术并不是适用于所有教学内容和教学目标的万能工具，信息技术的应用效果会因教学内容、教学目标和应用方式的不同而有很大差异，在某些教学内容上，应用信息技术的效果甚至不如采用传统教学手段和技术。在进行教学设计时，关键的一点是要结合具体领域或学科的特点和具体教学目标的要求，选用合适的信息技术，着重分析信息技术不可替代的优势，并通过适当的教学策略发挥这些优势。不能将信息技术的优势泛化，不加选择地将信息技术用于所有教学内容和教学活动。在教学设计中，评价和选用信息技术时要充分考虑以下问题：信息技术是否适用于当前的教学内容？学习者和教学目标的需要是什么？信息技术在实现当前教学目标方面是否具有不可替代的优势（如果不具备优势则应放弃使用信息技术）？如果具有不可替代的优势，具体体现在哪些方面？应如何通过有效的教学策略和教学管理使潜在的优势转变为教学实效？在当前教学中应用信息技术可能会出现哪些潜在的不利影响？应如何避免？

（四）在设计信息技术应用方案时，应尽量整合校内外各种信息技术资源，体现效益原则

与发达国家相比，我国中小学的信息技术设备和资源的绝对量和相对量不充足。因此，在努力提高中小学信息技术条件的同时，应尽量发挥校内已有设备的潜力为教学和学习服务。录音机、幻灯机、电视机、放映机等较为传统的教育技术，甚至黑板、粉笔、挂图、模型等传统教学工具在中小学教学中曾经

发挥了重要作用并仍然具有独特的教育价值，伴随这些传统技术和工具产生的教学应用模式和教学方式仍然具有很强的生命力和纵深发展价值。教师在不断整合现代信息技术的同时，应结合本校实际，充分发挥现代信息技术工具与其他较传统的教学工具、数字化教学资源和非数字化教学资源之间的互补性，综合运用，发挥整体效益。不能因为现代信息技术的应用就盲目淘汰或闲置原有的教学技术。在学校信息技术设备和资源匮乏的地区，可以加强学校与社区、家庭的信息技术设备、资源的共享，努力打破学校—社区—家庭信息技术设备、资源相互封闭的局面。在信息基础设施比较齐备的学校也要充分考虑效益性原则，不用信息技术即可达到相同甚至更好的教学效果时，就不一定要采用信息技术；采用成本较低的技术解决方案即可达到相同甚至更好的教学效果时，不能一味追求奢华的技术方案；互联网提供大量的开放性课程资源时，教师应提高自己发掘和利用免费课程资源的能力，尽量避免投入过多的时间和精力开发一次性的、低水平重复的课件。

（五）在进行学习者分析时，应考虑学生的个别差异和多样化的发展需求，尤其不能忽视教学活动的社会性和学生社会化发展的需求

教师在进行教学设计时应分析学生的年龄特点、认知特点和学生多方面的个别差异，了解学生的已有知识经验，发挥信息技术交互性强、能异地支持个别化学习的优势，为不同认知水平、不同认知风格和发展需求的学生创设个别化的学习环境，提供个性化的学习工具和资源，创设自主学习的机会，尽量使所有学生获得丰富的体验，得到应有的发展。尽管我国很多中小学尚不具备普遍应用信息技术支持学生个别化学习的条件，但教师可以在现有信息技术的应用方式上为不同的学生留下不同的学习空间，尽快超越不顾学生的个别差异，利用信息技术"满堂电灌"的应用阶段。

教师在教学设计中应特别注意学生的社会化发展需求和社会化体验，在教学中将信息技术支持下的交流互动（如借助 E-mail、BBS、视频会议系统的交往）与面对面的人际交往活动结合起来，创设人际交往和人机互动良性互补的教学环境，帮助学生在通过合作建构理解知识、发展技能的过程中，有充分的社会交往的机会与活动，并在真正的人际环境中逐步学会适当地表达观点、交流思想，培养与人合作的能力。应避免"用技术活动取代社会活动"或者"用人机互动割裂人际交往"的错误做法。

二、信息技术与学科教学整合的策略

根据已有的信息化教学实践，结合建构主义所倡导的有意义的学习理论和建构主义学习环境设计思想，可以形成一种具有普遍指导意义的信息化教学设计过程，具体操作流程如图3-2所示。

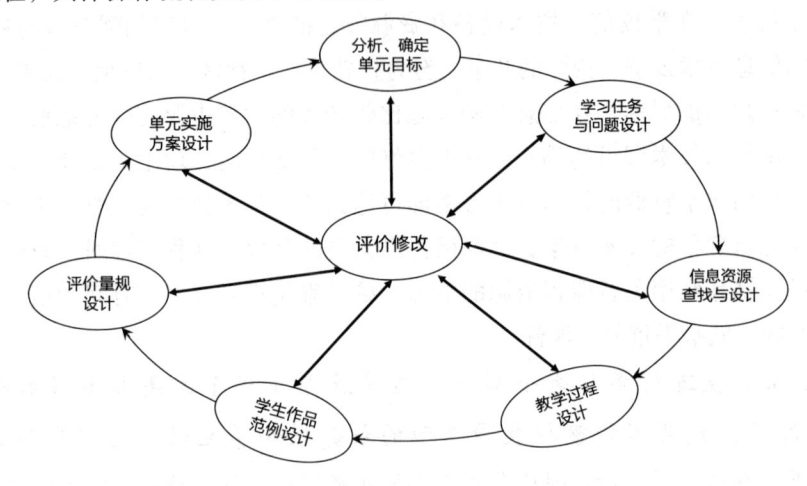

图 3-2 信息化教学设计操作流程

（一）分析、确定单元目标

在分析学习者特征、教学内容特点的基础上，确定单元学习目标。遵循传统教学设计学习者分析的基本原理，在信息化教学设计中，教师要逐步引导学生对自己的学习风格、现有基础与水平、兴趣爱好等做出确定与分析。教师可以根据平时对学生的观察与了解，对学习者做出的自我分析进行肯定或进行修正。信息化时代强调学生独立学习的能力，因此信息化教学设计要有意识地让学生参与到整个设计过程中，使学习者设计掌握学习过程的各种策略与方法。

学生的学习是由目标指引的。在信息化教学模式中，教师在明确总体的、较长期的阶段性教学目标之后，可以鼓励学生根据阶段性目标设定一系列子目标。学生根据自身的情况制定相关的子目标，学业基础较好的学生制定的子目标可能会比较少，而学业基础薄弱的学生则可能对阶段性目标进行更细致的划分。

（二）学习任务与问题设计

学习任务与问题的设计由教师与学生共同协商制定。根据阶段性目标，教师与学生可设计真实的任务和有针对性的问题。

（三）信息资源查找与设计

在信息化时代，学习资源异常丰富，学生可以轻而易举地通过网络、图书馆等找到自己所需的信息。然而信息的无限丰富性又给学生的学习带来一些不良的影响，其中一个比较突出的弊端是给学生的信息查找带来一定困难。教师在这方面应提供一定的帮助，如给学生提供一些寻求资源的方法，学生根据学习内容、学习地点、学习方式确定最恰当的寻找资源的途径。如果需要，教师还可以根据情况就某一个学习主题做资源列表，学生根据这一列表进行资料收集、分析与整理目标、寻求解决问题的方法，从而最终完成学习任务。

（四）教学过程设计

教师对教学过程进行设计，同时学生在教师指导下，对自己的学习方式、学习途径、学习过程进行设计。信息化教学强调学生的自主设计能力对学生的有效学习起着关键作用。

（五）学生作品范例设计

在教学过程中，如果要求学生以完成电子作品的方式进行学习，教师应事先做出电子作品的范例。有了教师展示的范例，学生浏览后就会对自己将要完成的任务有一个感性的认知。但呈现范例时，又要注意避免给学生造成定势，否则会扼杀学生的个性，使作品变得千篇一律。

（六）评价量规设计

在评价信息化学习，特别是其产生的电子作品时，结构化的评价工具——量规提供了较为科学的方法，对其进行认真设计将提高评价的可操作性和准确性。对于量规的设计，应该考虑到整个学习过程以及最后的电子作品等多方面的因素。在信息化教学模式中，学习评价量规是学生学习的参照和向导，大致包括学习过程、学习态度、协作能力、目标完成情况等几个因素。

（七）单元实施方案设计

单元实施方案的设计指的是对教学的具体实施方案进行设计，包括实施时间表、分组方法、上机时间分配、实施过程中可能用到的软硬件以及其他必要的文档准备等。

（八）评价修改

由于学习过程中各因素的复杂多变性，在教学设计过程中，评价修改需要随时进行，并伴随设计过程的始终。

只有对教学各环节进行合理调控才能获得最理想化的教学效果。信息化教学设计的程序一般由学习者分析开始，整个设计过程呈现出动态、循环的特征。

在每一个设计步骤中,强调学习者作为学习主体的地位,让学生参与到整个设计过程之中,提高学生的自我意识以及对自身学习过程的反思与调节能力。

为便于理解,我们将上述过程用下面的表格呈现出来,见表3-1。

表3-1 信息化教学设计过程表

基本过程	具体内涵/要求
分析、确定单元目标	分析学生、课程学习的特点;确定单元学习目标
学习任务、问题设计	根据单元教学目标,设计真实的任务和有针对性的问题
信息资源查找与设计	根据任务和问题以及学生的学习水平,确定提供资源的方式,可以要求学生自己按照学习目标查找资源,也可以提供现成的资源给学生。前者必须由教师设计好要求、目的;后者要求教师寻找、评价、整合相关资源或提供资源列表
教学过程设计	梳理整个教学过程,使之有序化,一般情况下应写出文字化的信息化教案
学生作品范例设计	在教学过程中,如果要求学生以完成电子作品的方式进行学习,教师应事先提供电子作品的范例,使学生对将要完成的学习任务有一个感性认识
评价量规设计	运用结构化的评价工具——量规评价信息化学习(特别是电子作品)。量规的设计应当具有科学性,以确保评价的可操作性和准确性
单元实施方案设计	具体的实施方案设计,内容包括实施时间表、分组方法、上机时间分配、实施过程中可能遇到的软硬件问题等
评价修改	在教学设计过程中,评价修改是随时进行的,伴随设计过程的始终

三、信息化教学评价原则与指标

(一)以学生为主体

学生既是学习的主体,又是评价的主体。在教学进行前教师要指明教学目标,使学生对自己要达到的结果有一个明确的认识。这样做能充分发挥学生的主观能动性。在评价时要重视学生在实际任务中所表现出来的能力，注重对学生综合素质的考查，强调评价指标的多样化，促进学生的全面发展。评价过程中要突出发展、变化的过程，面向学生的未来发展，注重学生的长远需要，鼓励学生积极、主动地对自己的学习情况进行评价与反思，即自我评价。它能使学习者有针对性地反思与提高自身的学习水平。要重视学生评价的反馈调节功能，帮助学生有效调控自己的学习过程。它通常采用问卷调查的形式来实现，这样可以帮助学习者通过回答预先设计的问题而产生某种感悟，从而促使他们对自己的学习过程和学习结果进行重新审视和修改，增强学生的自信心，增强他们的自主学习能力。

（二）评价内容的广泛性

各种社会因素的影响造成了人才标准的单一、选拔机制的僵化，应试教育倾向在基础教育领域仍占很大比重，考试分数成为评价的唯一标准。随着信息化时代的到来，信息化教学评价充分体现了教育教学目标，对学生进行多方面的评价，它克服了以前仅凭考试成绩来评定学生的弊端。信息化教学评价的内容包括学业成绩、创新能力、实践能力、情感体验、合作意识等方面。比如，在英语教学过程中，评价内容主要包括学生是否有浓厚的学习兴趣、在进行任务型学习时是否有主动学习态度和合作学习的能力、是否能根据不同的学习任务调整自己的学习策略，当然也包括通过测验的形式来判断学生掌握教学的情况。评价内容的广泛性也认同个体差异，也注重对个体发展相异性的认可，充满了人文关怀，它体现了信息化教学评价的多元性、多样性与可选择性。

（三）评价手段、方法多元化

评价内容的广泛性决定了评价手段、方法的多元化。首先，有形成性评价。它是指评价学生在学习过程中使用所学知识进行学习活动的情况，通过多种评价手段和方法对学生在学习过程中表现出的兴趣、态度、参与活动程度，以及他们的语言发展状态做出判断，对他们的学习尝试做出肯定，以促进学生的学习积极性，从而帮助教师改进教学。形成性评价能有效地检测学生的发展状态和趋势，揭示个性学生在学习中的情感状态和策略应用，促使其不断提高自身素质，有利于学生的可持续发展。其次，还有范例展示。它是指在布置学习任务之前，向学生展示符合学习要求的学习成果范例，学生形成清晰的学习预期。教师所提供的范例一方面可以启发和拓展学生的思路，另一方面也可在技术和主题上对学生的学习起潜移默化的引导作用。最后，还可采用学习档案的方法。学习档案是指按一定目的收集的反映学生学习过程以及最终产品的一整套材料。学生能通过它检视自己的成长，它能使学生在自我评价中变得积极起来。凭借学习档案所提供的具体参考资料，教师能有效地辅导和支持学习者达到学习目的，促进个人的成长。当然，除此之外还有许多的方法，如定性评价与定量评价相结合、他人评价、绝对评价、绩效评估等。总之，无论是何种方法，都应体现发展性观点、多元化原则，要重视评价的功能，要使它起到反馈、调节的作用。在具体的评价中还要重视合作的原则，提倡教师与学生的合作以及学生间的合作；要坚持鼓励性原则，以利于加强和保持学生的学习兴趣，从而提高学生的学习积极性；要坚持发展性原则，评价的结果既能反映学生的学习现状又能反映学生的发展潜能。

如何评价信息化教学的教学效果？评价的关键是作为教学媒介的信息技术能否使教与学更加协调，统一于教学过程之中。因此总的评价原则是促进学生的探究性学习，使课堂教学合理、有效。具体来说，可从教学设计、学生活动、信息技术的使用三个方面进行评价。其中，学生的高级思维活动是评价的核心。表3-2提供了一个简要的信息化教学评价指标体系，可供参考。

表3-2　信息化教学评价绩效指标

教学设计方面	学生活动方面	信息技术使用方面
1. 主题设计能否展开教学目标 2. 学习材料有意义且符合学生认知特点 3. 探究活动与教学目标匹调 4. 教学手段运用得当	1. 核心知识的独立探究活调 2. 合作学习体现学生学习的需要 3. 学生的观点、看法独特或有创意 4. 学会能对观点看法进行评估和调整	1. 技术使学习材料更有意义，更真实，更具启发性、挑战性和趣味性 2. 学生有更多的学习自主调 3. 促进学习交流 4. 促进教学目标实现

四、信息化教学评价的取向：发展性评价、绩效评价

信息化教学评价符合素质教育的要求，它侧重于评价学生的表现和过程，确定了学生在各类评价活动中的积极的参与者、合作者的主体地位，关注学生应用知识的能力；它理顺了教学与评价的关系，认为两者应是在共同的教育目标下协调一致、互为促进的教学行为；强调学生的个性化学习，使得学生在教师的督导和引导下对怎么学、如何评价等也有一定的控制权。随着互联网的广

泛使用，学习资源的来源变得十分广泛，已不再局限于先前固定的教材，信息化教学评价强调评价学习资源。评价的内涵得到了很大的补充，不再认为考试是唯一的评价手段，评价手段应是形式多样的。信息化教学评价认为教育评价既包括对学生的阶段成绩和发展状态的评价，也包括对教师的教学行为、自身素质等方面的评价，还包括对学校教育、教学项目等方面的评价与评估。在信息化教学评价中，应以发展性评价为指导、以绩效评价为策略来管理与评价信息化教学的具体开展。

（一）发展性评价

从功能来分，教育评价可分为发展性评价、水平性评价和选拔性评价。这里的"发展"，已经有了具体含义，有了评价的发展功能（即综合功能）中的含义和"面对的是教育领域""目的不是为了淘汰""功利效应是'低利害'的"等其他类型的评价未必具有的含义。

发展性评价具有以下重要特征。

1. 以被评价者的素质全面发展为目标

发展性评价基于一定的培养目标，这些目标指明了被评价者发展的方向，也构成了评价的依据。这些目标主要来自课程标准，也充分考虑了被评价者的实际情况。发展性评价将着眼点放在被评价者的未来，包括大众教育和终身学习的需要。

2. 对被评价者的发展特征的描述和发展水平的认定必须是评价者和被评价者共同认可的

发展性评价的根本目的是促进被评价者的后继发展。评价过程中，对被评价者现状的描述必须是被评价者认可的，如果涉及要通过评等级甚至是选拔（如选拔班干部）去认定某种特征，也必须是被评价者认可的。这些描述或评定只用于使被评价者认识自身的优势和不足，不应具有"高利害性"。

3. 注重过程评价

发展性评价强调收集并保存表明被评价者发展状况的关键资料，对这些资料的呈现和分析能够形成对被评价者发展变化的认识，并在此基础上针对被评价者的优势和不足给予被评价者激励或具体的、有针对性的改进建议。

4. 关注个体差异

个体的差异不仅指考试成绩的差异，还包括生理特点、心理特征、兴趣爱好等各个方面的不同特点。发展性评价强调正确地判断每个被评价者的不同特点及其发展潜力，为被评价者提出适合其发展的、具体的、有针对性的建议。

5. 强调评价主体多元化

评价者应该是参与活动的全体对象的代表。以评价学生的某次学习活动为例，评价者应该包括教师、家长、学生、学校领导和其他与该学习活动有关的人。

（二）绩效评价

1. 绩效评价的原则

绩效管理中的一个重要环节就是绩效评价，没有绩效评价就没有绩效管理。绩效评价是信息化教学评价中的一种重要形式，二者之间既有区别，又有联系。祝智庭教授在其专著《现代教育技术——走向信息化教育》中，对信息化教学评价做了较为深刻的阐述。他认为，为了达到信息化教育的培养目标，即培养具有处理信息能力的、独立的终身学习者，其教学评价必须要与各种相关的教学要素相适应，从而也必然与传统的教学评价迥然不同。因此他提出了信息化教学评价的概念、原则与方法。他在书中也提到绩效评估（Performance assessment），实际上是一种质性评估方法。科学的绩效评价应该是质性评估与量化评价的合理结合。

（1）以学生的绩效为中心

学习活动的绩效是其他所有绩效评价的基础。现代教育思想已经将关注的重心从"教"转向了"学"，学生才是一切教育活动的出发点和终极目标。所有教育活动围绕学生而展开，所有教学活动的目的是促进学生的学习活动，所有教育目标在学生的身心变化中得到实现。学生对学习资源（包括学习者的时间、体力和注意力等）的使用、对学习过程的安排以及学习的成绩和效益，体现了教育活动的价值，它们是衡量所有教育绩效的基础和前提。

（2）要避免绝对、划一的标准

严格同一的标准作为工业化社会的产物，已经难以适应信息社会的要求，也难以适应评价对象复杂的发展水平和多变的教育需求。对于个体学习者而言，每一个学生都是从自己的认知结构出发，主动地建构对信息的解释，学习者对学习资源的利用和对学习过程的安排建立在各不相同的基础上。因此，绩效评价可以建立框架性、主题性的评价目标，而避免使用绝对、划一的具体标准来衡量不同的评价对象。

（3）尽可能获取教育活动的现场依据

学习绩效评价要求对教育、学习活动中资源使用的情况和活动过程的安排情况做出评价，而要对这些情况做出客观评价，评价者就应当获取教育、学习活动现场的第一手资料，这是由教育、学习活动的性质所决定的。

一般的学习绩效评价流程如图 3-3 所示。

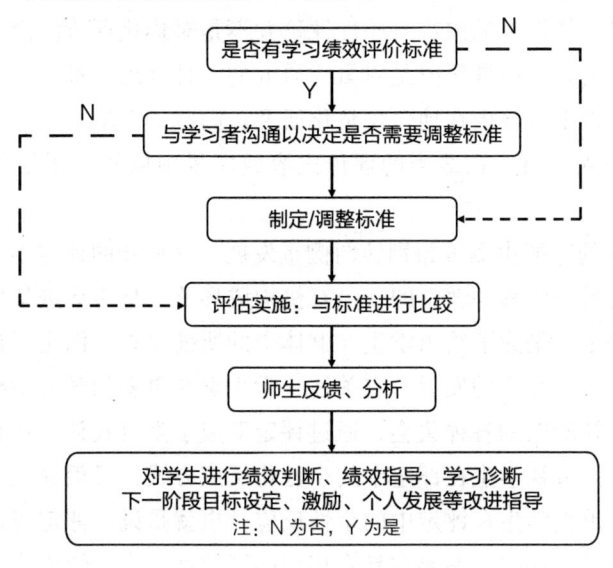

```
        ┌─────────────────────────┐  N
        │   是否有学习绩效评价标准   │─ ─ ─ ─ ┐
        └───────────┬─────────────┘       │
                    │ Y                   │
   N    ┌───────────┴─────────────────┐   │
 ┌ ─ ─ ─│ 与学习者沟通以决定是否需要调整标准 │   │
 │      └───────────┬─────────────────┘   │
 │                  │                     │
 │      ┌───────────┴─────────┐           │
 └ ─ ─ ─│    制定/调整标准      │─ ─ ─ ─ ─ ┘
        └───────────┬─────────┘
                    │
        ┌───────────┴─────────────┐
        │  评估实施：与标准进行比较  │
        └───────────┬─────────────┘
                    │
        ┌───────────┴─────────┐
        │    师生反馈、分析     │
        └───────────┬─────────┘
                    │
 ┌──────────────────┴──────────────────────┐
 │ 对学生进行绩效判断、绩效指导、学习诊断      │
 │ 下一阶段目标设定、激励、个人发展等改进指导   │
 └─────────────────────────────────────────┘
              注：N 为否，Y 为是
```

图 3-3　学习绩效评价流程图

2.绩效评价的流程

根据教育改革与发展的基本要求，新课程标准中提倡学生评价方式的变革，传统教育评价存在着注重静态结果、等级鉴定和择优的倾向。信息化教学应该以发展性评价为指导，以绩效评价为策略，并结合信息技术与学科教学整合和信息化教学的基本要求，借鉴企业管理中的绩效考核理论。应用绩效不但能够进行信息化教学中的发展性评价和绩效评价，还可以进行学习过程的管理，这与现代评价理论所提出的整合教学功能是一致的。

3.绩效评价的功能

目前的课程评价充分发挥了考试等量化评价方式的作用，重视评价的社会选拔功能，但对课程评价的发展功能重视不够，评价方式和技术还比较单调。因此，应该改革课程评价的方式、方法，改变把评价的甄别、选拔功能本体化的倾向，建立旨在促进学生素质全面发展的发展性评价体系。学界专家也指出，国际课程评价领域，在经历了 20 世纪初的测验时期、20 世纪中期的评价之后，于 20 世纪 80 年代中期开始，悄然进入了评定时期，渐渐以质性评定代替量化评定。量化评定由于数量精确、简明的特点，能够减少人为的主观推论，而且，数量能够在高技术手段所提供的统计工具（如计算机、光学扫描仪）上加以处理。然而，对教育而言，量化的评价是把复杂的教育现象加以简化或只评价简单的教育现象，它不仅无法从本质上保证对客观性的承诺，而且往往失去了教育中最具意义、最根本的内容。质性评价并不是对量化评价的简单舍弃。作为研究的一种新范式，质性研究是对量化研究的一种反思、批判和革新。从根本上说，质性评价中应该内在地包含量化研究。因此，它从本质上并不排斥量化评价，而是纳入自身，在适当的评价内容或场景中依然使用量化的方式进行评价。

质性评定的功能由侧重甄别转向侧重发展。这种新的评定不是一种甄别过程，它把评定看作课程、教学的一个有机构成环节，是为促进学生发展的有效教育手段。评定不是为了给出学生在群体中的所处位置，而是了让学生在现有的基础上谋求实实在在的发展。它关注让学生学会更多的学习策略，给学生提供表现自己所知所能的各种集会，通过评定形成学生自我认识和自我教育、自我进步的能力。重视学生在评定中的个性化反应方式，又倡导让学生在评定中学会合作。它重视学生在评定中的个性反应，也就是说，评定尊重学生的个性差异和个性特点，评定问题要求具有相当的开放性，允许学生依照自己的兴趣和特长作出不同形式或内容多样的解答。质性评定强调评定问题的真实性和情景性。

现代认知心理学的研究表明，学生对学习内容的认知和学习，与其所发生的情景有着密切的联系。因此，现代认知或学习理论均强调学习的真实性和情景性。在传统的评价中，那种孤立的问题和测验条目，缺乏真实生活的相似性，学生在这种测验中所得的分数，对他们未来在真实生活中的表现很少有预见性与预见价值。因此，要求评定问题的设计具有真实性、情景性，以便于学生形成对现实生活的领悟能力、解释能力和创造能力，这已经成为当今评定改革的一个重要特征。质性评定不仅重视学生解决问题的结论，而且重视得出结论的过程。它要求将学生获取答案的推理过程、思考性质、证据的运用、假设的形成等这些对学生发展至关重要的东西，纳入评价的视野。

五、绩效管理

（一）绩效管理概述

绩效管理原本是一种企业管理新理念，从实践上来讲，企业绩效管理（BPM）就是管理者通过一定的方法和制度确保企业及其子系统（部门、流程、工作团队和员工个人）的绩效成果能够与企业的战略目标保持一致，并促进企业战略目标实现的过程。与其说绩效管理是一种方法、一种工具，不如说它是一种观念、一种哲学。其实，绩效管理更多的是向企业经理和员工传达一种观念，传达基于绩效而管理、基于绩效而发展的观念。而这里所提到的绩效管理是指为了达成组织的目标，通过持续的开发与沟通过程，形成组织目标所预期的利益和产出，并推动团队和个人作出有利于目标达成的行为。这是将组织和个人目标联系或者整合，获得组织效率的一种过程。在教学领域中应用绩效管理，教学双方可就下列问题达成一致：希望学生完成的实质性的学习任务，学生的学习对实现教学目标的影响，以明确的量规结合说明"任务完成得好"的标准，以维持、完善和提高学习者的学习绩效，学习绩效如何评估，指明可能影响学习绩效的障碍并排除。

（二）学习绩效管理的运用原则

学习绩效管理是一个完整的由师生共同完成的系统和过程。在这个系统中，教师、小组和个体全部参与进来，教师和学习者通过交流的方式，将教学目标、学习职责、学习管理的方式和手段以及个体的绩效目标等基本内容确定下来，在持续不断交流的前提下，经历帮助个体清除学习过程中的障碍，提供必要的支持、指导和帮助，与个体学习者一起共同完成绩效目标的过程，从而实现教学的整体目标和绩效目标。在学习绩效管理运用过程中，有几个值得特别注意的地方。

1. 系统性

学习绩效管理是一个完整的系统，不是一个简单的步骤。无论是在理论阐述还是管理实践当中，都会遇到这样一个误区：学习绩效管理等于学习绩效评价，做学习绩效管理就是做成绩考核表。因此在操作学习绩效管理时，往往断章取义地认为绩效管理就是绩效评价，教师和学生做了绩效评价表，量化了考核指标，实施了考核，就是做了绩效管理了。这种误解使得许多教师在应用学习绩效管理时省略了极为重要的教学目标制定、交流管理等过程，忽略了绩效管理中需要掌握和使用的技巧与技能，在实施绩效管理中遇到了很多的困难和障碍，教学的绩效管理的水平也在低层次徘徊，甚至妨碍了正常的教学程序和效果。

2. 目标性

目标的制定一般是在教学大纲基础上，依据教学系统设计，由师生共同协商每一阶段教学的绩效目标（行为目标），这样做的一个最大好处就是学生明白自己努力的方向，教师明确如何更好地通过学习者的目标对学习进行有效管理并提供支持帮助。同样，学习绩效管理也强调目标管理，只有学习绩效管理的目标明确了，教师和学生的努力才会有方向，才会更加团结一致，共同致力于绩效目标的实现，共同提高绩效能力，更好地完成教学的整体目标。如果在进行教学评价之前,将评价的依据或条目公布给被评价人(教师或学生),会对被评价人下一步的教学或学习目标起到导向作用。在教育信息化的进程中,评价的这项功能将越来越为人们所重视。原因在于,在信息化的教学设计中,强调以学为中心,学生将被赋予较高的主动性和独立性,这样一来,教师将更为关注学生是否能够在学习过程中按照既定的教学目标努力学习。因此,事先将评价的标准交给学生,使他们知道教师或其他学生将如何评价他们完成的学习任务,有助于学生自己调节努力方向,达到教师预想的教学目标。

3. 交互性

交互实质上是教学沟通与交流,沟通在学习绩效管理中起着决定性的作用。通过绩效沟通,可以帮助学生诊断学习过程中的问题,分析原因,寻求进步;可以实施指导与帮助,以共同实现目标;也可以估计学生的成绩和认识在多大程度上实现了教学目标,而且可以解释为什么成绩不理想,是由于教学方法不合适、教师无能,还是由于学生的精神、动机不适当,抑或是学生的学习准备不充分和能力不够,以便为教学的决策或改进指明方向。所以,沟通实际上是一个师生互动的过程。绩效管理就是致力于教学沟通的改善,全面提高师生的沟通意识,提高教学管理的沟通技巧,提高学生的学习素质和教师的教学素质,进而提高教学水平与效能。现代信息技术手段也为沟通与交流提供了丰富快捷的交流方式。

(三)绩效评价与绩效管理的区别

在应用学习绩效评价与管理的过程中,人们经常会混淆两者的区别。简单来讲,对于绩效评价,李维森(Levision)在1976年曾经指出,多数正在运用的绩效评价系统大都有些许不足之处,这一点已得到广泛的认可。绩效评价的明显缺点在于,对绩效的判断通常是主观的、凭印象的和武断的。实践证明,提高绩效的有效途径还是进行绩效管理。这是因为绩效管理是一种可以提高组织个体的绩效和开发团队、个体的潜能,使组织不断获得成功的管理思想和具有战略意义的、整合的管理方法。通过绩效管理,可以帮助组织实现其绩效的持续发展,促进形成一个以绩效为导向的学习文化氛围;激励个体,使他们的学习更加投入;促使学习者开发自己的潜能,提高他们的学习满意度;增强团队凝聚力,改善团队绩效;促进组织内成员的学习、沟通和交流,发展个体之间,个体与教学实施者、管理者之间的建设性的、开放性的关系,给每一个个体提供表达自己学习愿望的机会。可见,学习绩效评价只是完整的学习绩效管理过程中的一个环节,不能单纯地用绩效评价来代替绩效管理。

第四章 基于MOOC的混合式教学设计

第一节 混合式教学的教学目标

MOOC，即大规模在线开放课程（Massive Online Open Course）。MOOC是教育观念的新突破，给开放教育提供了新的思路。MOOC的课程设计虽与传统的课程差别不大，但是MOOC在大部分高校并没有纳入学分制度，主要是以慕课认证的形式运作，为了得到相关认证，MOOC也会对学习效果进行评估，并通过证书的形式体现出来。

MOOC有四个基本特征。第一，大规模开放的课程。"M"代表Massive，是大规模的意思，表示教师和学生的规模比较大，参与的高校众多，网络课程比较多等。第一个"O"是Open，代表开放的意思，表示课程都是全面开放。第二个"O"是Online，代表在线，意思是只要具备上线的条件就可以随时随地、自定步调地进行学习。"C"代表Courses，译为课程。第二，内容精炼。MOOC视频制作以短小精悍为主，一节课一般10—15分钟，方便学生利用碎片化的时间来学习，满足学生的业余学习需求。第三，师范生的广泛性和公平性。MOOC是大规模开放在线的课程，师范生来自全世界各地，MOOC没有设置门槛，不同背景层次的人都可以进行学习，对于每一个人是公平的。第四，学习的个性化。在MOOC的学习中，学生可以自定步调进行学习，一切以学生为主，学生可以选择对掌握的知识点进行略看，也可以对不熟的知识点进行回放，而MOOC的短小视频，正好满足了学生学习的个性化，让学生自己掌握课程的节奏。

由于慕课混合式教学的背景是基于互联网时代的网络化学习，因此，混合式教学蕴含的深层内涵和要义是打破传统教学的时空限制。也就是说，互联网环境中的学习者的所有学习和探究行为都是在网络联通的前提下进行，学习者在整个学习和解决问题的过程中可以随时进行互联网搜索以及与网友沟通交流，所以整个学习过程与传统课堂教学在限定的时间、限定的场合要求学生在信息来源渠道相对单一的条件下，相对独立地完成学习过程相比有着巨大的改变。随着这种教学模式的变化，课程的教学目标也应进行相应的调整。

总体来说，慕课混合式教学的教学目标与该课程使用传统教学模式的教学目的大致相同，但在教学目标的侧重点上有相应的调整以适应信息时代对学习者新的要求。具体而言，慕课混合式教学的教学目标侧重于学习者对课程内容的分析、运用和创新能力的培养，因为在当前云计算、大数据、人工智能等信息技术发展的时代，计算机在信息的存储和数据的运算方面已经全面超越了人类，所以在信息时代，对人类而言主要应该培养的不再是记忆能力和运算能力，而应该是迁移学习能力。所谓迁移学习（Transfer learning）就是指人类思维可以将以前学到的知识应用于解决新问题，更快地解决问题或取得更好的效果。迁移学习被赋予这样一个任务：从以前的任务当中去学习知识或经验，并应用于新的任务当中。换句话说，迁移学习的目的是从一个或多个源任务中抽取知识、经验，然后应用于一个目标领域当中去，因此迁移学习的核心就是我国传统教育思想中一直强调的举一反三的能力。虽然目前人工智能研究领域试图使计算机也具备迁移学习的能力，但从总体上看，迁移学习仍然是人类思维区别于计算机人工智能最显著的一个特征，也是互联网时代的青少年学生应该重点培养的能力，同样也是互联网时代课程教学最重要的教学目标。

慕课混合式教学目标的侧重点是提高学生在互联网背景下的探究性学习能力，避免死记硬背地识记和运算，帮助学生摆脱应试教育中学习是在限定时间和孤立空间内完成的个人行为的思维，培养学生能够在网络空间的弹性时间内通过共享的知识库和社交网络自律地进行自主学习的能力，提高其分析能力、问题导向思维能力、批判性思维能力、迁移学习能力、团队协作能力等。

第二节　混合式教学的学习者特征分析

由于慕课混合式教学的一个重要意义是增加教学过程中的差异化教学和个性化教学的比重，因此，在慕课混合式教学系统设计中，对学习者特征进行分析是需要重点分析研究的方面。特别是由于很多高校将慕课混合式教学率先应用于通识教育的素质选修课教学中，而高校全校性通识教育的素质选修课最大的特点就是没有学院和专业的限制，同一门课程的选课学生来自文科、理科、工科等不同的学院和专业，因此，如何有效地进行学习者特征分析，采集并分析学生的相关数据，根据学生情况进行合理分类，设计适当的团队分组原则，是慕课混合式教学的学习者特征分析的主要目标和意义。

一、专业背景

专业背景是学生所在的学院专业的客观信息，一定程度上可以反映学生的知识结构，而且在慕课混合式教学中为了提高教学效率，所有的客观数据应该在教务系统中自动同步。

二、知识结构

学生的知识结构可以参考其专业背景来分析，需要注意的是，当前学生的知识结构越来越多元化，因此不能机械地用专业背景来推断学生的知识结构，可以通过问卷调查和小测验的形式收集并分析学生的知识结构。

三、兴趣爱好

兴趣爱好往往对学生的学习动机和积极性产生较大的影响，特别是在面向差异化教学和个性化教学的教学设计中，根据学生的兴趣爱好有针对性地组织教学内容，并引导学生进行探究性的学习是教学设计的主要目标。兴趣爱好可以通过问卷调查的形式收集数据。

四、自评

自评的含义是要求学生在正式开始课程学习之前，通过填写教师设计好的问卷，对自己当前的知识结构和能力水平进行自我鉴定与评估。自评可以帮助学生正视自己的现状，分析自己的特长和短板，以便在学习过程中有针对性地弥补自身存在的知识短板。

五、认识同学

慕课混合式教学的一个重要特点就是强调互联网环境中的团队协作式学习，避免出现很多教育专家担忧的"慕课让学生学习过程更加孤僻"的问题。团队协作的前提是认识和了解同学和可能的队友，因此，学生的专业背景、知识结构、兴趣爱好、自评数据等信息应面向全班学生公开，让学生在充分认识自己的基础上充分认识同学，引导学生思考如何在团队学习过程中充分发挥自己的特长，并且能够积极与团队成员进行合作，最终通过课程学习提高学生的沟通交流能力和团队协作能力。

六、痛点分析

所谓痛点分析是互联网产品设计中常用的一种需求分析思路。痛点（Pain point），顾名思义是痛苦的点，即当用户在使用产品或服务时抱怨、不满的、让人感到痛苦的接触点（Touch point）。痛点分析就是对系统可能造成参与者痛苦的关键需求进行分析。

与教师对混合式教学设计的痛点分析的目的类似，学生在开始课程学习之前也应该对自己学习该课程的痛点进行分析，从而让教师能够进一步掌握学生的特征，帮助学生在学习过程中重点解决痛点。以高校一门与信息技术相关的通识教育课程为例，通过问卷调查分析可以看出，文科学生的学习痛点是担心课程内容太难、学不会，而理科和软件相关专业的学生担心课程内容太浅，会导致浪费时间，所以在教学设计中如何满足不同专业背景和知识结构的学生的学习需求就是教学设计重点要解决的问题。

七、性格特征

除了显性的专业背景和知识结构等信息之外，学习者的性格特征往往更难以察觉，在传统教学中对学生性格的分析往往也会被忽视。但是在强调团队协作的混合式教学中，学生的性格特征是非常关键的因素，有可能会影响学生团队内部的合作和协调，因此了解学生的性格特征是教师对学生进行有效的沟通、交流和辅导，以及合理制定团队分组策略的重要依据。需要特别注意的是，由于人的自我防御机制（Defense mechanisms），直接的问卷往往难以获取被测者真实的数据，因此可以使用专业的心理性格测试问卷对学生进行性格特征分析。

八、学习者特征分析的技术要求

传统的教育研究往往基于大量的问卷调查，在当今云计算、大数据、移动应用技术全面普及的时代，如果仍然沿用纸质问卷+人工整理，或是网络问卷+人工整理的形式，会显得非常不合时宜，使教师和助教不能从机械的手工劳动中完全解脱出来，教学效率不但难以提高，反而会因为对学习者特征分析的细化而进一步增加工作量。因此，在慕课混合式教学系统中，基于移动APP前端界面和自动处理数据并生成数据可视化报表的后台数据处理系统是进行学习者特征分析的先决条件。具体的形式和操作流程是，教师通过教学APP发布问卷，学生用手机完成填写和提交，提交后的数据自动生成可视化报表。教师可以通过管理平台进一步分析，学生可以直接在手机上查看与自己有关的报表（如个人和同学的兴趣与能力雷达图）。对于具体的技术实现，有条件的学校和教师可以自主设计并开发 Web App，也可以使用一些慕课平台内置的问卷和数据统计功能；没有条件的学校和教师可以充分利用互联网中的在线问卷网站服务来完成。

第三节　混合式教学的教学模式和策略设计

慕课混合式教学的核心策略就是在教师的引导下让学生进行基于互联网的探究式学习，充分利用搜索引擎、文献数据库、学科专业数据库进行知识建构，利用网上的学科讨论社区和类似"知乎"的知识讨论社区进行深入的思考和研究，并注重培养学生的辨识能力和批判性，使其能够分辨各种观点的合理性和局限性，能够从良莠不齐的网上信息中分辨主流和科学的观点，从而培养学生的独立思考能力和自主学习能力。

混合式教学系统设计需遵循以下原则。

第一，发展性原则。当今社会需要的是具有创新精神和创新能力的人，为使学习者适应社会的发展，深入实施以培养创新精神和实践能力为重点的素质教育，学校应以培养学习者的全面发展为目标。教师在教学的过程中，不仅要让学习者掌握一定的专业知识和技能，还应着重培养学习者的自主学习能力和创新能力，并使学习者具备一定的信息素养。为把教育办成培养全面发展人才的摇篮，在基于 MOOC 的混合式教学的构建过程中应遵循发展性原则。与此同时，教师在组织开展基于 MOOC 的混合式教学的教学过程中，应以培养学习者的自主学习能力、创新能力为主，使学习者以终身学习理念为目标，从而真正实现学习者全面发展的培养目标，真正实现教育从知识本位向综合素质本位的转化。

线上教学是学习者通过慕课平台进行在线观看教学视频，完成每一单元的在线测试的学习过程。与此同时，教师利用班级 QQ 群在网上开展线上交流辅导讨论，使学习者在与教师异地异步的情况下，可以随时向教师和同伴交流自己学习过程中的问题和困惑，从而使学习者的问题和困惑能得到及时有效的解决。线下课堂教学中，教师团队进行重难点和实验教学讲解，指导学生完成实验项目。同时，在教师团队的指导下建立基于项目的研究性学习小组，选择研究课题，开展基于项目的研究性学习。

整个线上教学过程注重培养学习者的自主学习能力,线下教学过程注重实践和小组探究式的课堂教学,培养学习者的动手操作能力和团队协作精神。基于项目的研究性学习则在培养学习者之间的协作学习能力的同时,也很好地培养了学习者的探究学习能力,真正使学习者实现全面发展。故基于MOOC的混合式教学的教学过程是以学习者的发展性原则为参考依据的。

第二,教学目标导向原则。教学目标是开展一切教学活动的前提。从教师的角度来说,教师只有在明确教学目标的基础上,才能更好地组织和开展教学活动,从而使教学效果达到最优化;从学生的角度来说,学生只有在明确教学目标后,才能明确自己通过学习应该达到什么样的教学效果,才能有计划、有步骤地学习,才能较好地完成教学目标。故基于MOOC的混合式学习模式的研究也应以教学目标为导向,进而组织和开展教学活动。课程设计应突出实践性,激发学生的学习兴趣和动力,促进学生理论与实践相结合,启发学生进行技术创新。

第三,形成性评价与总结性评价相结合原则。教师的"教"最终主要通过学生的"学"来体现。学生最终的学习效果如何,则要依据评价系统进行反馈。在传统的教学过程中,通常以学生的考试成绩(总结性评价)来评价学生对知识的掌握情况,这种"重结果轻过程"的单一评价方式,不利于学习者的自主学习能力、探索能力、创新能力等的培养,更不利于学习者的全面发展。

与传统的评价方式不同,为更好地培养学习者的自主学习能力、创新能力和参与意识,使学习者树立终身学习的理念,基于MOOC的混合式教学将依据形成性评价和总结性评价相结合的原则对学习者的学习进行评价。即教师在整个教学过程中,不仅应关注学习者的最终考试成绩,还应关注学习者学习的全过程,从而真正培养学习者的自主学习能力、创新能力和参与意识,使学习者真正成长为全面发展的人。

慕课混合式教学系统设计的目的是解决传统课堂教学模式与纯网络在线学习模式各自的弊端,使教学效果最优化,培养出符合新课程改革标准和素质教育要求的创新型人才,培养学习者的自主学习能力和终身学习理念,使学习者今后能够持续利用慕课平台提供的学习资源进行终身学习。

进行慕课混合式教学系统设计需要解决四个主要问题。

第一,分析慕课混合式教学的教学过程中"线上""线下"各个元素的适当比重。

第二,从前端分析、学习活动设计和学习评价设计三个方面设计一套基于慕课的混合式学习的教学模版,并详细梳理教学流程,形成可复制、可推广的教学模式。

第三，对基于慕课的混合式教学的实施效果进行调查研究，并对相关数据进行详细分析，以作为教学设计替代的依据。

第四，设计并开发慕课教学 APP，供教师和学生使用，串联混合式学习中的线上学习活动和线下学习活动，作为 MOOC 混合式教学的物质载体。混合式教学中各个教学元素的比重是混合式教学设计的核心问题之一，如果比重设置不当，将会产生一系列副作用，因此混合式教学的比重问题实质是一个微妙的平衡问题，见如表 4-1。

表4-1　混合式教学各个元素占比情况对比表

元素＼占比	＞70%	＜30%
线上	学习资源碎片化 学习兴趣降低 学习效率低	学生不能充分利用优质在线学习资源
线下	自主学习能力得不到提高 缺席率高	教师不能及时有效地解答学生在线学习的困惑

由上表可以看出，如果线上教学占比过大，则会出现以下几种情况。

第一，学习资源碎片化。线上学习活动主要是由学习者根据教师发布的学习任务进行自主学习的过程。根据教学实践，如果线上学习大于70%，此时由于缺少教师面对面的课堂教学，学习者很容易迷失在知识的海洋里，不利于学习者合理利用线上学习资源，从而导致学习者获取学习资源碎片化。

第二，学习兴趣降低。由于线上学习活动是教师和学生在异地异步的学习环境下展开的，因此在这种情况下，对于一些不善和教师沟通的学习者，教师很难第一时间了解他们的困惑，同样，学习者也很难在第一时间得到教师的反馈。根据教学实践，如果线上学习活动大于70%，由于教师和学生之间不能及时沟通、交流，学生的学习兴趣在一定程度上会大幅降低。

第三，学习效率低。与传统课堂相比，线上学习活动是缺乏教师监督和督促的学习过程，根据教学实践，线上学习活动如果大于70%，对于一些自控能力较差的学习者来说，他们很难按照教师发布的教学任务完成教学活动，从而造成学习效率不高。

如果线下教学占比过大，则会出现以下两种情况。

第一，自主学习能力得不到提高。线下学习活动是基于小组协作的方式展开的课堂教学，通过教学实践发现，如果线下教学大于70%，虽有利于培养学习者的团队协作能力，但对学习者的自主学习能力的培养不能起到应有的促进作用。

第二，缺席率高。线下课堂教学将不同专业的学生分为同一个小组，使其在进行团队实验以及完成团队项目时，每个学习者均能充分发挥自身的优势。通过教学实践发现，如果线下教学大于70%，对于一些动手能力、参与意识较差的学习者来说，久而久之就会失去学习兴趣，从而缺席线下教学。

如果线上教学占比小于30%，学生可能会抱着应付的心态敷衍了事，草率地完成在线视频的观看以及在线测试，在这种情况下，学生将不能充分利用优质的在线教学资源；如果线下教学占比小于30%，教师将不能及时有效地解答学生在线学习的困惑，久而久之，学生积累的问题就会比较多，从而得过且过，以至于达不到预期的教学效果。故线上教学占比过大或者线下教学占比过大，对基于慕课的混合式学习模式来说均存在着一定的弊端。

因此，一般而言，在整个教学过程中，线上学习活动占65%，线下教学活动占35%的教学方式适合大多数课程的慕课混合式教学。

第四节 混合式教学的学习环境设计

慕课混合式教学打破并重构了传统校园课堂教学的时空结构，导致学习环境与传统教学相比更加多元、更加复杂，因此混合式教学的学习环境设计必须有全局性和系统性的考虑，在建设和完善校园教学环境的基础上，充分利用社会资源和互联网资源，将各种资源合理有效地整合，形成基于互联网的混合式学习环境，共同为达到教学目标服务。

一、网络环境

慕课混合式教学所需的网络环境包括校园网络和外部互联网，并且特别强调无线网络和手机移动网络的接入，需要从多个方面进行整体的网络环境构建和优化。校园内的教学环境包括教室、实验室、图书馆等。学校应该积极构建层次分明的校园教学网络，校园网的意义和价值不应该是简单地在校园内接入互联网的接口，重点不应该是提供通用的互联网接入服务，而是应该将主要的带宽和资源用于保证教学相关的需求，并且合理划分网络层次，能够根据教学需要随时限制或断开与教学无关的网络访问。学校应积极建设校园无线网络，确保学生能够在混合式教学中充分使用个人笔记本电脑和手机等自带设备（BYOD）实现实时的信息检索，并通过移动教学APP与教师和同学进行交互。校园无线网同样需要对非教学流量进行限制，通过"限流保通"机制保证大量学生并发接入时也能够正常访问教学资源。除了学校自建的以教学应用为导向的校园网之外，在当今智能手机全面普及和移动网络资费不断下调的背景下，学校应该加强与手机通信运营商的合作，引入运营商为学生提供适合学生网络化学习的流量资费套餐，让学生能够随时随地访问教学资源。

学校在教学信息化建设过程中应注重秉承以教学为中心的原则，深入教学内容，紧密结合教学过程，创新教学模式的理念，全力推动信息技术与教育教学深度融合。在基于慕课的教学改革过程中要将注重线上教学与注重线下教学相结合，通过"翻转课堂"改变教学方式，并改变学生的学习习惯和学习模式，使知识传递形式更多样化、可视化、立体化。从教师"教"的角度，加速信息类聚、整合理解、迁移运用、批判思维和知识构建等，促进学生的深度学习；从学生"学"的角度，逐步从"要我学"转变为"我要学"，最终有效缓解教育需求差异化、个性化问题。高校在推动慕课和"翻转课堂"等信息化教学模式的过程中，还要同步提高教师的信息化教学应用能力，构建校本教学资源库，促进传统课堂教学模式向线上教学与线下教学混合的"翻转课堂"教学模式转型，从而进一步提高学校的人才培养质量与水平。

二、学习社区

学习社区包含课程的分组团队和互联网中的虚拟学习社群，教师对课程学习社区的营造和管理是慕课混合式教学的核心教学形式之一。教师在通过即时通信软件建立基于QQ群、微信群聊的网上学习社区后，要经常保持在线与学生进行交流、沟通，营造良好的网上学习氛围，具体的注意事项包括以下四点。

第一，教师应该尽可能地保持在线，实时反馈学生的问题。因为慕课混合式学习的特点是学生往往会在晚间和周末等没有课堂教学的时间内进行慕课的学习和思考，所以教师在这些非传统的工作时间段与学生的交流就显得非常重要。

第二，需要特别注意的是，要求教师保持在线并不是要延长教师的工作时间和增加教师的工作量，只需要教师保持一种与学生真诚沟通的心态即可。因为现代人对手机的使用黏度越来越高，很多人平时加入各种好友、兴趣、社区、同事等群聊，并且对自己关心的群聊能随时保持关注和参与，所以在混合式教学的学习群中，教师只要能够像对待自己的个人兴趣群一样对待课程的交流群即可。

第三，教师在课程交流群中的主持、调动、引导作用远比传统意义上的答疑作用要重要。在慕课混合式教学实施过程中，对于比较雷同的学生问题，在多次回答之后可以将该问题汇总发布到网上的 FAQ（常见问题与解答）之中，今后再有学生提出类似的问题就可以让学生自己查询。经过几轮教学过程后，FAQ 的内容越来越完整，教师的工作量就会逐渐减少。需要注意的是，即使是简单地回复学生去查 FAQ，这种实时的回复也非常重要。因为实时反馈可以有效体现教师对学生的人文关怀，消除学生对教师的心理隔阂，能够有效培养学生的学习积极性和自主探究学习能力。所以，教师参与网上学习社区特别要避免采用定时答疑形式，以免给学生产生例行公事的印象，从而减弱学生参与学习社区交流的积极性。

第四，在慕课混合式教学中，教师可以观察并挑选学习积极性高、学习理解能力强的学生作为团队分组的组长，在网上学习社区中培养骨干学生，通过骨干学生在学习小组中传达教师的教学要求并协助教师进行答疑，通过生生交互进一步提高混合式教学的效率，并培养和锻炼学生的协作学习能力。

三、混合式教学实验室和智慧教室

慕课混合式教学除了线上的慕课资源外，还需要有线下的学习环境。根据慕课混合式教学的教学目标，传统的多媒体教室已经不再适合团队分组教学和探究式学习的需要，因此学校有必要根据课程特点设计并建设满足慕课混合式线下教学需要的实验室和适应团队分组讨论的智慧教室。混合式教学实验室的主要作用是开展线上教学内容无法完成的实验操作，除传统的实体实验室外，学校还可以考虑建设基于虚拟现实和增加现实技术的数字化实验室。

能够满足分组讨论、智能手机和终端接入、网络远程交互的智慧教室是今后各高校实施慕课混合式教学需要重点建设的教学环境。目前，高校的教学环境还是以讲授式的课堂为主，虽然大部分教室已经配备了多媒体教学设备和网络接入，但从总体来看，教学模式仍然是传统的课堂讲授，学生在课堂内的信息来源渠道单一、参与度不高，更多的是在被动接受教师讲授知识，缺乏探索精神。因此，信息化教学如何适应培养创新型人才的要求，成为下一步教学环境设计和建设的首要问题，需要通过基于智慧课堂的教学引导学生积极改变知识接受者的角色，紧密围绕创新、创造能力培养这一主线，深入挖掘，将知识学习能力转化为自身的创新创造能力。

四、社会实践环境

慕课混合式教学中除了实验实训以外，绝大多数内容可以通过网络在线开展，因此，教师应该认真斟酌线下教学活动的设计和组织。如果设计不当，很有可能会把完全可以在线上完成的内容又搬回线下，最终演变为"为了线下教学而线下教学"或"为了混合而混合"，导致混合式教学沦为一种新的僵化的教学形式，从而失去混合式教学的价值和意义。因此，在目前大学生普遍缺乏社会实践经验，国家大力倡导大学生创新创业能力培养的背景下，慕课混合式教学的线下教学走出校园，深入社会，让学生在社会实践中深化对课程教学内容的理解，应该是各高校混合式教学设计的方向。

打造支持新型教学模式的信息化生态环境，构建智慧教学环境已经成为高校信息化建设的主要目标。各高校应该推进智慧校园建设，不断完善无线校园网覆盖，建设智慧教室，开发慕课课程，构建全方位的教育云，综合利用互联网、大数据、人工智能和虚拟现实技术探索未来教育教学新模式。在智慧教室的设计中应遵循"以人为本"的理念，高度关注用户的环境体验、活动体验、情感体验、思考体验和关联体验，以创新人才的培养为目标和核心，构建创新型智慧教学环境，为师生提供轻松、舒适的学习环境和全媒体的信息获取渠道，打破教学沟通的壁垒，通过发挥教师的主导作用，实现学生的主体地位，促进以教师为中心的课堂教学模式向"以学生为中心，以教师为主导"的智慧型教学模式转变，从而实现学习者在学习过程中的地位由被动向主动转变，学习过程由以记忆为主的知识掌握向以发现为主的知识建构转变，知识的习得由个人的、机械的记忆向社会的、互动的、体验的过程转变。

第五节 混合式教学的教学评价

基于慕课的混合式教学在教学理念和教学目标上与传统课堂教学有所不同，因此，需要特别注意按慕课混合式教学的特点设计教学评价的要求和方式。否则会出现一种误区：在混合式教学的教学阶段充分运用了信息化、网络化的教学模式，体现了互联网背景下的教育思维和理念，但到了最后的教学评价阶段，又一刀切地与传统教学一样进行纸质的终结性评价考试，不但在信息化教学流程中产生了"数字鸿沟"，更严重的是，学生的应试学习思维非但没有得到改善，反而进一步强化了网络背景下的应试学习。这对慕课混合式教学可以说是一种非常致命的打击。因此，在慕课混合式教学模式中，教学评价要特别注重形成性评价与终结性评价相结合，并且全程强调教学过程中的学习行为痕迹记录，以大数据采集和分析的视角重构传统的教学评价思维模式，使教学评价更加契合慕课混合式教学的初衷和目标。

一、混合式教学评价原则

（一）评价方式合理结合

在慕课混合式教学中应该将形成性评价和终结性评价合理结合，加大形成性评价的比重，但也应该保留一定比例的终结性评价。除终结性考试的比重适当降低外，考试内容应注重考查学生对课程内容的基本概念认识是否清晰，是否存在认识误区，而不应该在终结性考试中涉及机械记忆或实操性较强的内容。

（二）评价设计多元化

混合式教学的形成性评价细化程度应该更高，内容设计应该更加多元化，不宜将形成性评价等同于布置作业和阶段性测验，而应该鼓励学生进行探究性学习，多元化地评价学生的参与度、探究过程、理解心得、实践操作、迁移应用等学习情况。

（三）评价数据来源广泛

慕课混合式教学中的教学评价应该具备大数据思维，注重保留学生学习行为痕迹，除了通过慕课平台记录学生的视频观看进度和练习记录外，有条件的学校还可以根据课程内容特点设计开发移动教学APP，在混合式教学过程中实时记录学生学习过程中产生的各种数据，最终通过对学习痕迹数据的分析做出更加精准、科学的教学评价。

（四）重视学生综合能力的发展

混合式教学的评价应该避免再次陷入传统应试教育简单的考分量化的评价思维中，评价体系应该注重学生的探究性学习能力、自主学习能力、学习积极性和参与度、协作学习能力、团队合作的组织协调能力和责任感等多个方面。

二、混合式教学评价体系的构建

（一）制定个性化的教学目标

传统的教学模式下，教师习惯制定一套统一的教学目标，用于指导自己的教学安排和教学活动。这样的教学目标没有照顾到学生学习差异性的特点，致使实现目标的效果不理想。制定个性化的教学目标，可以更好地照顾到每个学生的个体差异，由于每个学生的起点不同、基础不同、兴趣点不同，他们对自己的期望值也会有所不同。教师可以广泛征集学生的意见，让学生自己为自己制定学习目标，并在教师的帮助下制订学习计划，最终实现各自的既定目标。目标不是一成不变的，而是随着学生水平的提高而不断变化。随着学生自学能力的进一步加强，逐步加大线上学习的力度，增加课外学习的量，尽量将课堂时间用于个性化的辅导或讨论。[①]

（二）制定以目标为导向的多元、立体的教学评价体系

传统、单一的评价模式无法做到全面衡量学生的水平，所以制定以目标为导向的多元、立体的教学评价模式就显得尤为重要。"多元、立体"指的是评价主体、评价内容和评价标准的多元化。首先，改变传统的由教师评价学生的单一模式，改为师生、学生自我评价等多主体相结合的综合评价体系。这样的综合评价过程更能体现学生的主动性。学生通过对自己和对他人的学习情况进行评价，可以对自己的学习情况进行有效的反思，同时也创造了一种良好的学习氛围。其次，评价内容也要多元化。考核的内容应该是动态多维度的，包括课前的预习情况、课堂上的表现、课堂参与度、课后自我管理情况、作业完成情况、课后拓展学习情况、线上学习情况等学习活动应该包含在评价范围内，从而可以培养学生形成一种良好的学习习惯。最后，评价标准要多样化。学生的学习基础、起点水平参差不齐，单一的标准无法衡量学生学习的过程情况，所以在制定评价标准时，应该因人而异，关注学生的个性差异，鼓励学生更多地关注自我进步。

混合式教学的教学评价体系从教学态度、课程资源建设情况、教学研讨与习题测验、教学效果等方便对教师的课堂教学和通过网络指导学生学习的情况进行评价，见表4-2。课程资源、课堂教学、网上学习指导是评价的重点，体现了教师对教学过程的重视。

---

① 王春香. 混合式教学评价体系在高职公共英语教学中的应用[J]. 太原城市职业技术学院学报, 2018 (02): 157.

表4-2　混合式教学的教学评价体系

评估要素	评估指标	评估观测点
教学态度（10%）	教学态度	教学态度
课程资源（35%）	指导性资源	信息发布
		课程大纲
		日程表
		课程单元
	内容性资源	电子教案
		教学录像
		拓展性资源
教学研讨与习题测验（40%）	在线讨论	在线讨论
	课堂研讨	课堂研讨
	练习与测试	作业习题
		在线测试
教学效果（15%）	教学效果	学习效果
		自主学习能力
		创新能力

（三）过程性混合式评价体系的实施

过程性混合式评价体系的实施主要是对不同评价主体所做的评价给予不同的权重，权重的分配直接体现了目标的达成。应鼓励学生主动参与学习活动，从学生参与活动的主动性、对学习内容的理解性、学生的参与积极度、学生学习态度的培养来评价学生；教师在教学中，要关注学生的个性差异，鼓励所有学生主动参与独立探究、小组合作、动手操作、集体讨论等活动，采用多种方法或多种表征，不断呈现、解释自己的想法。

第五章 教育技术与教师教育

第一节 师范生信息化教学能力的培养

随着以多媒体和网络为代表的现代信息技术的发展,新的技术不断产生和成熟并被应用于教育领域,对教学手段、教学方法、教学模式和学习方式产生了深远影响。在教育信息化快速发展的背景下,师范类院校的信息化基础设施建设也在不断完善,大多引进了网络教学平台,建设了众多国家级和省级精品网络课程以及多媒体资源库等。因此,在现代信息技术环境下,如何使师范生尽快适应日新月异的数字化教学环境和学习条件,改变传统的学与教模式,促进其信息化教学能力的培养,是当前师范类院校必须着重研究和解决的问题。

一、师范生信息化教学的能力标准

教育信息化是实现义务教育优质、均衡发展的必由之路,也是促进教育公平、深化教育改革、提高教育质量的重要手段。教师作为教育教学的组织者和引导者,是推动教育信息化的中坚力量,其信息化教学能力的水平对优化课堂教学、转变学生学习方式具有重大影响,是教师必须掌握的核心技能之一[1]。师范生应充分认识到信息化教学能力是教师在信息时代的核心能力,积极主动地参加教学实践,不断发展和提升自己的专业知识能力。

由于信息技术的普及,未来的教育教学活动不再受时空、地域的限制,这对未来的教师提出了更高的要求。作为未来教师的接班人,师范生的信息化教学能力水平的高低直接影响到未来教育的质量,师范生理应在职前阶段接受科学的、系统的培养,提高信息化教学能力,以适应信息化时代的需要。通过优化、完善师范生的信息化素养,将师范生的教师基础能力、教学能力、教育能力和自我发

---

[1] 任友群,闫寒冰.为数字时代准备未来教师:师范生信息化教学能力的标准、测评及培养路径[M].上海:华东师范大学出版社,2019:9.

展能力与信息技术深度融合，实现师范生教育信息化应用能力的全面提升。

在这样的大背景下，对于师范生信息化教学能力标准的制定工作被提上了日程。2015年，教育部中国移动科研基金项目正式启动"师范生信息化教学能力标准与培养模式实证研究"，成立了核心研制工作组，参与者来自国内众多高校，对师范生信息化教学的能力开展标准研制工作。

（一）标准研制的原则

教育部2014年颁布的《中小学教师信息技术应用能力标准（试行）》中，将中小学教师的信息技术应用能力定义为"中小学教师运用信息技术改进其工作效能、促进学生学习成效与能力发展，以及支持其自身持续发展的专业能力"。在该标准中，教师信息技术应用能力主要服务于两大目的：支持教师教学工作以及支持教师自身专业发展。

考虑到教师已经走上了教学岗位，教师的信息化教学应用往往集中在教师所处的职业情境中，但师范生还是处于学习阶段的"准教师"，离独当一面尚远。与在职教师相比，师范生在诸多方面存在显著差异，如技术视野、学科实践、教学经验、学习诉求等。

因此，师范生信息化教学能力标准的研制，应遵循以下三个原则。

1. 关注师范生的双重角色

师范生信息化教学能力标准的研制，需要充分考虑到师范生的双重角色，即学生角色和未来教师角色。

（1）学生角色

无论将来如何发展，师范生首先是一名学生。师范生未来"教"的能力，完全可以借鉴师范生一部分"学"的能力。所以，师范生首先要学会利用信息技术去提升个人学习能力，实现个人的全面发展。在此基础上，师范生可以将这部分能力转化为日后的信息化教学能力，水到渠成地迁移至职业情境，夯实信息化教学的基础。

（2）未来教师角色

作为未来教师，师范生应掌握教师工作必备的信息化教学能力。这部分能力与在职教师能力要求既相互衔接，又有所区别。信息时代的教育方式发生了根本性的转变，由三维结构变成四维结构，即学生、信息化学习环境、信息化学习资源和教学支持服务。这就意味着，实现在信息技术应用中的角色转换，也是师范生在实践探索中突破传统教学瓶颈的过程。但是，无论教育方式如何变革，教师永远不会消失。因此，师范生应成为教育方式的开拓者和创新者，以符合未来教育不断发展的新要求。

2.关注21世纪人才需求导向

21世纪科技的飞速发展，彻底改变了人们的生活方式、学习方式、工作方式。为应对时代挑战，世界各国从不同角度提出了21世纪的人才发展要求，如联合国教科文组织（UNESCO）提出的青年人才技能、经济合作与发展组织（OECD）发布的21世纪学习者技能、学业素质与能力评价系统（ACTS）提出的21世纪人才技能框架、我国提出的中国学生发展六大核心素养等。因此，在建构师范生信息化教学能力模型时，要充分考虑21世纪对人才的需求导向，并在此基础上充实师范生信息化教学能力模型，加快信息技术支持下的核心素养提升，促进个人全面发展。

3.关注应用与迁移

人才是社会发展之基石，是现代化建设最宝贵的资源。我国《中长期人才发展规划纲要（2010～2020）》和《国家中长期教育改革和发展规划纲要（2010～2020）》也明确提出，我国人才发展的指导方针要"以用为本"，要教育学生学会生存生活，学会做人做事，促进学生主动适应社会。因此，培养青年人才的应用技能，拉近教育和就业的距离已成为人才培养的全社会广泛共识。

在建构师范生信息化教学能力模型时，要关注师范生作为未来教师所需的工作技能，如教师所需的技术素养、教学设计能力、组织管理能力、研究能力等。因此，在研制过程中注重与在职教师信息技术应用能力标准的衔接性，并以在职教师能力标准为侧重点，提倡技能素质优先。同时，也关注师范生作为学生现阶段的应用和未来可迁移能力的有机结合，如创新思维能力、批判思维能力、自主学习能力、协作交流能力、问题解决能力等，实现职业发展与个人发展的完美契合。

（二）标准研制的理论依据

标准研制的理论依据是开展信息化教学的坚实基础。师范生信息化教学能力的核心是来自学生视角的"技术支持学习"与来自未来教师视角的"技术支持教学"。国内外相关标准（包括面向学生的教育技术能力标准、面向教师的教育技术能力标准、21世纪人才技能标准）及研究成果为明确界定这两大维度下的内容提供了研究基础。

1.学生视角——技术支持学习

从学生视角来看，师范生应该掌握信息技术支持学习的能力，促进个人能力的全面发展。2007年，美国21世纪技能联盟（Partnership for 21st Century Learning，简称P21）从学习的角度提出21世纪应该学习并掌握的三类能力。一是学习与创新能力，包括创新能力、批判思维与问题解决能力、交流能力、协作能力；二是信息—媒体—技术能力，包括信息素养、媒体素养、ICT 素养；三是生活与职业技能，包括灵活性与适应力、自主性与自我引导、社会与跨文化能力、领导力与责任感。2009 年，由墨尔本大学、思科、英特尔、微软发起的跨国研究组织 ATC21S，汇集了澳大利亚、芬兰、新加坡、美国、哥斯达黎加、荷兰等国 250 名左右的专家，历经 3 年的研究，于 2012 年提出 21 世纪人才技能框架，认为 21 世纪人才必须掌握以下四方面的十大核心技能。第一，思维方式，即创新思维、批判性思维、问题解决、决策制定、学会学习；第二，工作方式，即交流能力和协作能力；第三，工作工具，即信息素养和 ICT 技能；第四，生活技能，即公民、生活和职业、个人及社会责任。同年，联合国教科文组织在其发布的《2012 年全民教育全球检测报告》中提出，21 世纪人才应该具备三类技能：基本技能，包括识字能力和计算能力；可迁移能力，包括问题解决能力、交流能力、创新意识、领导力、责任感、创业能力等；技术和职业能力，指相应职业所要求的特定的技术专业知识。2016 年，美国国际教育技术协会（International Society for Technology in Education，简称 ISTE）发布《美国学生教育技术标准》，提出学生应该是 7 种角色的综合体，这 7 种角色分别是自主学习者、数字公民、知识建构者、创新设计者、计算思维者、创新交流者、全球协作者。其中，主要涉及的能力点包括自主学习能力、信息道德与安全法规、资源规划管理及创设的能力、创新能力、批判思维—计算思维—问题解决—决策制定、交流能力、协作能力、平台或工具应用技能等。

  从现有的研究中不难发现，各国政府和组织越来越重视人们的核心素养，并在此基础上推进教育教学改革。为了适应世界教育改革发展趋势，提升我国教育国际竞争力，我国组织了近百名研究者围绕我国学生的核心素养开展了为期三年的研究，并于 2016 年公布了《中国学生发展核心素养》。核心素养研究课题组从人的文化性、主体性、社会性三个角度出发，以培养"全面发展的人"为核心，将我国学生发展核心素养分为文化基础（包括人文底蕴与科学精神）、自主发展（包括学会学习与健康生活）、社会参与（包括责任担当与实践创新）三个方面，所涉及的能力点包含了理性思维、批判思维、探究能力、自主学习能力、问题解决能力、团队协作能力等。

  2. 未来教师视角——技术支持教学

  从未来教师视角来看，师范生应该掌握从事教师职业所需具备的技术专业知识和应用技能。2005 年，美国学者科勒（Koehler）和米什拉（Mishra）在舒尔曼（ShulSman）的学科教学知识（Pedagogical Content Knowledge，PCK）理论基础上提出了整合技术的学科教学知识理论（Techinological Pedagogical

Content Knowledge，TPCK），认为教师需要掌握的知识包括三类核心知识：学科内容知识（CK）、教学法知识（PK）、技术知识（TK），以及核心知识之间互动整合所形成的复合型知识，如学科教学知识（PCK）、整合技术的学科内容知识（TCK）、整合技术的教学法知识（TPK）以及整合技术的学科教学知识（TPCK）。TPCK 的整合观对于职前教师做好准备，积极思考技术何时、何地以及如何促进学生学习具有重要指导意义。

2011 年，联合国教科文组织制定了新的《教师信息和通信技术能力标准》，该版能力标准对教师能力提出了渐进式要求，从教授学生使用技术，到以"学生为中心"提升学生问题解决能力，再到关注学生核心素养的全面发展，强调教师的角色技能对学生综合能力发展的作用。2016 年，美国颁布的《教师教育技术标准》，将教师视为 7 种角色，即学习者、领导者、公民、协作者、设计者、主持人、分析者的集合，涉及的教师能力包括自主学习或专业发展的能力、支持学生个性化学习需求的能力、培养学生信息道德与安全意识的能力、交流合作或促进专业发展的能力、学习活动设计的能力、基于数据的分析能力等。教师角色设定的目的在于帮助学生转变学习方式，使之成长为自主学习者，实现个人能力的发展。

为贯彻落实国家教育信息化总体要求，全面提升教师信息技术应用能力，2004 年底，教育部颁布了我国历史上第一个正式的中小学教师专业能力标准——《中小学教师教育技术能力标准（试行）》；2014 年 5 月 27 日，教育部颁布了《中小学教师信息技术应用能力标准（试行）》。相较于 2004 年版标准，2014 年版标准更加强调教师工作情境中的应用能力，考虑到不同学校实际技术条件的不同以及师生应用情境的差异，对教师信息技术应用能力提出了差异化的要求，即基础要求（应用信息技术优化课堂教学）和发展性要求（应用信息技术转变学习方式）。发展性要求的提出，符合当前国际主流趋势。由于师范生能力标准是以发展性要求为逻辑起点的，其具体内容得到国际标准研究的有效支持。2014 年 5 月 30 日，为指导各地组织实施全国中小学教师信息技术应用能力提升工程，规范引领教师信息技术应用能力培训课程建设与实施工作，依据《中小学教师信息技术应用能力标准（试行）》，教育部制定并颁布了《中小学教师信息技术应用能力培训课程标准（试行）》。课程标准依据能力标准对中小学教师信息技术应用能力的基本要求和发展性要求，设置了"应用信息技术优化课堂教学""应用信息技术转变学习方式"和"应用信息技术支持教师专业发展"三个系列的课程，帮助教师提升信息技术素养，应用信息技术提高学科教学能力，促进专业发展。2014 年 7 月 7 日，为规范指导各地组织实施教师信息技术应用能力测评,教育部制定并颁布了《中小学教师信息技术应用能力测评指南》,并要求各地参照执行。

回顾我国中小学教师信息技术应用能力水平的发展历程,不难发现,教师的信息技术应用能力提升一直被认为是破解教育信息化发展瓶颈、推进基础教育课程改革和促进教师专业发展的重要一环。因此,基于未来教师视角,我国的师范生更应该掌握从事教师职业所需具备的技术专业知识和应用技能。

(三)标准的基本内容

《师范生信息化教学能力标准》基本内容如表5-1所示。

表5-1 《师范生信息化教学能力标准》基本内容

能力维度	一级指标	关注点	标准描述 + 绩效指标
Ⅰ 基础技术素养	Ⅰ1 意识态度	主动学习	理解信息技术对教与学的作用,具有主动学习信息技术的意识(Ⅰ1-1) →关注信息技术在教育教学中的应用与进展(Ⅰ1-1a) →愿意与他人分享交流信息技术的应用经验和新发现(Ⅰ1-1b)
		积极应用	具有主动探索和运用信息技术支持终身学习、促进自身发展的意识(Ⅰ1-2) →关注优质教育资源,并持续学习,促进自身发展(Ⅰ1-2a) →有意识地借助信息技术手段随时随地学习(Ⅰ1-2b)
	Ⅰ2 技术环境	设备操作	掌握信息化教学设备的常用操作,并能解决常见问题(Ⅰ2-1) →熟练操作信息化教学设备(Ⅰ2-1a) →解决信息化教学设备应用中的常见问题(Ⅰ2-1b)
		软件应用	熟练应用教与学相关的通用软件与学科软件(Ⅰ2-2) →熟练操作常见的通用软件(Ⅰ2-2a) →熟练操作适用于本专业教与学的常用软件(Ⅰ2-2b)
		平台使用	熟练应用网络学习平台与社会性软件(Ⅰ2-3) →熟练应用常见社会性软件(Ⅰ2-3a) →熟练应用常见网络存储工具(Ⅰ2-3b) →熟练应用常见网络学习平台(如专题学习网站、Moodle、Sakai等)(Ⅰ2-3c)

续 表

能力维度	一级指标	关注点	标准描述+绩效指标
Ⅰ 基础技术素养	Ⅰ3 信息责任	规范自律	将信息安全常识应用到日常情境之中，并能自觉遵循法律和伦理道德规范（Ⅰ3-1） →具备信息安全意识，了解信息技术应用中的安全隐患和恰当的处置方法（Ⅰ2-3a） →尊重知识产权，在自己的成果中，能明确地、规范地注明引用材料的出处（Ⅰ2-3b） →甄别网络信息，不非法获取他人信息，不传播虚假、暴力等不良信息（Ⅰ2-3c）
		影响他人	倡导人们安全、合法与负责任地使用信息与技术，以身示范，积极影响他人（Ⅰ3-2） →在他人的行为有违信息道德或信息安全时，能及时善意地提醒（Ⅰ3-2a） →在网络环境中，能够积极引导交流倾向，营造健康、文明的社交环境（Ⅰ3-2b）
Ⅱ 技术支持学习	Ⅱ1 自主学习	获取资源	在信息化环境下，主动获取有价值的资源，拓宽教育教学的专业视野（Ⅱ1-1） →针对学习需要，甄别并获取所需资源（Ⅱ1-1a） →追踪专业发展前沿，积累拓宽专业视野的关键线索（如本专业的关键人物、关键会议、关键社区、关键期刊等）（Ⅱ1-1b）
		过程管理	利用信息技术支持目标管理、时间管理、信息管理等，提高自主学习的质量与效率（Ⅱ1-2） →在学习或任务完成过程中，规避或排除无关信息或交流的干扰（Ⅱ1-2a） →利用信息技术工具（如时间管理、信息管理的小软件）加强自律（Ⅱ1-2b） →利用技术工具（如云笔记、电子档案，以及其他有助于知识管理的工具）规划并记录学习过程，存储学习成果（Ⅱ1-2c）
		自我反思	有意识地规划与记录自己的学习路径与学习结果，养成自我反思习惯，促进自我成长（Ⅱ1-3） →常态性地利用技术工具（如博客、云笔记、电子档案，以及其他有助于知识管理的工具）规划并记录学习产品、过程性数据或学习反思等信息（Ⅱ1-3a） →有自我反思习惯，能够理性分析自己的学习和生活状态，发现潜力与问题，并相应调整个人发展规划（Ⅱ1-3b）

续 表

能力维度	一级指标	关注点	标准描述 + 绩效指标
Ⅱ 技术支持学习	Ⅱ2 交流协作	人际交流	理解和尊重不同观点，主动运用信息技术与同伴、教师、专家等有效沟通与分享（Ⅱ2-1） →在信息化环境中，能够包容理解他人观点，顺畅交流分享（Ⅱ2-1a） →利用信息技术主动与同伴、教师、专家等有效沟通（Ⅱ2-1b）
		有效协作	针对具体的学习任务与真实问题，能够在信息化环境中与他人有效协作（Ⅱ2-2） →与相关参与者共同约定清晰的协作规则（如各自责任、交流时间、应用工具、协作策略等）（Ⅱ2-2a） →自觉遵守协作规则，并运用信息技术工具促进有效协作（Ⅱ2-2b） →利用技术工具开展互评，提升协作效果（Ⅱ2-2c）
	Ⅱ3 研究创新	批判思维	运用批判性思维与恰当的技术工具，发现并分析学习和生活中的问题（Ⅱ3-1） →在信息化环境下，有选择地接收来源多元的知识和经验，运用思维工具发现有价值的问题（Ⅱ3-1a） →敢于质疑已有的理论或观点，能够借助技术工具对事物进行理性全面的分析（Ⅱ3-1b）
		数据意识	善于搜集和分析数据，解释结果，做出合理判断，形成解决问题的方案（Ⅱ3-2） →利用信息技术工具（如在线问卷系统、调查系统）收集数据（Ⅱ3-2a） →针对具体问题，合理运用数据处理软件对数据进行处理和分析（Ⅱ3-2b） →根据数据分析的结果，做出合理的判断、总结、预测（Ⅱ3-2c）
		创新能力	运用信息技术工具建构知识、激发思想、设计与开发原创性作品，创造性地解决问题（Ⅱ3-3） →结合具体的信息化环境，创造性地设计解决方案（Ⅱ3-3a） →根据项目需要，利用技术工具设计与制作高质量的原创作品（如海报宣传视频、数字故事、立体模型等）（Ⅱ3-3b）

第五章 教育技术与教师教育

续　表

能力维度	一级指标	关注点	标准描述＋绩效指标
Ⅲ 技术支持教学	Ⅲ1 资源准备	设计制作	掌握加工、制作多种形式数字教育资源的工具和方法，并能根据预设教学情境，科学合理地设计和制作数字教育资源（Ⅲ1-1） →在制作数字教育资源前，能够从有效支持教学的角度审慎设计（Ⅲ1-1a） →通过多种途径获取优质素材（Ⅲ1-1b） →利用恰当的软件工具对素材进行编辑和加工（Ⅲ1-1c）
		评估优化	结合具体应用情境，科学评估数字教育资源优劣，并提出改进策略（Ⅲ1-2） →按照一定的标准，判断数字教育资源的优劣（Ⅲ1-2a） →对已有的数字教育资源提出针对性的改进建议（Ⅲ1-2b）
		资源管理	具有资源建设的整体意识，能够合理规划与管理数字教育资源（Ⅲ1-3） →有意识地规划和丰富个人数字教育资源库（Ⅲ1-3a） →根据备份、分享、协作的需要，合理选用技术工具管理数字教育资源（Ⅲ1-3b）
		资源整合	合理选择与整合技术资源，为学习者提供丰富的学习机会和个性化学习体验（Ⅲ1-4） →知道不同类型的技术资源（包括学习网站、APP等）在为学生提供学习机会和学习体验方面的作用（Ⅲ1-4a） →针对学习者的个性化学习需要合理选择与整合技术资源（Ⅲ1-4b）
	Ⅲ2 过程设计	模式理解	理解常用教学模式的原则与方法，明确信息技术在不同模式中的应用优势（Ⅲ2-1） →知道常用的信息化教学模式（如基于项目的学习、基于资源的学习、Web Quest、Mini Quest、混合学习等）（Ⅲ2-1a） →理解不同教学模式的应用场景与作用（Ⅲ2-1b）
		模式应用	根据预设的信息化教学情境，合理选用教学模式完成过程设计（Ⅲ2-2） →依据课程标准、学习目标、教学内容等条件，合理选用信息化教学模式（Ⅲ2-2a） →知道如何运用技术资源支持不同环节的教学（Ⅲ2-2b）

· 105 ·

续　表

能力维度	一级指标	关注点	标准描述 + 绩效指标
Ⅲ 技术支持教学	Ⅲ 2 过程设计	活动设计	科学设计可促进学习者自主、合作、探究的多样化学习活动与指导策略（Ⅲ 2-3） →理解信息技术在自主、合作、探究学习等方面的积极作用（Ⅲ 2-3a） →在进行信息化教学设计时，考虑到学习者可能的不同（如水平、风格等）并提供针对性的学习建议（Ⅲ 2-3b） →能够为学习者的自主、合作、探究活动提供有价值的支持工具（如学习指南、学习流程图、思考模板等）（Ⅲ 2-3c）
		评价设计	科学设计信息化教学评价方案，并合理选择、改造、应用信息化教学评价工具（Ⅲ 2-4） →举例说明过程性评价的理念、原则与方法（Ⅲ 2-4a） →依据课程标准、学习目标、学生特征和技术条件，设计能够兼顾过程性与个性化的评价方案（Ⅲ 2-4b） →根据要评价的内容或过程，合理选择、改造或开发适宜的评价工具（如评价量规、观察记录表、问卷等）（Ⅲ 2-4c）
	Ⅲ 3 实践储备	组织实施	了解信息化教学环境中的教学实施策略，理解教学干预的基本原则和方法（Ⅲ 3-1） →了解信息化教学环境中的提问、鼓励、助学、监控、管理等教学干预的原则与方法，并在真实或模拟的教学情境中尝试使用（Ⅲ 3-1a） →在观课时，能够对教学者的教学干预及其效果进行客观合理的分析（Ⅲ 3-1b）
		分析改进	能够有效利用技术跟踪并分析学习过程，提出针对性改进措施（Ⅲ 3-2） →掌握常用的课堂教学（包括现场与实录）分析方法（Ⅲ 3-2a） →在他人（如代课教师）的教学过程中有针对性地观察并利用技术手段收集过程性数据（Ⅲ 3-2b） →在对他人的课堂进行分析时，能够依据所收集的数据提出自己的见解和改进措施（Ⅲ 3-2c）
		实践体验	在真实或模拟的教学情境中，合理运用信息技术支持教学实践（Ⅲ 3-3） →在真实或模拟的信息化教学情境中，能够流畅地衔接各个教学环节（Ⅲ 3-3a） →在指导学生利用信息技术学习的过程中，能够针对出现的常见问题给予及时有效教的指导（Ⅲ 3-3b）

二、师范生信息化教学的学习准备

为符合《师范生信息化教学能力标准》的要求，尽快适应未来教师的角色，师范生需要在信息化教学模式下努力提高自身信息素养，完善自身教学能力，因此，师范生信息化教学应采用一种全新的教学设计思想和方法来促进与改善教学工作。教学设计应以学为中心，以任务驱动和解决问题为教学主线，充分利用现代信息技术和信息资源，科学安排教学过程中的各个环节，为师范生提供良好的信息化学习条件，完成教学计划，控制教学活动，完成教学评价。

师范生信息化教学的学习准备，包括以下几个方面。

（一）素材的准备

师范生信息化教学离不开素材的准备，素材是多媒体课件的基础。在多媒体课件的开发过程中，素材准备是课件目标确定后的一项基础工程。根据媒体的不同性质，一般把媒体素材分为文本、图形、动画、声音、视频等类型。制作多媒体课件就是综合处理多种媒体素材，并使各种素材之间建立起逻辑关系，构建成一个具有交互性的整体的过程。

1. 文本素材处理

文本素材处理离不开文本的输入和编辑，通常采用四种方法。

（1）直接输入

文本在计算机中的输入方法很多，除了最常用的键盘输入外，还可以采用语音输入、笔式书写输入等方式。常用的文本处理软件很多，如记事本、Word、WPS等。使用这些工具软件编辑本文时，一般都保存为非格式化的纯文本文件，以便在大多数课件制作软件中能够调用。

除了常用的文本处理软件外，在PowerPoint、Flash、Authorware等软件中还可以直接编辑文本，不同的软件还具有特殊的文字编辑美化功能，如利用Flash可以做出透明字、水晶字等文字效果。

（2）从其他电子资源网站复制粘贴

如果网页文字无法复制，可以用屏蔽网页代码的方法复制所需要的文字。具体做法为选择文字所在的网页，单击浏览器的"查看"→"源文件"命令，在打开的记事本文件中可以找到所需要的文字内容，经过排版就可以复制粘贴了。

这种方法几乎通用，但在繁杂的代码中寻找几行文字过于复杂，因此也可在浏览器中选择"文件"→"另存为"命令，在弹出的对话框里的"保存类型"

选择"文本文件（*.txt）"，这时就可以在文本文件中复制所需要的文字了；也可以把所需要的网页保存到电脑上，选择用 FrontPage 或者 Word 编辑，这样也可以屏蔽网页代码。

（3）利用扫描仪进行文字扫描识别

当需要教科书、杂志、照片或者其他印刷品上的图片或文字素材时，可以用扫描仪进行采集。扫描仪买来时会带有一张驱动软件光盘，先安装驱动程序，重启计算机后再把扫描仪与计算机连接好，就可以正常使用了。现在的扫描仪基本上都有文字识别功能，当然专用的文字识别扫描仪效果更佳。具体方法详见扫描仪说明书，这里不再赘述。

（4）利用图形处理软件制作图像化文字

制作图像化文字时，可以选择拍照的方式，把效果图截下来，利用图形图像编辑软件进行处理。目前用于制作图像化文字的软件和方法比较多。例如，Windows 中的画笔，能用位图格式存储文字信息；文字处理软件 Word 能制作艺术字，并可以通过剪贴板粘贴到需要的位置。

2. 图片素材处理

图片是一种视觉语言形式，与文字不同，图片的视觉冲击力比文字大，它能准确地传达信息，同时能将作品艺术化，使整个页面活跃起来，弥补文本所带来的枯燥感，消除不同文化的语言障碍，拉近距离。另外，图片表达信息一目了然，便于用户阅读时进行比较。

（1）获取图片

获取图片的方法比较多，如从互联网上获取图片，用扫描仪获取图片，用数码相机获取图片，利用已有光盘中的静止图像素材，用屏幕抓图获取图片。

（2）加工图片

获取的图片不一定适合用于教学，需要对其进行加工处理，包括图片的变形、剪裁、合并等。

Windows 自带的"画图"程序看似简单，但其基本功能却不含糊。它可以编辑、处理图片，为图片加上文字说明，对图片进行挖、补、裁剪，还支持翻转、拉伸、反色等操作。它的工具箱包括画笔、点、线框及橡皮擦、喷枪、刷子等一系列工具，具有完成一些常见的图片编辑的基本功能，用它来处理图片，方便实用，效果不错。如果能充分利用它的各种技巧，可以免去学习那些庞大的图像处理软件的劳累。

3. Flash 动画制作

Flash 是一种制作动画的软件，Flash 加入了互动功能以后，它不仅可以应用网页制作上，而且可以广泛应用于游戏、MTV、卡通短剧、商业广告和多媒体课件等领域。

通过 Flash 做出来的文件后缀名是 .fla，但这并不是我们看到的最终的可以播放的 Flash 格式。我们在网页上看见的 Flash，应该是后缀名为 .swf 格式的文件，这是在 Flash 格式中，将 fla 格式的文件发布出来的一种格式。

需要注意的是，将 fla 格式发布成 swf 格式有损压缩，会丢失原有的一些数据。这些数据可以通过某些软件（如闪客精灵）进行恢复，但经常出错。Flash 也可以将文件发布为 GIF 动画格式，但因为所发布的 GIF 动画相当大，因此不推荐将其发布为 GIF 动画。

4.音频、视频素材加工

（1）音频素材加工软件 Audition

音频制作软件 Audition 的前身是 Cooledit，后 Cooledit 被 Adobe 公司收购，之后 Adobe 公司推出并升级为 Audition1.5、Audition2.0 和 Audition3.0 等，如图 5-1 所示。

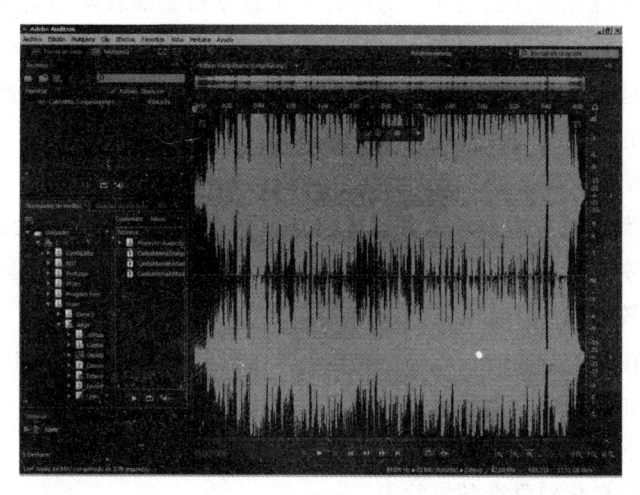

图 5-1　Audition3.0 的基本界面

同类的软件还有 Gold Wave，以及高级一些的 Cubase 和 Nuendo 等。

（2）视频素材加工软件 Premiere

Premiere 是 Adobe 公司出品的一款用于进行影视后期编辑的软件，是数字视频领域普及程度最高的编辑软件之一，而且不需要特殊的硬件支持，如图 5-2 所示。

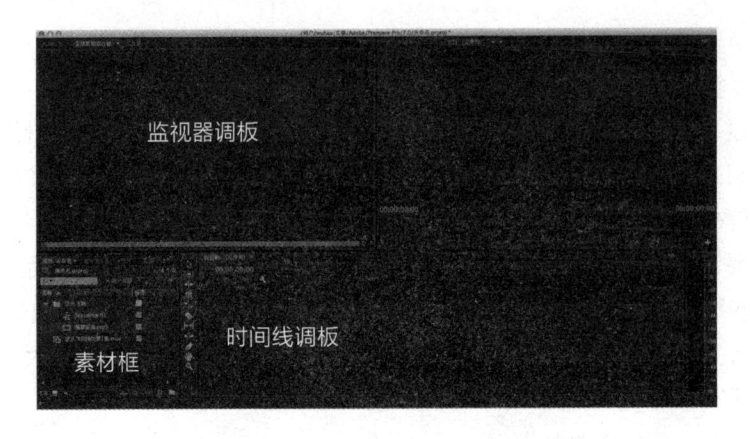

图 5-2　Premiere 基本操作界面

（二）信息化教学的实施准备

1. 设计教学计划的实施方案

为保证信息化教学的实施，教师需要根据学校班级教学的实际情况以及本课程的教学需要，做出一个在班级教学中实施教学计划的时间表和管理方案文档。在这个时间表和实施方案中，师范生需要明确以下几点关系到教学活动过程的基本问题。

第一，信息化教案的主要步骤的执行时间期限。

第二，实施教案需要什么条件（例如，是否需要上网，是否需要计算机，需要什么软件等）。

第三，教师如何找到所需的条件。

第四，在实施教案时，教师需要教会学生哪些必要的信息技术。

第五，如何组织学生分组，如何安排学生上机。

第六，学生上机时的管理要求。

2. 制定信息化教学准备校验表

师范生在进行信息化教学活动之前，应根据学校班级教育技术条件做好上课前的准备，可以填写校验表来核实教学准备情况，根据信息化教学的实际需要来进行项目的填写。对于学校已经具备的条件要核实其是否处于良好备用状态，需要社会和家庭配合的条件要落实到每一个参加学习的学生身上，必要时请求学校有关部门和人员帮助解决问题。

3. 创建教学活动管理文件

为保证教学活动的规范、正常进行，应根据教学要求设计拟定若干与教学有关的管理文件，并要求师范生在教学中自觉遵守。例如，计算机使用管理规定、机房使用规定、校园网使用管理规定等。

如表5-2所示，这是一个教案实施时间表，可作为学生上机管理要求、校园网使用管理规定的范例。

表5-2 教案实施时间表

教学活动项目	时间	教学活动内容
师范生课题研究	第1—2周	方案的设计、讨论与修订
	第3—4周	查阅有关资料，包括图书、光盘与网上资料
	第5周	设计调查研究需要的问卷与提纲
	第6—7周	实施调查研究
	第8—9周	数据处理与资料整理
	第10—13周	论文或研究报告的撰写
师范生网页设计制作	第13—17周	网页设计制作：设计内容、收集素材、完成主页的制作、在主页基础上制作其他网页、完成所有要素之间的链接
	第18周	交流与修改、交流免费网站资料、申请个人主页空间、发布网页

（三）教与学的准备

随着现代化教育信息科学手段的不断发展和教育课程改革的推进，教师教育信息化教学能力逐渐凸显出重要的作用。在师范类专业教育课堂和课外实践的过程当中，积极采用现代教育科学技术手段改善教学模式，创设新的教学情境，有利于师范生发散思维、独立思考，能逐渐培养师范生的自我创新意识、实践动手能力和终身学习的创造能力。师范生信息化教学已经成为促进师范类专业教育教学发展的一个必备要素。

第一，要突破学科壁垒，促进教育技术与专业课程深度融合。师范生学习现代教育技术的根本目的在于形成适应本学科教学需要的信息化教学能力，因此，现代教育技术的理论与技术只有在与学生所学专业课程整合在一起的时候才能获得旺盛的生命力，才能走进学生的思维空间。比如，在英语专业的信息化教学中，面向英语专业师范生的教学设计就必须把教学设计的基本原理及方法与中小学英语课堂教学整合起来，让学生能设计出专业的中小学英语教学设计方案。同时，教学软件设计与制作必须以中小学英语知识为内容，而不只是学教学软件设计与制作的基本技术。这就要求教师除熟悉教育技术的理论与技术之外，还要突破教育技术学科的壁垒，把具体学科的知识整合到教育技术的知识框架之中，实现教育技术与专业课程的深度融合。不仅如此，教师还要把教育技术与学科融合的意识、方法传递给学生，培养师范生的融合意识，提高他们的融合能力，为他们在未来教师生涯中实现信息技术与学科教学深度融合奠定坚实的基础。

　　第二，改革教学方法，提高学习参与度。教学方法是影响学习效果的重要因素，只有改革教学方法，才能更好地激发学生的学习兴趣和主体意识，增强学生的学习参与度。首先，杜绝照本宣科和满堂灌。教师不仅要传授知识，更要提出问题并引导学生提出问题，启迪学生形成教育技术思维，即用技术解决教学问题的思维，需要采用基于问题的教学，让学生在提出问题、分析问题和解决问题的过程中锤炼思维，提高学生的思维参与度。其次，教育技术作为理论与实践相结合的应用学科，必须在实践中践行理论的价值，因此教师要为学生提供实践理论的"土壤"，为学生提供难度不一的实践任务，让学生在完成任务的过程中实现教育技术理论与技术之间的完美结合，进而让学生真正体验到教育技术的魅力。基于此，任务驱动法和基于项目的学习是教师需要经常运用的教学方法。在运用这些方法的过程中培养学生的动手能力，让学生自己生产的作品成为激励其学习兴趣的重要推动力。最后，和谐的师生关系亦有助于提高学生的学习参与度。教师要主动与学生交流，课堂中的交流互动固然是重要的，但课后的交流也是不能忽略的。调查显示，学生更喜欢面对面的交流，那种为学生留个QQ或电子邮箱的交流方式不是师生交流的最佳途径，只有师生之间通过深入的交流形成和谐师生关系的时候，学生的学习积极性、学习责任感才会被真正地激发出来，从而更愿意投入到学习中去。

　　第三，师范生要提高认识，努力学习现代教育技术的理论与技术。很多师范生认为信息化教学是重要的，但却不知道究竟重要在何处，这种认识的模糊感冷却了师范生学习的热情。要使这种认识变得清晰，师范生就要主动学习《中小学教师教育技术能力标准（试行）》《中小学教师专业标准（试行）》《教育信息化十年发展规划（2011～2020年）》等重要文件，并深刻体会现代教育技术在教育发展和创新中的革命性影响。师范生想要成为一个合格甚至优秀的中小学教师，除了在课堂上认真听课、积极参与之外，更要利用课余的闲暇时间学习、钻研现代教育技术的理论与技术问题。

三、师范生信息化教学活动设计

南国农认为，信息化教学活动就是指教师和学生借助现代教育媒体、教育信息资源和方法进行的双边活动。它既是师生运用现代教育媒体进行的教学活动，也是基于信息技术在师生间开展的教学活动[①]。因此，研究师范生信息化教学活动设计，需要把握从教育技术角度进行教学设计的范围和作用，通过教学设计实践，学习掌握教学设计的技能，创作出高质量的教学设计作品。

（一）师范生信息化教学活动设计概述

一般认为，教学设计是运用系统方法分析教学问题和确定教学目标，建立解决教学问题的策略方案，评价试行结果和对方案进行修改的过程，目的是获得更有效的教学。教学设计以学习理论、教学理论和传播理论为理论基础。教学设计是教育技术的核心。

教学设计可以看作是教育系统设计在微观层次的应用。教学设计是一个系统（例如，课堂教学过程、媒体教学材料等）的计划过程，应用系统方法研究、探索教学系统中的各个要素（如教学目标、教学内容、教师、学生、教学策略、教学媒体、教学组织形式等），并通过一套具体的操作程序来协调、配置各个要素之间的关系，使它们完成教学系统的功能。系统设计过程中的每一个程序均有相应的理论和方法作为科学依据。根据教学问题的大小和简繁，相应的教学设计也有系统级、课堂级和产品级等不同层次。

从师范类专业学生和中小学教师的个人技能角度出发，学习研究教学设计技术以及相应的理论，不再专门从传播理论、系统理论、学习理论等角度研究论述教学设计。师范类专业学生和中小学教师的角色是"设计者""使用者"。因此，这里所讨论的教学活动设计，主要是指教师在使用教育技术过程中的自用设计，包括自己组织的有关设计。

以课堂教学为中心的教学设计过程，是以教师、学生、课程计划、设施和资源等要素为前提条件的，设计的目的是解决教师在这些条件下如何做好教学工作，完成预期的教学目标。就整个教学过程而言，首先，要分析、确定单元

---

① 南国农.信息化教育概论[M].北京：高等教育出版社,2004：58.

的教学目标，即确定通过教学学生应该达到的水平和获得的能力。目标的实现需要有效而适合的教学方法或策略，而方法和策略的选择在每个学习单元中应各有侧重。这种选择需要相应的技术工具和资源的准备，要查找和设计信息资源。在信息化教学中比较注重任务驱动或是基于问题的教学，这样的教学需要根据教学目标，精心设计和准备真实任务和针对性强的问题。其次，根据任务和问题以及学生的学习水平来确定资源的提供方式。例如，是让学生自主探索，还是教师事先收集和整理等。在教学过程中，信息技术的介入使学生的学习成果也可以通过电子作品来体现，这样，教师还要事先提供电子作品的范例及相应的评价标准。最后，在教学设计和整个教学实施的过程中，评价与修改必须贯穿始终，并作用于教学设计和教学实施的各个环节，不断地评价与修改能够保证整个信息化教学设计的开放性和动态性。

下面分步来介绍一下信息化教学设计中各步骤的具体要求。

1. 分析单元教学目标

分析教学目标是为了确定学生通过教学应该达到的水平和获得的能力，即教学活动展开后对目标的一个整体描述。例如，学生通过这节课的学习将学会什么知识和能力、会完成哪些创造性产品以及潜在的学习结果。

2. 学习任务和问题设计

学习任务和学习问题（包括疑问、项目、分歧等）的设计是整个信息化教学设计的关键。这个环节主要是根据已阐明的教学目标，设计真实任务和有针对性的问题，让学生在信息化学习中通过解决具体情景中的真实问题来达到学习的目标。

3. 信息资源的查找与设计

学习资源对学习活动而言起到支撑的作用，不同的学习活动可能需要不同的学习资源和学习工具。因此，在信息化教学设计中就要根据任务和问题以及学生的学习水平，确定提供资源的方式，可以要求学生自己按照学习目标查找资源，也可以提供现成的资源给学生。前者要求教师必须设计好要求、目的，后者要求教师寻找、评价、整合相关资源或提供资源列表。

4. 教学过程设计

教学过程设计是信息化教学设计的核心设计环节之一，通过教学过程设计，教师可以梳理整个教学过程，使之有序化，一般情况下应写出文字的信息化教案。

5. 学生作品范例设计

信息化教学设计中大都有具体的成果，其形式多种多样，为了更好地帮助学生以完成电子作品的形式来进行学习,在教学过程中教师会提供电子作品的范例,使学生对将要完成的学习任务有一个感性认识。

6. 评价量规设计

运用结构化的评价工具量规来评价信息化学习(特别是电子作品)。量规的设计应当具有科学性,以确保评价的可操作性和准确性。

7. 单元实施方案设计

具体实施方案设计的内容包括实施时间、分组方法、上机时间分配、实施过程中可能出现的软硬件问题等。

8. 教学设计过程的评价和修改

在教学设计过程中,评价与修改是随时进行的,伴随设计过程的始终。

(二)师范生信息化教学活动设计理论

教学设计的理论,从教育科学的角度看,涉及教育思想、教育理论、教育方法、教育经验以及心理机制等;从教育技术的角度看,既要考虑教育科学的要求,又要考虑技术理论和技术条件(包括物质条件和能力条件)的要求。这里主要从提高师范生个人的教育技术能力的角度,讨论信息化教学活动设计的理论,具体包括教学设计分析和教学设计思维两个方面。

1. 教学设计分析

教学设计和教育技术、设计科学等概念的关系,都属于教学设计分析。这里主要从教学设计的主体、过程、要素、问题四个方面来对教学设计进行分析。

(1)教学设计主体分析

可以从人主体、角度主体两个方面来进行教学设计主体分析。

人主体指的是人作为教学设计中的主体,以"使用者"的身份来自己设计教学,如教师、学生等使用者都是自己设计、自己制作、自己使用,对象、产品都是自己。有时也会请一些专门人员帮助自己完成教学设计任务,但最终决定者还是自己。人在教学设计中还可以组成团队,进行集体设计,针对普遍技术、群体对象、一般产品进行设计,例如,课件开发小组等形式的团队。此外,一些理论、技术工作者从理论、技术的角度,会就某一方面提出自己的教学设计意见。这些意见多数是总结性的、指导性的,真正要落实到具体的教学实践中,必须有一线教学人员配合,只有这样才可能最终实现设计。

从角度主体分析可以有以下角度的教学设计:教育学(包括管理)设计、心理学(包括思维训练等)设计、学科教学法设计、一般经验设计、教育技术设计等。

(2)教学设计过程分析

分析研究教学设计过程的目的是认识和把握教学设计过程的基本事实,明确各个阶段或各种性质的过程的特点、任务和要求,努力使整个过程正常运行,以便达到预期的工作目标。

对过程研究得越清楚,对过程中每一阶段或某种性质的现象和问题的控制和对整个过程、结果的控制也就越有效。在较大规模的设计中,通过设计过程研究,可以形成比较固定的设计流程、分工和规范;通过对任何过程的性质的认识和把握,可以确定实质性过程的价值、难度和控制措施。

(3)教学设计要素分析

设计是人类的一种复杂、具体、重要的行为,对其要素的分析或对设计本身的分析,也是一项重大的理论研究课题。这里仅对教学设计的相关要素进行说明(见表5-3)。

表5-3　教学设计要素分析的基本内容[①]

要素	含义、内容、相近说法等
设计主体	个人—团队—组织;设计者(设计者的类型、特点和要求);教学设计主体、教学设计对象;教学设计人员、软件设计人员以及其他有关专业技术人员;教学设计角度
设计过程	设计的"形式性过程—实质性过程";设计初期阶段;中期设计;设计结束阶段;设计步骤;教学设计的流程
设计内容	设计主题;设计点;设计结构(设计元素、设计模式);设计方案
设计形式	设计手段的形式、设计产品的形式等;教育技术作品的形式,主要是艺术性很强的作品,还有文字形式的作品;设计个性;设计风格("严谨、开放""丰富化、性格化");设计形式与设计内容、内涵、意味、产品功能等相对应;"艺术形式"是"设计形式"中的重要部分;艺术形式、技术形式;文—图—声;视觉形式、听觉形式;有意味的形式、有形式的意味

---

① 罗维亮.教育技术[M].西安:西北大学出版社,2006:65.

续 表

要素	含义、内容、相近说法等
设计原则	教学设计的规范原则；设计适合性（指设计与对象的关系；"可设计的—不可设计的"模式。如并非一切对象或内容都是可设计的，并非一切科研和技术成果都是具有可设计形态的，并非一切设计行为本身都是必要的）；设计一致性（指设计内部各因素之间的关系，包括设计匹配性）
设计技术	软件设计技术；手工技术、媒体技术，特别是计算机技术；思维技术（如"怎样能使自己的设计更容易出新招"）；设计方法；设计手段
设计科学	设计学；设计史；设计哲学；设计心理学；设计理论；设计实践
设计艺术	设计美学；设计文化与设计艺术
设计教育	大学等不同层次设计专业的开设、设计师资、设计课程、设计人才培养、就业市场等；设计管理教育；设计教育思想；设计教育的方向与内容
设计管理	设计定位；设计战略；设计整体；设计目的；设计目标；设计基础；设计标准；设计方向；设计流程和设计方向的关系；设计评价；设计水平；设计市场；设计服务；设计量；设计时间；设计效率；"快速原型法"；设计效果；设计效益；设计资源；设计成本；设计浪费；对作品的教学设计分析与评价；一种属于"开发模式"的设计管理体系
设计能力	设计能力包括：个人能力、群体能力、技术能力、文化能力；"设计难度"等说法常与设计能力相联系
设计思维	设计意识；设计意图；设计观念；设计理念；大设计理念；设计感觉；设计思想；设计语言；设计语境；设计语义；技术语言；视听语言；设计总体思路；设计思维资源；设计创新；设计交流；教学设计的角度

教学设计要素分析的目的是了解对教学设计进行要素分析的基本思路和内容，把教学设计分析放在一般设计分析的背景中，看到教学设计领域的思维方式和实际成果在整个设计活动中的位置和特点，由此明确教学设计研究的方向和课题。

（4）教学设计问题分析

问题分析是一种综合性质的分析，着重从问题角度分析教学设计领域在发展方向等方面的一些重要课题。

首先,教学设计水平问题。教育技术产品质量缺乏优越性或竞争力,关键因素是设计水平上不去。其中既有教育科学的问题,又有教育技术的问题。在许多情况下,不是技术的物质条件问题,而是技术设计水平和技能操作水平的问题。人们对技术产品的新奇心理超过了对教学设计水平应有的期望;产品的更新速度超过了教学设计水平的发展速度;教学设计紧跟教学产品和指导教学产品的关系,远远比不上其他领域特别是工商业领域中设计与产品的关系。

其次,教学设计能力问题。大多数的设计队伍的设计能力与专业人员的设计能力,需要研究和发展。要研究教学设计面临的各种挑战,特别是具体技术技能问题的挑战。例如,个人和群体的思维生产信息交流的设计问题,个人化指导的设计问题,对苏格拉底问答法如何设计,对某一具体知识的布鲁纳所理解的"知识结构"如何设计等。要不断明确教学设计的难题,通过难题的研究和解决,促进教学设计的发展。教学设计理论研究本身需要发展,理论研究要为教学设计的实践做贡献,理论研究应尊重基本的事实。应当看到,人们实际上在做的事情和做的办法本身,就是一种事实,就是一种评价判断。例如,教学设计中科学性、教学性和艺术性的关系问题以及其他具有普遍性的问题,都需要在大量的设计实践中,一个一个地总结和研究。

最后,教学设计普及问题。教学设计主体需要明确,人人都是设计者,不同专业、技术的设计各有所长,需要相互配合与整合。解决个人化需求和提高设计水平的方法是人人搞设计。这是一个重要的教育技术思想,也是一个一般的社会管理思想,因此,需要普及教学设计的理论、方法和技术。

2.教学设计思维

对教学设计思维的理解有两种:一是关于教学内容的设计思维,当谈论如设计意识之类的话题时,实际就是谈论教学设计意识;二是关于教学设计的思维,其中需要谈到教学设计现象,然后再谈论相应的思维。两种理解有其合理性、有用性。

(1)教学设计思维简述

教学设计思维是教学设计工作和教学设计技能的核心。研究教学设计思维,从思维层面描述和把握教学设计,可以通过提高思维能力来提高教学设计工作和教学设计技能的水平。教学设计思维的特点是,教学设计中的设计性、教学性、技术性、针对性、自然性、必要性、带动性、灵活性特点,在教学设计思维中,均有相应的表现。教学设计思维的基本主题是谁做设计、为谁设计、谁用设计、设计什么,即设计者、设计(服务)对象、设计使用者、设计内容、设计目的。

对思维主题的另一角度的描述是，教学内容主题和技术实现主题。作为一般的使用者，大多数教学设计问题，不是也不应当是具体的技术制作问题，而是选材问题、构思问题，即如何选择最有必要的教学材料，如何用效果好的技术方式加以实现。实际工作中，需要对教师和学生所做的教学设计进行经验总结和理论研究。

（2）教学设计思维要素

教学设计思维的要素主要包括观念、思想、认知、意向、主题、方式、模式、语言、感觉、角度、思路、经验、能力、生产、机制等，见表5-4。这样分析有助于师范生从思维要素的角度去认识、理解和训练思维。

表5-4 教学设计思维要素

要素	说法	含义、用法、例子
观念	设计观念；设计意识；实际理念	大设计理念；"有设计意识的表现"
思想	设计思想	设计应当有思想；分析某一优秀设计的设计思想
认知	设计认知	"对界面设计的认知还停留在美术范畴"
意向	设计意向；设计意图	意向性设计；说明自己的设计意图
主题	设计思维主题	谁做设计？为谁设计？谁用设计？设计什么？教学内容主题和技术实现主题
方式	设计思维方式	"偏向于问题本身的设计"和"偏向于自我表现的设计"，体现了不同设计思维方式；"为教学而设计"的思维方式
模式	设计思维模式	"教学—设计""程序—结构"等
语言	设计语言；设计语义；设计语境	文案、图案；视听语言、技术语言；语境设计
感觉	设计感觉；设计直觉；设计灵感	"漫画、插画、平面，有些'大杂烩'的感觉"；凭直觉做设计；教学设计思维的灵感
角度	设计角度；设计起点	教学设计的角度；"教学设计思维起点"：一是教学设计者自己的思维起点，二是群体思维起点

续 表

要素	说法	含义、用法、例子
思路	设计思路	同一设计方案，可能有不同的设计思路
经验	设计经验；设计思维经验	对不同的、重大的、成功或失败的课题设计的经历（次数、深度）和响应的设计思维经验
能力	设计思维能力；设计思维技能	教学设计的思维能力、水平；"教学设计技能样式"
生产	设计思维生产	设计思维资源；设计创新；设计交流
机制	设计思维机制	任务、技术、沟通等因素对于设计思维的驱动作用；设计思维中的反馈机制；以最终效果形态为指标的整合机制

（3）教学设计思维方式

制约教育技术实践发展的一个原因是教学设计本身缺乏充分到位的，尤其是与技术同步甚至超前的发展。因此，要从教学设计实践本身出发，对其事实、问题、现象、经验、需求、市场等认真感受、充分挖掘，并以此为标准，来整合一切知识、信息和理论；要大力强化教学设计实践，要创作大量的设计作品；要用哲学的眼光看设计，用人文关怀的胸怀和教育科技的悟性做设计，要回到设计本身想设计。这应当是从事教学设计实际工作和理论研究的最基本的思维方式。

（4）教学设计思维模式

研究思维模式有助于提高师范生的模仿、套用、概括、联想等思维能力。在教学设计思维中，可研究以下这些重要的思维模式，见表5-5。

表5-5　教学设计思维模式[①]

主题	模式	含义、用法
教学设计基础理论	教学—设计	教学—技术；教学设计—技术设计；教学内容设计—教学技术设计；教学设计的教学性、设计性；同时考虑教学所需和技术所能的思维方式
	教学媒体—教学设计	以教学设计为先导，以媒体技术为基础的教育技术
	教学设计—教学理论	通常在提出一定理论之后，大都有相应的教学内容、方法、技术的设计
	教学分析—教学设计	如，教育技术、个人经验、教育学等角度的教学分析—教学设计
	教学设计—教学方法	"设计"指向任务、项目，直接具体问题解决，偏向于"如何完成"；"方法"具有一定的概括性，偏向于"如何操作"
	教学设计—思维训练	"思维训练"研究思维能力的结构与建构，设计其形成过程与结果，是教学设计的一类内容。思维训练有待于设计成恰当的技术形式予以实现
	教学设计—设计科学	从"设计科学"及其所在系统考察和把握"教学设计"
	教学设计—教育市场	教学设计直接面向大小不同的教育市场
	过程—结果	指向"过程"的教学设计、指向"结果"的教学设计
	程序—结构	程序模式—结构模式、程序性知识—结构性知识、程序性信息—结构性信息、程序性学习—结构性学习、程序性上升—结构性上升、程序性积累—结构性积累、程序性课件—结构性课件、程序性设计—结构性设计；与"联结—完形"同构、融合
	外部—内部	外部控制—内部控制。"知识形成机制"之一为"外部输入—内部生成"

---

① 罗维亮.教育技术[M].西安：西北大学出版社，2006：69.

续　表

主题	模式	含义、用法
教学设计基础理论	个体—社会	个体自身的建构，利用环境、社会条件进行的建构
	人—事	面向材料的教学设计与面向人的教学设计，以及两者相统一的设计
	使用者—产品	设计服务须了解"使用者—产品"两方面的特点，以便找到设计的切入点
	技术—非技术	教学设计必须把握技术的限度，并将两类设计统一起来
	理论—实际	教学设计既要符合实际，又要把握理论导向性设计，防止"实际主义"
	教育设计—技术设计	对精妙的"教育设计"的"技术设计"，是"教育技术设计"（模式:教育设计—技术设计—教育技术设计）的关键所在；教学内容的设计—教学技术的设计；另见"教学设计—技术设计"
	人工智能—教育技术	"人工智能"研究的任务是将大脑智能模拟出来，给以机器形态的功能实现，而"教育技术"的任务则是给以机器形态的表达实现（模式：功能实现—表达实现）
	所需—所能	教学设计要考虑教育所需、技术所能，把握技术实现之"应为—能为"
	设计—制作	设计—制造。设计成本—制造成本，设计技能不等于制作技能、使用技能（模式：设计技能—制作技能—使用技能）
	设计—实现	帮助人们提出设计方案和完成技术实现。设计—实施；技术设计—技术实现
	可解释—可操作—可实现	可操作—可实现。教育技术帮助人们把心里想的变成可说、可见、可做的，进一步变成可展示、可交流、可交换的
	程序化—标准化—机器化	技术思维方式之一

第五章 教育技术与教师教育

续 表

主题	模式	含义、用法
教学设计基础理论	教学—技术—艺术	教学的内容，技术的平台，艺术的形式；教学内容的设计—艺术形式的设计—技术手段的设计，或内容设计—技术设计—艺术设计
	设计—技术—艺术	设计的技术、功能层面的表象和艺术层面的内在创造性
	设计—技术	设计与技术并重；与"设计—工具"等同构。存在着互有先后、高低的情形；相近模式有设计—技术—教学
设计内容种类	文—图—声—时—用—效	"设计的表现方式"包括文字设计、画面设计、音响设计、时间设计、使用设计、效果设计等
	形象—操作—讨论—活动	较多地呈现形象等材料的设计，安排学习者个人的动手操作活动的设计，讨论的设计，室内外其他有关活动的组织方式的设计
	素材设计—课件设计—网页设计	和基本的教育技术技能"素材制作—课件制作—网页制作"相对应的教学设计
	总体—教学—软件—界面—文档发布	关于"网络课件的设计与评价"的一种思路：总体设计—教学设计—软件设计—界面设计—文档完整性—网络发布性
	直线式—螺旋式	直线式设计—螺旋式设计
	课程—教材—教法	课程设计—教材设计—教法设计
	教法—学法—考法	教法设计—学法设计—考法设计
	材料设计—效果设计	针对材料的设计—针对效果的设计
	形式设计—意义设计	针对形式的设计—针对意义的设计
	后台—页面	后台设计—页面设计；"精于心，简于形"
	程序内容—程序形式—程序设计（编制）—程序使用	教学设计中，能否把某种为教学所需要的程序设计、编制出来，是一回事，使用是否得当又是一回事。不能因为没有把如思维操作等深层次要求予以表现，就说程序这种形式本身不好

· 123 ·

续 表

主题	模式	含义、用法
设计内容种类	提出设计—利用设计	能否"提出设计"是一回事,能否理解并发挥设计效用,又是一回事
	过程设计—效果设计	对"教学设计"的理解有此两种倾向;具体的设计内容可有此两类的不同
	理性设计—感性设计	两种不同机制的设计。前者要求说出如设计理念、构思说明等;后者根据作者情况,其说明方式和程度,可有许多不同
	宏观设计—微观设计	对不同层次、规模课题的教学设计。相似思路或说法有如大型设计—小型设计、系统级—课堂级—产品级、方向设计—实现设计等
	概要设计—详细设计	要点设计技能—详细设计技能
	虚拟性设计—真实性设计	与"技术性设计—非技术性设计"同构。只要是利用媒体技术所做的设计,都不同程度地具有虚拟性;两类设计各有其用
	下限设计—上限设计	不能要怎样的因素、形式、效果等否定、防止、排除性质的设计,就是所谓"下限设计";争取达到最好效果的设计,属于"上限设计"
设计特点与要求	设计性—教学性	教学设计的特点:设计性、教学性、技术性—针对性、自然性、必要性、带动性、灵活性;另见"教学—设计"模式
	抽象—具体、微观—宏观、静止—运动、逻辑—形象、内隐—外显、精神—物质……	抽象的变为具体的,微观的变为宏观的,静止的变为运动的,逻辑的变为形象的,把心里想的通过教育技术手段变成可说、可见、可做的;还有枯燥—趣味、一人—多人、一次—多次、个别—一般、偶然—必然、快—慢、长—短等

续　表

主题	模式	含义、用法
设计分析评价指标	设计时间—设计难度—设计效率	设计效率分析模式之一。相似、相关的有设计时间—制作时间、设计过程—制作过程、设计难度—制作难度等
	吸引性—自主性	设计者特别强调教学的吸引力，强调学习者的自主程度
	理解的层次—问题解决的程度	深层次的理解—实际问题的解决。人们倾向于以这样的标准来衡量成功：对知识和经验的深层次理解，以及能应用到真实世界的问题解决中
	素养—风格	教学设计要关注提高教学素养和形成个人风格的具体的形式和方法
	自我感动—生活资源	自己的作品会不会首先令自己感动，作品是否源于自己最熟悉的生活
	成熟性—生命力—有创意	设计学习中如果只以美学定律和为数不多的作品案例为基础来进行美感训练，那么这种美感训练是不成熟的，也是不可能有生命力和有创意的
	作品—人	要使人们能从所做的设计、产品中，看到设计者的个人特色和某种特殊的追求；从教学设计作品、作者层面研究历史；"设计的目的是人，而不是产品"
	容量—意境	扩大艺术形象的容量，加深画面的意境
	利用—创造	选择—创造。素材制作、工具使用等，尽量利用现有的，必要时就得创造
	信息—知识—技能—能力—经验	信息以外，还有许多其他形态的事物，对人的发展起着重要的作用；知识以外，还有技能、能力、经验等因素，共同构成人的学习心理结构
	基元性—可积性	积件思想是构件和可重构技术在教学软件发展思路上的体现；从基元性和可积性来看，课件与积件类似于雕版印刷与活字印刷的关系

续表

主题	模式	含义、用法
设计主体类型	设计者—制作者—使用者—评价者	相近的模式有设计者—接受者等
	做课者个人—专家个人—团队	三类教学设计主体。例如，由课程专家、教学设计人员、心理学家、有经验的学科教师、教育科研人员、美术人员、软件设计人员、（有时还需要）音乐工作者、摄录像人员等共同参加，组成课件开发小组
	教育学—心理学—教育技术学——一线教师	四种教学设计主体
	专家—新手	两类基本的各种设计、制作、管理等人员，其能力结构差异明显
设计制作过程	教学设计五阶段模式	1975年，布兰生等将教学设计分为分析—整合—设计—制作—评价五个阶段
	"课件的制作程序"＋阶段模式	确定教学目标—分析教学任务—分析学习者—选择教学方案—决定课件结构—决定课件内容—课件稿本编写—程序设计与调试—教学实验与评估—修改—交付使用
设计技能训练	美感训练—创意训练—生活训练	教学设计技能训练内容的一种描述
	技能操作—技能素质	技能操作训练—技能素质训练
	创意—操作	以创意为思维平台、载体，进行操作，凸显操作的意义；以操作为平台、机会，也有可能产生创意

（三）师范生信息化教学活动设计技能

如何提高师范生信息化教学设计技能水平，是培养其教育技术能力的一项重要内容，是设计教育的一个重要目标。

1. 教学设计技能的内容

在对教学设计技能进行研究前，师范生可先对教学设计技能的样式做一总结。这在实用上有价值，在理论上有难度，但是总要有所努力。之后，需要了解教学设计技能的一般结构。

（1）教学设计技能样式

教学设计技能的样式分为内容性技能、艺术性技能、社会性技能三部分，见表5-6，其间的关系是内容性—形式性—社会性。内容性技能各部分之间的关系是对设计之外和设计之内的整体把握，对设计的"内容—程序—方式"的整体把握。艺术性技能三部分之间的关系是内容—加工—效果。其中需特别注意艺术加工技能样式的基本种类。社会性技能四部分之间的关系是协作—展示—沟通—学习。

表5-6 教学设计技能样式

类别	样式	内容或表现列举
内容性技能	设计定位技能	①设计选题定位（应定位于必要点、难点）；②技术选择定位；③产品效果定位；④技术为教学服务的思想定位；⑤多中选优（以数量保质量，通过数量的增加，提高优秀设计出现的概率）
	设计系统整体把握技能	①把握各种设计点之间关系的技能；②把握设计感觉的技能（包括对自己和别人的感觉的发现、分析、利用、训练和保护）；③整体设计技能；④要点设计技能；⑤编辑设计技能；⑥"主题—背景"设计技能；⑦设计准备技能；⑧设计修改技能
	明确设计点的技能	①设计要求。对"设计要求"这一设计资源能充分挖掘、理解。②设计难点。设计薄弱环节、困难环节；做某一设计所需要解决的特殊问题；比较抽象的心理现象、思维活动、感觉体验等内容的设计。③教学内容设计点。"教学—技术—艺术"设计点；"适应性—吸引性—自主性"设计点；如何使用周围人熟悉的人、事、景、物等作为设计材料；学生需求设计点。④技术设计点。"应为—能为"设计点；技术优势表现点；"人—技术"设计点；环境设计、活动设计、交互设计、情境设计。⑤艺术设计点。创意、特色、境界、档次
	"选题—构思—表达"技能	①选题准确；②构思巧妙；③表达规范（参见"教学设计技能的结构"）
	快速设计技能	如即兴设计：在特定情境中进行设计；尽快在第一时间拿出第一设计方案

续 表

类别	样式	内容或表现列举
艺术性技能	题材选择技能	选择的因素可有：①特征因素（本身与众不同的特征，画面上主题的展示角度）；②重点因素（画面描写的焦点和视觉兴趣中心）；③相似因素（特别是同构因素。某一点上与主题的某些特征有相似之处）；④美的因素（局部之美、瞬间之美、偶然之美，幽默因素）；⑤感情因素（侧重选择具有感情倾向的内容，如某一信息本身最容易打动人心的部位）；⑥需求因素（希望完整、简明、有系列的、有说明、有刺激，喜好奇异多变的审美情趣的要求等）
	艺术加工技能	①呈现类：连续呈现、间断呈现、反复呈现、突然呈现、突出呈现、集中呈现、同时呈现、即时呈现等②借物类：对比（成对的比较。如对立面的比较）、类比（同类比较，如象征、因果、形式等因素的类比）、比喻、衬托、烘托（如以情托物，将主题置于一个具有感染力的空间）等；③表现类：描写（如白描）、象征（使貌似平凡的画面处理隐含着丰富的意味）、渲染、突出（特写）、强调（抓住一点或一个局部加以集中描写）、淡化、夸张（形态夸张或神情夸张；合理夸张或畸形夸张）、幽默（运用风趣的情节、巧妙的安排，把某种需要表现的事物，延伸到幽默意境）、虚实等；④变化类：变形、浓缩、渐变（如色彩、色调、形态的渐变）、延伸（如延伸到漫画的程度）、颠倒（位置、组合、材料的颠倒）、旋转、放大、放慢等；⑤结构类：拆解（如使残缺）、完形（使完整,由由"延伸放大"而"以小见大、由点到面、从不全到全"的表现手法）、系列（设计为"连续系列"的表现手法）、重构（结构、色彩、线条等元素的打散重排）、虚构、组合（秩序、部位的组合，对已被加工的内容的组合）、替换（如以新换旧的借名方式）、取舍、简化（使简约，如"减去什么"）、添加（添加的内容、形式、大小、次数）等；⑥形态类：形态转换（如"文—图—声—物"的转换）；⑦思维类：形象、艺术、技法的抓取、守恒、转换、整合、联想、想象、抽象、概括、形象化、具体化、细化、比较、排序、分类、投射（移情、体物）、套用、推广；（对动作、画面、词句、实物、现象、心理等事物进行）解构、建构；利用、创造等

续 表

类别	样式	内容或表现列举
艺术性技能	把握技能	①教学效果（教学设计产品应尽力符合精品化标准）。②艺术效果。如视觉兴趣（增强画面的视觉冲击力，使观众在接触言辞画面的瞬间即能很快产生感受，对其产生注意和发生视觉兴趣）；形象效果（扩大艺术形象的容量，加深画面的意境）；充满情趣，引人发笑而又耐人寻味的幽默意境；"既在意料之外，又在情理之中"的艺术效果。③"设计者—接受者"效果（给设计者带来了很大的灵活性和无限的表现力，同时为接受者提供了广阔的想象空间，使其获得生动的情趣和丰富的联想）
社会性技能	协作技能	①不要怕别人提意见，不怕被人否定，学会在协作中得到思维资源的技能；②学会在让步和表现之间取得协调的技能；③团队设计技能
社会性技能	展示技能	①平时就有准备展示的意识，能够系统地按照展示要求设计如何积累资料、如何展示、如何宣传；②呈现、解说的技能
社会性技能	沟通技能	①"技术—非技术"两种思维方式和语言体系之间的沟通；②善解人意，能从对方的脚本、话语、表情、感觉、困难等信息中"解读"出为设计所需要的内容；③时刻准备着为下一个对象提供更好的服务；④主动征求意见，欢迎提出苛刻要求，尽量满足对象和评价者要求；⑤以表现、展示促沟通
社会性技能	学习技能	①快速学习；②善于学习；③有效学习等

（2）教学设计技能结构

对教学设计技能结构的描述，从技能的行为活动角度来看，可以是内容性技能—艺术性技能—社会性技能。这个思路在教学设计技能样式的描述中已有体现。下文从技能的心理操作角度，即按照素质条件—技能操作的思路，来分析教学设计技能结构问题。

①素质条件

素质条件主要包括设计态度、设计经验等。关于教学设计分析和教学设计思维以及有关社会性技能等问题，已在前文中有所描述。关于设计记忆，是指对教学设计技能所需要的各种素材、知识、理论、思想、工具、模式等信息的记忆储存状况。它是一类基本的技能素质。这里仅谈设计态度、设计经验及有关能力三个问题。

第一，设计态度。做一件事情需要单纯、热情。单纯可以让一个人专心，热情可以产生推动力。因此，教师首先要对软件有浓厚的兴趣，喜欢研究和不断进取，对人机关系有想法。同时，要防止形式主义设计，杜绝一切劳民伤财的设计。虽然在实际的教学生活中总是存在着种种因素和力量，使得形式主义设计有生存土壤，但作为一种价值取向，仍然需要对教学设计的指导思想和具体操作有一个导向性要求。

第二，设计经验。包括成功的设计、失败的设计，重大的、难度大的设计，独自一人做的设计，团队一起做的设计的亲身经历和获得的相应经验。参与设计的次数、获得的成绩、得到的教训等，是评价设计经验类型和水平的基本指标。

第三，其他有关能力。包括与所有设计参与者的沟通能力、资源利用能力、思维生产组织能力等。

②技能操作

技能操作可有多种描述方式，这里按"选题—构思—表达"三项操作的思路来说明。需要指出，在"选题—构思—表达"三项操作中，大都有"教学—技术—艺术"三方面的具体表现。

第一，选题。选定设计点是选题操作的首要任务。选题具有双重意义：一是决定了最终设计结果的价值，二是决定了相应构思方案的内在结构。理论上，应能从所选题目或目标、问题本身，生发出一系列的构想来。

选题要讲究理解技巧，包括技术思维角度在内的任何角度的理解，应有其特色。技术思维关心的是某一材料的技术因素。例如，这里的技术因素在哪里，能否挖掘出来、表现出来，表现效果如何等。关于理解，可分为三种水平：不理解，理解错误、不到位；理解，基本符合本意或原意，符合一般人的常态理解水平；超理解，对事物的深层结构和心理的深层需求能理解，显出自己角度的特点和特效。一些设计者看不出材料的基本意思，更谈不上对材料的深层理解、独特理解，因此，不可能做出符合要求的教育技术作品。

第二，构思。构思就是针对设计点，想出相应的方案。构思中核心的一个因素是投射，即"我要把我认为的某个观点、希望、感觉、感情，融入我所要设计的事物中去"。构思过程是在两个方面选择适当的信息：客观上，选择适当的素材、工具、模式；主观上，选择适当的自我性信息等。把这些信息同选题联系起来，也就完成了构思的任务。从理论上讲，头脑中"设计图式"的多少、水平的高低以及使用的成熟或习惯程度,决定着构思水平的高低。

第三,表达。把方案、意见、办法等说出、写出、画出、做出,特别是用一定的技术工具来做出构思结果,就是所谓的"表达"。如写出脚本、画出草图、列出提纲、搭起框架、做出样例(可作为模仿的标准、模型,虽然是一部分,但在结构、功能、机制上完全符合最终要求)或毛坯(重点、核心内容很明确,而形式包装有待细化);又如勾勒、勾画、草拟、描绘等。从技术角度讲,绘图软件技巧练习是基础。"能想出但做不出,甚至说不出",是常见的问题,也是一个需要一直作为训练重点的问题。有时,对于设计意图的表达过于形式化或包装化,会显得做作、生硬、勉强,似乎是给一个设计意见硬加上了一段表述,这也是不合适的。

2. 教学设计技能的训练

教学设计技能的训练是整个教育技术技能训练中的一部分。在师范生信息化教学活动设计中,除了设计技能之外,还有制作技能(素材制作、课件制作、网页制作等)、使用技能(机器使用、软件使用、设计作品的使用等)。

教学设计技能训练包括想法—技法训练,二者是相互渗透的关系。虽然两者都很重要,但性质不同,在群体中的表现和分布也不相同。在此基础上,师范生对技术运用和艺术加工的设计技能训练,在这个"教学—技术—艺术"系统中,有想法—技法问题,有对各种具体的技能样式的训练和对技能结构要素的训练的问题。

这里所讲的教学设计技能训练,主要是指设计表达活动的躯体动作训练和设计思维训练。由于教学设计技能本身具有思维、技术、艺术、社会等方面的特性,所以教学设计技能的训练,也就有着相应的复杂要求。但是,教学设计技能训练最基本的还是操作训练和素质训练。

(1)教学设计技能操作训练

①基本的训练设计

以下所介绍的这些训练思路普遍适合于记忆训练、躯体动作技能训练、思维训练,适合于教育技术技能训练,包括媒体软件操作技能训练和设计技能训练等。

第一,单项训练与综合训练。以一种完整的技能样式为基础,一个技能样式是一个技能单项。若干个技能单项合在一起,组成一种综合模式。例如,选题技能的训练属于单项训练,作品训练属于综合训练。

第二,局部练习与整体练习。就一种技能的结构而言,针对构成该技能的要素或局部的练习,就是局部练习;针对各个要素或局部合在一起组成的完整的技能整体的练习，就是整体练习。

第三，分散练习与集中练习。从练习时间的安排方式讲，可有分散练习与集中练习之分。对此，具体需要把握分散或集中的时间间隔长短以及每次练习达到一定效果的程度。通常要以有效的阈上练习为标准来考虑分散与集中的设计。

第四，直线式练习与螺旋式练习。不同项目的技能练习，前后连续安排，可以称之为直线式练习；所安排的各种技能练习中，有些技能隔一段时间重复出现，但是内容有所加深，可以称之为螺旋式练习。这两种安排模式，在教材设计、训练设计中，均有表现，均有合理性。

第五，形式练习与实质练习。设计思维中有许多模式，专门或突出对模式进行练习，就是形式练习；专门或突出对具体某个设计任务、产品进行练习，就是实质练习。如，资料积累（在自己擅长和感兴趣的方面，设法多积累一些相关的设计资料）、作品训练等，属于实质练习。

第六，阈上练习。以超出一定数量质量为基准或单位的练习，即达到或超出一定的时间、次数、强度并产生一定感觉和想法的练习，可看作是阈上练习。阈上练习是有效练习，阈上积累是有效积累。一项技能在练习到一定时间或水平后，会出现"高原现象"，即练习成绩不再随时间或次数的增加而增加，这时，需要考虑改变技能结构，才有可能继续提高技能水平。

②主要的训练形式

第一，作品训练。很多情况下，作品是衡量设计者是否有潜力的唯一标准，也是最容易组织和管理的训练方法。以一件一件的具体完成的作品的设计制作过程为单位进行训练，特别是强调以作品训练为形式的综合训练，是一个基本的训练思想。

第二，情境训练。具体设计情境既是一个客观事实，又是一类宝贵的设计资源。因此，可进行情境片段训练。例如，"遇到这样的情况，你该如何应对？"这类似于艺术训练中给一个情境、课题，要求做出反应和表演；在技术训练中则是要求给以技术处理。情境训练包括普通的多样性情境和使人感到为难的情境。许多技能操作情境是有一定特殊性、有一定难度的，人与人之间的技能差异，就在于对这些"为难情境"的应对方式和结果。因此，设置某种疑难性的训练问题，观察、总结受训者的素质和能力表现，从中可以得到针对性的训练方法和测评标准。

第三，模拟训练。这种训练主要是对作品、情境的模拟，另外就是对技能要素的模拟。计算机和网络等技术为模拟设计练习提供了方便条件，使我们可以大量地、不同程度地尝试多种多样的设计,并进行多种方式的交流。在模拟或具有模拟性质的训练中,可以适当加快设计技能学习的进程。

③主要的训练项目

按照对教学设计技能结构的一般描述思路,相应的训练项目就是选题训练、构思训练、表达训练。教学设计思维及其训练的主要内容是对教学材料的形象表达。因此,可选择适当的教学材料,要求师范生进行相应的形象表达的练习,从中提高其思维能力。

(2)教学设计技能素质训练

教学设计技能素质训练主要包括兴趣、态度(单纯、热情、专心、自发性等)、能力(如设计功底、知识面、设计直觉之类的经验)以及对各种表现软件的熟练使用等。

①基本的素质训练

第一,感觉训练。即把教学设计所需要的某些重要的感觉,作为设计训练的一项内容,包括从按键感觉到审美感觉。在训练过程中,要自觉地找感觉、记感觉(对一过性感觉要立即回忆,对重要感觉要经常回忆和使用,保证感觉有良好的记忆、熟练状态)、说感觉、写感觉、用感觉(用感觉进行创作、评价)。要养成感觉训练的习惯。

第二,动作训练。动作训练包括技术动作(或技能图式,指关于某一技能操作的形象、感觉等因素所组成的图式)模仿训练、技术动作回忆训练、动作感觉训练(也可从感觉训练角度来理解)、动作稳定性训练(在照相、摄像、绘画等技能操作中,动作稳定性是一个基本的技能素质)、动作完成时间训练(也可从时间训练角度来理解)等。动作训练以动作技能和动作研究等理论为依据。

第三,时间训练。它分为短时设计和长时设计,这两种不同的时间模式都是非常重要的。在设计灵感到来的时候,要把握住这难得的设计机会,把时间用足、用够;有时连续长时间构思、操作(表达)一个设计,不到一定的时间长度,包括手上的表达操作在内的设计感觉、灵感就不会产生,有关的设计技能就达不到熟练的程度,这时就需要把握时间长度或时间阈限的标准。技能动作的完成时间等方面的训练,也属时间训练范畴。

第四,数量训练。在不同训练内容中,也可有次数训练、件数训练等说法。例如,对很抽象的课文内容的设计,如果做过几十次,特别是针对不同学科的抽象内容的设计经历过许多次,那么,这样的经验数量的把握就是一种形式的数量训练。

第五,生活训练。师范生要深入教育生活、教学生活,要通过大量的实地调查，掌握大量的第一手资料，带着感情去拜访第一线的教师、学生、家长等各类人员，努力使自己对教学设计所需要的关于实际教育生活、教学生活的积累达到较高的水平。

②教学设计技能的学习方法

有教育教学经验和责任感的人大都知道，教书育人，绝非易事。要想在教育技术、教学设计的领域内有所作为，不仅需要付出艰辛的努力，也要讲究科学的学习方法。

第一，经验学习。设计技能中有相当多的内容是以经验形态存在的，经验则是以具体的人为载体的。教学设计中的经验学习，强调广交朋友，要争取和那种"能让自己学到东西"的人进行交流，主动向朋友展示作品以增加沟通交流的机会；要积极利用网络技术所提供的条件来交流感觉、经验、技能、思维这些原生态信息，从而促进学习。

第二，下限学习与上限学习。学习最基本、最简单的教学设计技能，就是下限学习。尽早发现自己擅长的方面，通过"一项突破"，使自己早有成就感，并发挥其对整体发展的带动作用，就是上限学习。

第三，团队学习、作品学习与自学。在团队中，任务、人才、经验、情境、氛围、机会等因素融为一体，是一种宝贵的资源库。团队中聚集了一些有才华的人，他们拥有丰富的经验，与他们交往可使自己学会从多种角度看待和处理同一问题的方法，所以，很容易使自己得到提高。作品是凝聚天才、机遇、环境等因素的物质载体。一部优秀的教学设计作品，就是一位优秀的教师。通过作品，可以获取作品收集和研究等方法，因此，应系统地将优秀的教学设计作品整体作为一个研究对象来进行专门学习。通过自学，学习者常常会很快地将一门技术或一种技能学到手。在一些大学或某些行业，所需要的技术技能，并不是采用专门教学和训练的方式获得的，而是通过学生或员工的自学实现的。

③教学设计技能思维训练

设计应能体现出设计者是一个思想敏锐的人，或者说是一个有思想、有追求、有个性的人。因此，增强教学设计技能需要进行一些思维方面的训练。

例如，创意训练。无创意则技术、艺术全然失去意义。没有创意的设计是失败的设计。在创意训练中，要有精品意识；要有使命意识，"我是代表先进理念来做设计的"；要有责任意识；要对对象负责，对自己的声誉负责。

再如，模式训练，包括技能模式和思维模式。模式训练相当于技能工具训练、思维工具训练，有总结模式、套用模式、研究模式等。

又如，反思训练。对设计行为本身进行反思，把握在设计活动整体与效果上的适当表现，对自己或别人的某一技能窍门是如何想到的这样的思维产生机制的思考，还有对同一题材、课题、方法、工具在不同设计之间的比较研究，以及边做项目边总结的工作方法等，都是一些重要的反思内容。

发现问题—解决问题训练也是思维训练的一种。要练习在各种材料、情境中发现和提出问题，要明确地进行教学设计问题分析。在解决问题方面，特别要明确地把解决难题作为自己钻研和努力的一项任务。

具体来说，思维生产训练方法有以下几种。

一是自我法。在设计思维中，以"我"为主，形成和强化自己特有的追求，利用自己的特长做设计，努力形成个人设计特色。

二是资源法。在教学设计范围以内和以外找资源。当思维资源缺乏时，要尽量先集中起较多的资源，以使思维有所凭借，便于刺激新想法的产生。

三是记写法。随时记下自己的某个好点子，首先，保证灵感不致丢失；其次，记写便于在反复地看的过程中有多次机会刺激想法产生。

四是模仿法。模仿周围人中的高手，模仿设计名作，模仿别人的思维方式和有关气质、气势，模仿自己的某一突出的表现。

五是快速法。迅速地在第一时间拿出一个设计方案，然后作为设计思维凭借，以便更进一步的想法的产生。

六是套用法。总结、熟悉、套用大量的设计思维模式，注意从所有设计领域的思维方式和思维模式中汲取营养，用来提升和启发自己的教学设计思维。

七是找感觉、找灵感。在技术中，在教师、学生那里，在其他设计中找感觉、找灵感。

八是发散联想训练。通俗来说，就是"举一反三""闻一知十""见微知著"。见到一个形象、意思、说法等，立即能够想到和它平行、相连、相关、相似、相反的是什么，知道还缺什么；从整体上看它有什么特点；它本身是不是一个独特的类型或形象；它的全息性何在；它是哪个系统中的哪一点；它暗示（预示、标示、暗含等）了什么，要求什么等。除此之外，还可以用"希望点列举法""缺点列举法"，把自己对某设计的希望或某设计的缺点一一列举出来，举出的越多越好。另外，把好的感觉和想法努力推广到尽可能多的设计中去，也是一种内容的发散联想。

四、师范生信息化教学媒体

随着教育信息化的深入发展，信息化教学媒体越来越丰富，这不仅为教学活动提供了更多可以选择的教学资源，为教学改革奠定了物质基础，也为师范生创造了更好的学习环境，进而能够更好地促进学习活动的发生。当然，信息化教学媒体不会自动地发挥效用，需要师范生去把握各种教学媒体的功能、特性、应用方式，需要我们对各种信息化教学媒体进行深入的研究。

（一）教学媒体的概念

1. 媒体与教学媒体

媒体是指信息传播过程中，信息源与信息的接受者之间的中介物，即存储并传递信息的载体和任何物质工具。从广义的角度来说，媒体的范畴是广泛的，从书本、图片、模型到电影、电视，以及录音机与录音带、录像机与录像带、计算机与各种软件等，只要实现了信息传递的都属媒体范畴。一般说来，构成媒体的要素包括信息、表征信息的符号和携带符号的物质实体。

当媒体用于存储并传递以教育教学和学习为目的的信息时，它就成了教学媒体（也称教育传播媒体）。教学媒体是存储并传递教育教学信息的载体和中介，是教学系统的重要组成部分，形成了教学与学习的资源环境。

信息化教学媒体是信息化发展的产物，是现代信息技术媒体在教学上的应用。

2. 媒体与教学媒体的发展史

人们在日常生活、劳动中借助各种媒体进行信息的交流与传播。人类最早的个体之间的交流是利用一些信号、简单声音、姿态和手势来实现的，后来又逐渐创造出一套非口头语言，如鼓声、火光、图画、音乐和舞蹈以及其他形式的图形符号。随着人类社会的不断进步，媒体经历了几个重要的发展阶段，每个阶段对教育教学的发展产生了重大的影响。

（1）语言媒体阶段

语言媒体的产生标志着人类在交流方面，特别是在记忆和传递知识以及表达较复杂的概念的能力方面，有了巨大的进步。

语言媒体主要有三大功能。一是符号的功能。语言是实物、现象的声音符号，人们用语言代表事物、现象。二是语言具有促进思维、表达思想的功能。语言用来概括并形成概念，从而促进了思维能力的发展，扩大了认识范围，提高了认识的能力。三是语言具有交流、传播的能力，人们通过语言进行信息的交流和传播。

由于语言媒体具有符号、表达、交流的功能，因此，语言媒体的发展在促进社会及教育的发展中有着重大的推动作用。即使在多种多样的现代媒体飞速发展的今天，语言媒体仍具有其他媒体所不能替代的作用。语言是人类交际活动中最基本、最重要的一种传播媒体。

语言媒体有一定的局限性。一方面，语言符号比较抽象，常常需要手势、表情、体态去辅助表达；另一方面，口头语言只能在有限的距离内交流，而且转瞬即逝，难以保存。

（2）文字和印刷媒体阶段

从语言的产生到文字的产生经历了几万年。人类最初采用文字大约在公元前4000年。手写、手抄形式的书本出现在3000多年以前。文字是书写的符号，是语言的抽象表达，具有与语言同样的功能；文字的产生使得语言得以保存，生产、生活经验得以记录下来，使人们有可能把信息传播得更远、更久。在纸张发明以前，文字的书写和记载非常不便，当时只能将文字刻写在龟甲、兽骨、竹简、金石、木板、布帛之类的物体上。大约在公元前2世纪，中国人发明了造纸术。公元105年，蔡伦改良了造纸术，大幅度降低了造纸的成本。纸是书写文字最方便的工具，文字和纸的发明开创了人类信息传播的新篇章，人类除了口耳相传，还可以利用书写文字来传达信息，这也引起了教育方式的一次重大变革。

从文字的出现到印刷术的发明又经历了几千年。大约在公元7世纪前期，雕版印刷术诞生了；公元1045年，宋朝的毕昇发明了活字印刷术；公元15世纪，德国人古腾堡（Grtenberg）受中国活字印刷术的影响，发明了效率更高的金属活字印刷术。从此，书籍成为一种重要的传播手段。印刷媒体的出现使得信息可以大量复制、存储并广泛传播，教科书的大量印刷使得大规模的公共教育成为可能。于是，17世纪产生了班级授课制，各种类型的学校相继开办，这引起了教育的又一次重大变化，教科书成为学校教育的最重要的媒体。

（3）电子传播阶段

19世纪末以来，电子和微电子技术的发展带来了一系列新的传播媒体。人们把以电子技术新成果为主发展起来的传播媒体称为电子传播媒体。例如，幻灯、电影、投影、广播、电视、卫星电视、录像、录音、计算机等。电子媒体的发展大大改进了信息的存储、传递，提高了人类的信息传播能力和传播效率。

电子传播媒体用于教育的优越性主要表现在四个方面。首先，电子媒体使教学信息能够迅速传播，扩大了教学规模，丰富了学习资源，打破了时空的限制，为教育的普及与提高提供了新的手段。其次，电子媒体不仅能传送语言、文字和静止图像，而且能传送活动图像，增强了信息的表达能力和教学的直观性，弥补了传统媒体在形象逼真、记忆检索、技能技巧和动作描写等方面的缺限，有助于提高教学的质量和效率。再次，电子媒体可以记录、再现现场实况，还具有与学习者相互作用的能力，从而为个别化教学、继续教育以及教学模式、方法的改进提供了物质条件。最后，通过电子媒体，可以实现资源的共享，实现非线性的资料查询。

需要注意的是，新的电子媒体虽然具有上述优势，但它却不能替代传统媒体。比如，印刷媒体在今后相当长的时间内仍是教学的重要工具。各种媒体各有自己的特点和功能，又有其局限性，在教学过程中要相互补充，取长补短。

（二）教学媒体的类型

教学媒体的种类很多，可按不同的分类方法，对其进行分类。按印刷与否分类，可分为印刷媒体和非印刷媒体；根据信息传播过程中信息流动的相互性分类，可分为单向传播媒体、双向传播媒体；根据媒体呈现的形态分类，可分为印刷媒体、非印刷媒体和电子媒体；根据媒体的物理性能分类，可分为电声类媒体、光学投影类媒体、电视类媒体、计算机类媒体；按传播范围分类，可分为人际交流媒体、大众传播媒体；根据感觉通道和媒体构成分类，可分为视觉媒体、听觉媒体、视听觉媒体、交互媒体等。

下面，对教学媒体中按感觉通道和媒体构成划分的媒体类别进行简要叙述。

1. 视觉媒体

视觉媒体是指用眼睛来接收信息的媒体。它包括投影视觉媒体和非投影视觉媒体。投影视觉媒体包括幻灯、投影和实物投影。非投影视觉媒体包括黑板、印刷材料、图片、图示和图解材料、实物与模型教具和展览。

2. 听觉媒体

听觉媒体是指各种为教学目的而录制的和传播的人声和其他声音。常见的听觉媒体主要有磁带录音机、收音机、唱机（包括CD）、音频功率放大器、话筒和扬声器。

听觉媒体的优点是比较便宜，听觉材料容易得到，使用简单。文化水平较低和没有阅读能力的人，可以通过听觉媒体来学习。听觉媒体可以提供比印刷材料更富戏剧性的考察信息，而且便于复制。

听觉媒体在教学中的局限性是，听觉材料的顺序是固定的，单纯听录音而没有视觉材料的配合不容易使学生长时间集中注意力。

听觉媒体在教育上的功能表现为，打破了时空限制，扩大了教学信息的传播范围；提供声音的真实感受，创设教学气氛；提供典型示范供学生模仿，提高学生的鉴赏能力；学生可利用听觉媒体进行对比学习，有利于自我鉴别，及时矫正问题；利用听觉媒体使抽象的教学内容变得生动、形象、直观，有利于解决教学难点。

3. 视听觉媒体

视听觉媒体集视觉媒体和听觉媒体的功能于一身，它通过有声的活动视觉图像，生动、直观、逼真地传递教育教学信息，易于激发学习者的注意力和兴趣，有利于提高教学效率和效果。视听媒体可分为电影、电视、卫星电视系统、有线电视系统、图文电视与图文检索、远距离会议系统等。

电视能有效地延伸和扩展人的视觉能力和听觉能力，电视媒体是视听结合的教学媒体，能够将信息即时、迅速、远距离大范围地传播；电视图像色彩鲜艳，清晰度也较高，电视媒体可使教学过程更加生动，更容易吸引学生的注意力；电视媒体可以用于辅助教学，以提高学生对教学内容理解的程度；电视媒体适用于远距离教育。

4. 交互媒体

交互媒体是指能够在媒体与受训者之间构建起信息传递的双向通道，使双方能够相互作用、相互影响的媒体。常见的交互媒体有程序教学媒体和计算机及网络媒体。

（1）程序教学媒体

程序教学媒体是最早出现的一种交互媒体，主要包括程序教材和程序教学机器。在程序教学媒体上，学习者利用程序教材和程序教学机器，自定学习步调，自控学习进度，在没有教师直接参与教学过程的情况下自主进行学习，完成学习任务。程序教材将教学内容分解为一系列小的学习单元，这些学习单元按一定的顺序排列，难度逐渐递增，每一个学习单元都设有要求学生回答的问题，并有与之对应的附加单元，它提供问题的正确答案及其强化正确反应的反馈信息。程序教学机器是一种在程序化学习材料机器上进行自动教学的装置，它为学习者提供一系列的问题，要求学习者对问题做出反应。

程序教学媒体的优点是，学生能积极参与学习活动；有利于个别化学习；即时反馈和强化，加强学生的学习动机。

程序教学媒体也有其局限性。它在教学处理上过于程式化，不利于培养学生的灵活性、综合性和创造性；不利于学生学习能力的全面培养，如观察能力、口头表达能力，也不利于发展学生的想象力；教师必须加强学习动机、学习方法上的指导，否则达不到理想的效果；教学程序编排工作量较大。

（2）计算机及网络媒体

计算机及网络媒体的交互性能强大，在教学中已得到广泛应用。计算机及网络媒体在教学应用中的优点表现在五方面。

第一，可存储丰富的教学信息，而且能够快速地进行处理、检索和提取，提高师生对学习资源的利用能力。

第二，创设泛在学习环境，师生可以随时随地进行学习，非正式学习得到强化。

第三，交互性水平较高，师生、生生互动方便，利于形成各种各样的学习共同体。

第四，可以有效地激发学生的学习动机，保持学生学习的积极性。

第五，可以记录、分析和处理学生学习情况，师生可利用这些信息来调整教与学，满足学习者的需要。

计算机及网络媒体在教学中有其局限性。一是费用较高、设备更新快，容易造成使用与维护的困难；二是教学资源的质量和数量有待进一步提高和丰富，这需要投入大量的人力、智力、财力和时间；三是较难实现情感、动作技能、交流技能方面的教学目标。

（三）教学媒体的性质

教学是教师和学生凭借教学媒体进行教学信息互动的过程。教学媒体作为师生互动的中介，是教学系统的重要组成部分，对教学效果有着至关重要的影响。教师应该对教学媒体的功能特性有深刻的认识和理解。

1. 教学媒体的共同特性

教学媒体的共同特性是指各种不同的教学媒体共同拥有的教学特性。

（1）重现性

是指教学媒体可以记录和存储信息，以供需要时再现。如果保存得好，这些媒体可以根据需要，一次次地被重复使用，而其呈现信息的质和量都是稳定不变的。

（2）扩散性

是指教学媒体可以将各种符号形态的信息传送一定的距离，使信息在扩大的范围内再现。

（3）组合性

是指若干种教学媒体能够组合使用，不同的媒体从不同的侧面共同展现和传递教学信息，相互补充，从而增强信息的表达效果。

（4）工具性

是指教学媒体与人相比处于从属的地位，是人们获取信息、传递信息的工具，是人们的认知工具。

（5）智能性

是指教学媒体在特定的时空条件下，可以离开人的活动独立起作用。有时可以代替教师进行教育教学活动。有的甚至能对学习者的个人特征做出鉴别，从而向学习者提供适合的学习策略指导，如智能 CAI、Agent 在网络课程中的应用。

2. 教学媒体的个别特性

教学媒体的个别特性是指各种教学媒体自身所特有、区别于其他媒体的功能特点。

（1）表现力

教学媒体的表现力指教学媒体表现事物的空间、时间和运动特征的能力。不同媒体的表现力不同，例如，言语、文字是借助语义、语调及音响的抑扬顿挫、轻重缓急来表现事物的特征；电影、电视、录像能够以活动的图像呈现正在变化中的过程和动向，能够调节事物和现象所包含的时间因素（动作快慢），能够从各个角度表现事物的形象、方位、距离等空间特征；幻灯投影和图片在表现空间特征方面和电影、电视相似，但它们是以静止的方式而不是活动的方式来反映事物特征的。可以说，表现事物的形象（空间特性）方面，幻灯、录像、电影等媒体比录音、广播等媒体强；表现事物变化（运动特性）方面，电影、录像媒体比幻灯、投影强。

（2）重现力

教学媒体的重现力指教学媒体不受时间、空间限制，把存储的信息内容重新呈现的能力。重现力分为即时重现和延时重现两种。照片、电影等只能延时重现，而录音、录像等既能延时重现，又能即时重现。

（3）接触面

教学媒体的接触面指教学媒体把信息同时传递到学生的范围。不同媒体的接触面不同，如电视和无线电广播接触面很广，而幻灯、录像、板书只能限制在一定的空间范围内。

（4）参与性

教学媒体的参与性指教学媒体可提供学生参与活动的机会。参与性分为情感参与和行为参与两种，电影、电视、录像、广播等具有较强的表现力和感染力，可以诱发学生的情感参与；而投影、计算机等便于学生行为参与。

（5）受控性

教学媒体的受控性指教学媒体接受使用者操纵的难易程度。有的媒体容易控制，如录音、录像、投影；有的则不容易控制，如电影、电视。

（四）教学媒体的教学功能

各种教学媒体在教育教学中表现的教学功能不尽相同，但是，从教学信息的呈现与师生相互作用来说，各种教学媒体大都有以下几种教学功能。

第一，学生接受的教学信息更为一致，教学信息传递更加标准化、规范化。

第二，教学活动更加有趣。丰富多彩的表现形式使教学活动更有趣味性，从而激发学习者的学习动机。

第三，提供感性材料，加深感知深度。多维度、全方位的学习内容展现，使学习者对学习内容的理解更到位、更透彻。

第四，提供有效的交互。智能化的学习软件和环境，使师生之间、学生之间、人机之间的信息交流更快捷，而且不受地域的限制。

第五，提供高效的信息处理技术，可以提高教学效率和学习质量。

第六，有利于个别化教学。智能化的学习软件、网络化的学习资源和学习环境，为学习者的自主学习提供了便利，学习成为十分个性化和自由化的事情。

第七，促进学习者发现和探寻学习活动的开展。信息技术能够为学习者发现和探寻学习活动提供理想的、现实的和虚拟的环境和条件。

第八，促进特殊教育的发展。由于媒体能加强人们的感觉器官的功能，当有的人出现某种感官障碍时，可以通过媒体来加强其他感官的作用，从而不影响其对信息的获取、加工和处理，使其具有和平常人一样的学习能力。

五、师范生信息化教学资源获取与加工

（一）信息化教学资源的概念

教育资源是指能创造出一定教育价值的各类信息资源，即支持教育的所有资源，包括教学资料、支持系统和教学环境等。信息化教学资源是指信息技术环境下承载教育信息的各种资源，也就是指蕴含大量的教育信息，能创造出一定的教育价值，以数字形态存在的教学材料，包括学生和教师在学习与教学过程中所需要的各种数字化的素材、教学软件、补充材料等。

（二）信息化教学资源的分类

根据《教育资源建设技术规范（征求意见稿）》，我国目前可建设的信息化教育学资源主要包括九类，分别是媒体素材（包括文本、图形与图像、音频、视频和动画）、试题库、试卷、课件与网络课件、案例、文献资料、常见问题解答、资源目录索引和网络课程。另外，还可根据实际需求，增加其他类型的资源，如电子图书、工具软件和影片等。

1. 媒体素材

媒体素材是指教学过程中传播教学信息的基本组成元素，包括文本类素材、图形与图像类素材、音频类素材、视频类素材和动画类素材。

2. 试题库

试题库是按照一定的教育测量理论，在计算机系统中实现的某个学科题目的集合，是在数学模型基础上建立起来的教育测量工具。

3. 试卷

试卷是用于进行多种类型测试的典型成套试题。

4. 课件与网络课件

课件与网络课件是对一个或几个知识点实施相对完整教学的软件。根据运行平台可分为网络版的课件和单机运行的课件。网络版的课件需要能在标准浏览器中运行，并且能通过网络教学环境被大家共享。单机运行的课件可通过网络下载后在本地计算机上运行。

5. 案例

案例是指由各种媒体元素组合表现的有现实指导意义和教学意义的代表性事件或现象。完整的教学案例通常包括教学设计方案、教学课件、课堂视频实录和教学反思四个部分。

6. 文献资料

文献资料是指有关教育方面的政策、法规、条例、规章制度，以及对重大事件的记录、重要文章、书籍等。

7. 常见问题解答

常见问题解答是针对某一具体领域常出现的问题给出的全面的解答。

8. 资源目录索引

列出某一领域相关的网络资源地址链接和非网络资源的索引。

9. 网络课程

网络课程是通过网络表现的某门学科教学内容及实施教学活动的总和。它包括两个组成部分：一是按照一定的教学目标、教学策略组织起来的教学内容；二是网络教学支撑环境，包括教学资源（电子教案、媒体素材、课件、试题库、案例、文献资料、常见问题解答库、资料目录索引等）、教学平台（支持网络课程教学活动的软件工具，如网络课件写作工具，多媒体素材集成软件，网上答疑、网上讨论、在线测试系统软件，工具软件，应用软件等）以及在网络教学平台上实施的教学活动（实时讲座、实时答疑、分组讨论布置作业、讲评作业、协作解决问题、探索式解决问题、联系测试、考试阅卷、教学分析等）。

以上信息化教学资源可以概括为三大类型：一是素材类教学资源，即前文所说的教学素材；二是集成型教学资源，即根据特定的教学目的和应用目的，将多媒体素材和资源进行有效组织形成的复合型资源，常见的形式有试卷、试题库、文献资料、课件与网络课件、专题学习网站、教学软件等；三是网络课程。

（三）信息化教学资源的获取

1. 利用专业网站或专题网站检索

通过搜索专业网站和资源网站，可以高效地找到教学资源和素材。目前互联网上各个学科相关有成百上千家教学资源网站，既包括教育门户网站，又包括各种学科资源网、教学网、主题网站等。

2. 利用网页搜索引擎检索

目前各种各样的中西文搜索引擎有十几种或更多，比较著名的搜索引擎有百度、谷歌等。每个搜索引擎均有其独特的特点，有的以查询速度快见长，有的以数据库容量大占优势。搜索引擎实际上也是一个网站，只不过这个网站主要提供信息搜索服务。

搜索引擎种类繁多，品牌各异，但操作基本相同。搜索引擎大都有一个关键词输入栏，在该栏中输入要搜索内容的关键词即可进行检索。需要说明的是由于互联网上的信息冗繁，其中夹杂着很多无关的信息，如何迅速、有效地找到需要的信息，还需要进一步掌握搜索引擎的使用技巧。

3. 利用分类目录和网络资源指南检索

严格来讲，分类目录和网络资源指南检索并不是真正的搜索引擎。按照目录分类的网站链接列表，用户完全可以不用进行关键词查询，仅靠分类目录就可以找到需要的信息，如国内的搜狐、新浪、网易等。

4. 利用专用搜索软件检索

有许多专门的软件是用于搜索特定类型的素材资源的，如图片搜索、流媒体搜索等。

5. 利用专业数据库检索

很多专业的服务机构大都开发了大型的教学资源数据库，并且将这些教学资源有偿地提供给广大网民。如，美国教育资源信息中心（ERIC）数据库全文检索系统、中国知网、万方数据知识服务平台等。

（四）信息化教学资源的加工

1. 文字资源加工

文字是进行信息交流的一种重要手段，它是通过一定的符号来表达信息的工具，其根本作用在于承载信息与传递信息。在日常生活中，文字随处可见，如各种报纸、杂志、书籍、网络上的文章等。在教与学的过程中，教科书、练习册等主要以文字形式进行信息传播。因在网络信息传播中使用文字时，不仅有字体、字号大小、文字颜色的变化，还有新的拓展，所以一般用"文本"这个词来代表网络上的"文字"一词。

2. 图形与图像资源加工

图形是在教与学的过程中出现的比较特殊的一种资源。因其较抽象，所以在传播中承载的信息量较少。图形有数据量小、不易失真的特点。因此，图形在多媒体教学和网络传播中应用较多。从最终的呈现来看，图形与静态图像没有太大区别。图像也是一种较特殊的教学资源。在信息技术环境下所使用的图像，与报纸杂志和电视上使用的图像相比，有如下特点。

（1）信息量大

信息技术环境下所用的图片，色彩比较丰富，层次感强，可以真实地重现生活环境（如照片），因此其承载的信息量较大。一般情况下，我们用数字技术把图片压缩并存储在服务器中，容量十分巨大。

（2）选择性强

静态图像非常逼真、生动、形象，可以提供较高质量的感知材料。由于图片多，传递的信息也多，师范生在通过图片来获得信息时的选择余地很大。师范生可以根据自己的需要和爱好来挑选图片，将其保存到自己的计算机上，或者将图片打印出来，以后慢慢欣赏。

（3）可以对图片进行放大、缩小和编辑

报纸杂志上刊登的图片，其大小是固定的，不能变动，师范生更不能对图片进行编辑。在信息技术环境下所使用的图片，师范生可以点击将图片放大或缩小，也可以用专门的软件对其进行编辑和修改，如用 Photoshop 可将图片处理成油画效果、水彩画效果、浮雕效果等。显然，这是报纸杂志在使用图片时无法做到的。

3. 音频资源加工

音频即声音。音频包括波形音频、CD-DA 音频和 MIDI 音频。波形音频是记录声音最直接的形式，对记录与播放的环境要求不高，因此在媒体教学软件中应用最多，其缺点是数据量比较大。CD-DA 音频又称数字音频光盘，是高质量立体声的一个国际标准。MIDI 音频的播放需要借助解释器，因此对环境要求较高，但其数据量比较小，非常适合在呈现背景音乐的场合使用。

音频属于过程性信息，有利于限定和解释画面。音频在教学中应用得当的话，不仅能用于传递教学信息，调动学生使用听觉接受知识的积极性，还有利于集中学生学习的注意力，陶冶学生的情操，激发学生学习的潜力。

4. 动画资源加工

动画是通过连续播放一系列画面，给视觉造成连续变化的图画，是对事物运动、变化过程的模拟。它的基本原理与电影、电视一样，都是视觉原理。一般来说，用来传递信息的动画需要借助专门的工具进行制作。这些动画，按动作的表现形式来区分，大致分为接近自然动作的完善动画和采用简化、夸张的局限动画；如果从空间的视觉效果上看，又可分为平面动画和三维动画；从播放效果上看，还可以分为顺序动画（连续动作）和交互式动画（反复动作）；从每秒播放的帧数来讲，还有全动画（每秒 24 帧）和半动画（少于 24 帧）之分。

动画在制作过程中，忽略了事物运动、变化过程中的次要因素，突出强化了其本质要素，因而有利于描述事物运动、变化的过程。此外，经过创造设计的动画更加生动、有趣，有利于激发学习者的学习兴趣和积极性。

5. 视频资源加工

同动画媒体相比，视频是对现实世界的真实记录。视频具有表现事物细节的能力，适宜呈现一些对于学习者较陌生的事物。它的信息量较大，具有更强的感染力。通常情况下，视频采用声像复合格式，即在呈现事物图像的时候，同时伴有解说效果或背景音乐。当然，视频在呈现丰富色彩的画面的同时，也可能传递大量的无关信息，如果不加以鉴别，会干扰正常的教学活动。

六、师范生信息化教学评价及其存在的问题

信息化教学评价着眼于促进师范生素质的全面发展，改变以往只注重总结性评价的方式，坚持形成性评价和总结性评价并重的原则，使教学评价成为学生认识自己、激励自己的教育方式和教师改进教学的反馈方式。这样不仅有利于学生综合素质（尤其是学生分析问题、解决问题的能力）的发展，而且倡导灵活多样的、开放的、动态的考试方式，注重给予学生更大的自主选择空间，减轻学生的压力，激励学生学习，帮助学生有效调控自己的学习过程，使学生获得成就感，增强自信心，培养合作精神，使学生从被动接受评价转变为评价的主体和积极参与者。

（一）师范生信息化教学评价方法

信息化教学评价方法包括诊断性评价、形成性评价和总结性评价，利用计算机可实现评价的自动统计分析和评分功能。为更好地运用评价方法，下面对诊断性评价、形成性评价和总结性评价进行比较，如表5-7所示。

表5-7　诊断性评价、形成性评价和总结性评价的比较

评价类型	诊断性评价	形成性评价	总结性评价
评价时机	在单元、学期或学年教学活动开始前	在教学活动开展过程中	在学期、学年或全部课程结束后
评价作用	评定教学准备	评定学习效果	评定学业成绩
评价目的	了解学生特征，合理安排教学活动	调整教学方案，改进教学方法与过程	证明学业成绩，预测后继学习能力
评价重点	认知、情感和素质	认知能力	学习结果
评价手段	摸底测验、学籍档案、调查分析等	平时作业、单元测试、日常观察等	期末测验、年终考试、学业考试等
评价内容	学生的智能基础、生理和心理特征等	课程和单元教学目标的完成情况	课程和学科教学目标的实现情况

（二）信息化教学评价存在的问题

目前，信息化教学评价在实际的教学过程中仍存在一定的问题，主要表现在以下几个方面。

1. 评价内容

过多倚重学科知识尤其是课本上的知识，忽略实践能力、创新精神、心理素质以及情绪、态度和习惯等综合素质的考查。

2. 评价标准

过多强调共性和一般趋势，忽略个体差异和个性发展的价值。

3. 评价方法

以传统的纸笔考试为主，过多依赖量化的结果而很少采用体现新评价思想的、质性的评价手段和方法。

4. 评价主体

被评价者多处于消极、被动的地位，基本上没有形成教师、家长、学生、

管理者等多主体共同参与、互动的评价模式。

5. 评价重心

过于关注结果，忽视被评价者在各个时期的进步状况和努力程度，没有形成真正意义上的形成性评价，难以发挥评价促进发展的功能。

第二节 中小学教师的教育技术能力

一、中小学教师的教育技术能力概述

教育伴随着人类的产生而产生，也必然紧随着人类文明的进步而不断发展。纵观教育发展历史，科学技术的每一次进步，都会给教育带来变化。学校建设、教学设备、教育思想、教学内容、教学方法、教学手段等无一例外地与经济、社会发展密切相关。现代化教育与现代教育技术密不可分，现代化教育以现代教育技术为载体，现代教育技术支撑着现代化教育，现代教育技术在现代化教育中发挥着不可或缺的作用，没有现代教育技术便没有现代化教育。[1]

近几十年，校园建设日新月异，规范化教室基本普及。课堂教学设备从最简单的粉笔、黑板到幻灯机、录音机、录像机、视盘机的应用，从多媒体教室到电子白板"班班通"，经费投入逐渐加大，科技含量逐步增加，教学效果越来越突显。新技术的广泛应用，也对中小学教师的教育技术能力提出了更高的要求。校园拥有大量的高科技产品，应用、维护需要一定的专业知识。校园配备了当前应用于教育教学的现代装备，教师的信息技术能力在一定程度上决定了一个人的工作质量和数量。因此，中小学教师应该加强学习，提升教育技术能力，敢于实践，不断接受新思想、新理念，尽快熟悉新设备的工作原理、使用方法、注意事项，掌握简易维护方法，直至得心应手、熟练应用。

现阶段，中小学教师教育技术能力应达到以下标准[2]：

（一）意识与态度

1. 重要性的认识

第一，能够认识到教育技术的有效应用对于推进教育信息化、促进教育改革和实施国家课程标准的重要作用。

---

[1] 付蓉,张强刚.中小学教师教育技术能力实用教程[M].武汉:武汉大学出版社,2015：1.
[2] 赵小河.现代教育技术理论与实训[M].成都：电子科技大学出版社,2014：7.

第二，能够认识到教育技术能力是教师专业素质的必要组成部分。

第三，能够认识到教育技术的有效应用对于优化教学过程、培养创新型人才的重要作用。

2. 应用意识

第一，具有在教学中应用教育技术的意识。

第二，具有在教学中开展信息技术与课程整合、进行教学改革研究的意识。

第三，具有运用教育技术不断丰富学习资源的意识。

第四，具有关注新技术发展并尝试将新技术应用于教学的意识。

3. 评价与反思

第一，具有对教学资源的利用进行评价与反思的意识。

第二，具有对教学过程进行评价与反思的意识。

第三，具有对教学效果与效率进行评价与反思的意识。

4. 终身学习

第一，具有不断学习新知识和新技术以完善自身素质结构的意识与态度。

第二，具有利用教育技术进行终身学习以实现专业发展与个人发展的意识与态度。

（二）知识与技能

1. 基本知识

第一，了解教育技术基本概念。

第二，理解教育技术的主要理论基础。

第三，掌握教育技术理论的基本内容。

第四，了解基本的教育技术研究方法。

2. 基本技能

第一，掌握信息检索、加工与利用的方法。

第二，掌握常见教学媒体选择与开发的方法。

第三，掌握教学系统设计的一般方法。

第四，掌握教学资源管理、教学过程管理和项目管理的方法。

第五，掌握教学媒体、教学资源、教学过程与教学效果的评价方法。

（三）应用与创新

1. 教学设计与实施

第一，能够正确地描述教学目标、分析教学内容，并能根据学生特点和教学条件设计有效的教学活动。

第二，积极开展信息技术与课程的整合，探索信息技术与课程整合的有效途径。

三，能为学生提供各种运用技术进行实践的机会，并进行有针对性的指导。

第四，能应用技术开展对学生的评价和对教学过程的评价。

2. 教学支持与管理

第一，能够收集、甄别、整合、应用与学科相关的教学资源以优化教学环境。

第二，能在教学中对教学资源进行有效管理。

第三，能在教学中对学习活动进行有效管理。

第四，能在教学中对教学过程进行有效管理。

3. 科研与发展

第一，能结合学科教学进行教育技术应用的研究。

第二，能针对学科教学中教育技术应用的效果进行研究。

第三，能充分利用信息技术学习业务知识，发展自身的业务能力。

4. 合作与交流

第一，能利用技术与学生就学习进行交流。

第二，能利用技术与家长就学生情况进行交流。

第三，能利用技术与同事在教学和科研方面广泛开展合作与交流。

第四，能利用技术与教育管理人员就教育管理工作进行沟通。

第五，能利用技术与技术人员在教学资源的设计、选择与开发等方面进行合作与交流。

第六，能利用技术与学科专家、教育技术专家就教育技术的应用进行交流与合作。

（四）社会责任

1. 公平利用

努力使不同性别、不同经济状况的学生在学习资源的利用上享有均等的机会。

2. 有效应用

努力使不同背景、不同性格和能力的学生均能利用学习资源得到良好发展。

3. 健康使用

促进学生正确地使用学习资源，以营造良好的学习环境。

4. 规范行为

能向学生示范并传授与技术利用有关的法律法规知识和伦理道德观念。

二、中小学教师的信息技术能力

教育部办公厅在 2014 年 5 月 27 日发布了《中小学教师信息技术应用能力标准（试行）》（以下简称《能力标准》）。根据我国中小学校信息技术实际条件的不同、师生信息技术应用情境的差异，《能力标准》对教师在教育教学和专业发展中应用信息技术提出了基本要求和发展性要求。其中，维度Ⅰ"应用信息技术优化课堂教学"的能力为基本要求，主要包括教师利用信息技术进行讲解、启发、示范、指导、评价等教学活动应具备的能力；维度Ⅱ"应用信息技术转变学习方式"的能力为发展性要求，主要针对教师在学生具备网络学习环境或相应设备的条件下，利用信息技术支持学生开展自主、合作、探究等学习活动所应具有的能力。该标准根据教师教育教学工作与专业发展主线，将信息技术应用能力划分为技术素养、计划与准备、组织与管理、评估与诊断、学习与发展五个维度，见表5-8。

表5-8　《中小学教师信息技术应用能力标准（试行）》基本内容

维度	Ⅰ.应用信息技术优化课堂教学	Ⅱ.应用信息技术转变学习方式
技术素养	1. 理解信息技术对改进课堂教学的作用，具有主动运用信息技术优化课堂教学的意识	1. 了解信息时代对人才培养的新要求，具有主动探索和运用信息技术变革学生学习方式的意识
	2. 了解多媒体教学环境的类型与功能，熟练操作常用设备	2. 掌握互联网、移动设备及其他新技术的常用操作，了解其对教育教学的支持作用
	3. 了解与教学相关的通用软件及学科软件的功能及特点，并能熟练应用	3. 探索使用支持学生自主、合作、探究学习的网络教学平台等技术资源
	4. 通过多种途径获取数字教育资源，掌握加工、制作和管理数字教育资源的工具与方法	4. 利用技术手段整合多方资源，实现学校、家庭、社会相连接，拓展学生的学习空间
	5. 具备信息道德与信息安全意识，能够以身示范	5. 帮助学生树立信息道德与信息安全意识，培养学生良好行为习惯

续 表

维度	I.应用信息技术优化课堂教学	II.应用信息技术转变学习方式
计划与准备	6. 依据课程标准、学习目标、学生特征和技术条件，选择适当的教学方法，找准运用信息技术解决教学问题的契合点	6. 依据课程标准、学习目标，学生特征和技术条件，选择适当的教学方法，确定运用信息技术培养学生综合能力的契合点
	7. 设计有效实现学习目标的信息化教学过程	7. 设计有助于学生进行自主、合作、探究学习的信息化教学过程与学习活动
	8. 根据教学需要，合理选择与使用技术资源	8. 合理选择与使用技术资源，为学生提供丰富的学习机会和个性化的学习体验
	9. 加工制作有效支持课堂教学的数字教育资源	9. 设计学习指导策略与方法，促进学生的合作、交流、探索、反思与创造
	10. 确保相关设备与技术资源在课堂教学环境中正常使用	10. 确保学生便捷、安全地访问网络和利用资源
	11. 预见信息技术应用过程中可能出现的问题，制订应对方案	11. 预见学生在信息化环境中进行自主、合作、探究学习可能遇到的问题，制订应对方案
组织与管理	12. 利用技术支持，改进教学方式，有效实施课堂教学	12. 利用技术支持，转变学习方式，有效开展学生自主、合作、探究学习
	13. 让每个学生平等地接触技术资源，激发学生学习兴趣，保持学生学习注意力	13. 让学生在集体、小组和个别学习中平等获得技术资源和参与学习活动的机会
	14. 在信息化教学过程中，观察和收集学生的课堂反馈，对教学行为进行有效调整	14. 有效使用技术工具收集学生学习反馈，对学习活动进行及时指导和适当干预
	15. 灵活处置课堂教学中因技术故障引发的意外状况	15. 灵活处置学生在信息化环境中开展学习活动发生的意外状况
	16. 鼓励学生参与教学过程，引导学生提升技术素养并发挥其技术优势	16. 支持学生积极探索使用新的技术资源，创造性地开展学习活动

续 表

维度	I.应用信息技术优化课堂教学	II.应用信息技术转变学习方式
评估与诊断	17.根据学习目标科学设计并实施信息化教学评价方案	17.根据学习目标科学设计并实施信息化教学评价方案，并合理选取评价工具
	18.尝试利用技术工具收集学生学习过程信息，并能整理与分析，发现教学问题，提出针对性的改进措施	18.综合利用技术手段进行学情分析，为促进学生的个性化学习提供依据
	19.尝试利用技术工具开展测验、练习等工作，提高评价工作效率	19.引导学生利用评价工具开展自评与互评，做好过程性和终结性评价
	20.尝试建立学生学习电子档案，为学生综合素质评价提供支持	20.利用技术手段持续收集学生学习过程及结果的关键信息，建立学生学习电子档案，为学生综合素质评价提供支持
学习与发展	21.理解信息技术对教师专业发展的作用，具备主动运用信息技术促进自我反思与发展的意识	
	22.利用教师网络研修社区，积极参与技术支持的专业发展活动，养成网络学习的习惯，不断提升教育教学能力	
	23.利用信息技术与专家和同行建立并保持业务联系，依托学习共同体，促进自身专业成长	
	24.掌握专业发展所需的技术手段和方法，提升信息技术环境下的自主学习能力	
	25.有效参与信息技术支持下的校本研修，实现学用结合	

三、中小学教师的多媒体课件制作能力

多媒体从文字上理解就是多种媒体的组合，是指能够同时处理、存储和展示两个以上不同形态信息媒体的技术。多媒体技术是用计算机综合处理多媒体信息——文本、图形、图像和声音，使多种信息建立逻辑连接，集成为一个系统并具有交互性的技术。课件是在一定的教学与学习理论指导下，根据教学目标设计并反映某种教学策略和教学内容的计算机软件，是编制者按照某一思路设计制作、前后连贯、有系统性的教学软件。

多媒体教学直观、形象，能激发学生的学习兴趣。多媒体课件以其本身的直观形象性特点而具备了最佳的视听觉效果，这对于集中学生的注意力、激发

学生的学习兴趣有着无可比拟的优越性。它提供的许多可能性往往是我们普通教学手段所难以企及的。它会把无声的教材内容变得有声有色，使课堂生动活泼，并带领学生进入课程创设的特有情境之中，让学生通过直接的视听感官作用，对课程学习产生兴趣，很自然地步入到积极思维的状态中。在一些课程的实际教学过程中，适当地把多媒体课件运用到课堂上，可以提高学生的学习兴趣，激发他们的求知欲。

多媒体教学图文并茂，能化解教学难点。人类对于知识的掌握总是从感性过渡到理性，而借助多媒体课件，就恰恰可化抽象为具体，变理性为感性，有效地弥补传统教学的一些不足，让学生通过视听等直观功能，形象地把握教学内容。

多媒体课件有利于突破时空限制，促进学生思维的发展。借助多媒体课件，教师可非常方便地展现宏观与微观世界。宏观世界的自然现象、微观世界的神秘复杂，利用语言表达、模型、挂图等传统的教学方式，是很难讲解清楚的，而应用多媒体课件就可以让这些内容直观、形象、生动地呈现在学生面前。

中小学教师的多媒体课件制作能力，主要体现在以下几个方面。

（一）多媒体课件的辅助能力

多媒体课件的作用应当定位于"辅助"，不是每一堂课都可做成多媒体课件。多媒体课件在课堂教学过程中的确有一定的优势，但它始终是一种辅助的手段，不是目的，应根据课堂教学的需求来确定是否使用多媒体课件以及怎样使用多媒体课件。应变"静"学为"动"学，使学生不是被动地学而是乐于学。为激发学生想学、乐学的主动性，在导入新课时，可以充分利用多媒体的优势吸引学生。例如，在导入时制作小短片对本节课内容进行简单介绍，并加入适当的动画，通过介绍引起学生学习的兴趣，为学习新知识创造良好的学习氛围。多媒体进入课堂后，学生的主体性可以充分表现出来，但不能淡化教师的主导作用，应不断地寻求师生关系的新的定位点。

（二）适度、适量应用多媒体课件的能力

把多种媒体有机地集合成一体，建立在多媒体技术上的多媒体课件，使得教学内容的表达方式较传统的教学方式有了本质上的改变。但多媒体课件在课堂教学中的运用容易出现课件满堂演示的现象，出现新形式的"满堂灌"。学生仍然处于被动接受知识的状态，学习主动性被抑制。适度运用原则就是以优化教学过程为目的，以现代教育理论为指导，根据教学设计，适当运用多媒体教学课件，创设情境，使学生通过多个感觉器官来获取相关信息，提高教学信

息传播效率，增强教学的生动性和创造性，帮助学生对当前学习内容所反映事物的性质、规律以及该事物与其他事物之间的内在联系实现较深刻的理解。

另外，多媒体课件信息量应注意适量。若信息量太大，教师的教学机制受到制约，不能根据学生的课堂表现及时做出调整；师生交流受到很大的限制，学生的学习主动性也被淹没；太大的信息量把课堂的时间和空间都挤满了。显然，信息量太大有悖于创新教育。适度信息原则就是以优质的教学资源为主要手段，在学科教学过程中有效组织信息资源，提供适量的信息，在解决教学难点、重点和扩大视野的同时，让学生在教师的指导下自主地对信息进行加工。

（三）各种教学媒体有机结合的能力

不是所有的课程都用多媒体技术表现效果最好。"尺有所短，寸有所长。"教学媒体的采用也要根据教学内容及教学目标来选择。不同的教学内容及教学目标应当选择不同的教学媒体，使教学内容与教学媒体有机地结合，优势互补。各种教学媒体和教学方法有机结合，才能使课堂教学生动活泼，事半功倍。教师以富有情感的启发式语言向学生传授知识，才能适应学生变化，督促学生学习，更加有利于言传身教；多媒体课件以丰富的视听信息，虚拟现实技术和图形、图像、动画的恰当使用使教学内容化繁为简，化宏观为微观，化微观为宏观，形象而且生动；创设适合教学的情境，使情境学习、问题辅助学习、激发兴趣和协作学习等在教学中得以体现，才能实现真正意义的创造性学习。

四、中小学教师的教学媒体应用能力

（一）中小学教师的教学媒体应用原则

现代教学条件要求教师必须学会使用各种现代教学媒体。比如，最常见的投影仪器、视频展台、录音机、摄像机、录像机、刻录机和交互式电子白板等，教师均能正确而熟练地使用。教学媒体不仅要合理选择，而且要使用得当，才能发挥教学媒体应有的作用。

中小学教师在具体运用时还应注意以下几个原则[①]：

1. 正确性原则

正确使用教学媒体，明晰教学媒体的辅助作用。使用教学媒体应该综合考虑教学媒体的效果、学校的条件、师生的实际以及经济实用性。应该选择和设计那些最真实直观，最能恰如其分地说明问题，能最大限度地激发学生学习兴

---

① 赵秀云，张良朋.小学教学实施[M].济南：山东人民出版社，2014：199.

趣、开发学生智力的教学媒体。不同的教学目标、内容和对象对教学媒体的要求也不同。因此，不能一味地去追求使用类型固定的教学媒体。媒体在课堂教学中处于辅助地位，我们要摆正学生、教师和多媒体之间的关系，处理好多媒体在课堂教学中的辅助地位，恰当地使用多媒体，就能让课堂教学精彩有效。

2.实用性原则

媒体的选择要实用、有目的性。根据不同媒体的特点和教学目标恰当地运用不同教学媒体。明确所使用的媒体在教学中的作用，可以调动学生的学习兴趣，解决重点、突破难点，还可以创设情境提供事实材料，起到示范作用，还可以作为学生探究的对象等。运用现代教学媒体旨在解决那些用传统教育媒体难以解决的问题，没有作用大不大之说。

（1）视听觉媒体

视听觉媒体的使用，使得教学过程变得更为形象具体、直观生动、富有情趣。例如，录像、电影教学具有较强的感染力、表现力和较强的再现功能。如果是静态的事物要变成动态，或者想给学生提供一些真实的史料，可利用录像、电影等声像媒体。它通过图像与声音的信息组合，利用具体的场景和音响刺激学生，引起学生的情绪反应，激发学生的情感。

（2）视觉媒体

视觉媒体具有图像清晰、形象逼真、教学运用形式灵活多样等特点，并且媒体设备结构简单、软件制作方便、价格低廉、易于普及，在课堂教学中被广泛使用。运用幻灯、投影教学有助于解决教学重点、突破难点。如果要表现静态的事物，要使小变大，教师边讲，学生边观察。要灵活控制教学信息的传递，则可利用幻灯、投影媒体来教学，它们在清晰度、亮度和提供详细观察条件方面比声像媒体优越得多。

（3）听觉媒体

教育中引入听觉媒体，使得教学过程变得更为生动、有趣，规范、标准，尤其是在进行语言、语音和音乐等方面教学时，具有其他教学媒体无法取代的优势。听觉媒体在语言学习、演唱等方面显示出独特的优越性。音乐教学中，可播放示范音乐带给学生听，动听的曲调、准确的旋律不仅能激发学生的学习兴趣，而且有助于学生领悟歌曲的意境，陶冶情操，开发智力。

（4）多种媒体综合运用

综合媒体主要用于个别化教学，根据学生各自的特点来设计教学内容，让每个学生处于教育优势之中。

3. 最优化原则

媒体的选择和设计要注意优化性，正确把握使用的时机和"度"。要求是最佳使用、恰到好处。在最需要媒体的时候，使用最恰当的媒体，发挥最大功能，获得最佳的教学效果。在教学中使用多媒体辅助教学，不是越多越好，也并不是简单地罗列和重复，而是既要充分利用各种媒体帮助学生有效地掌握知识，又要防止媒体的"狂轰滥炸"，让学生无所适从。计算机多媒体课件更适合运用那些在现有条件下无法观察到的、难于理解的、抽象的或是动态的内容上。

4. 经济性原则

媒体的选择要遵循低成本、高效能的原则。媒体选择的基本思想是尽可能选择低代价、高功能的教学媒体。

5. 互补性原则

媒体的选择要注重组合效应，起到多种教学手段协调互补的作用，主要体现在两个方面：第一，现代教育媒体与传统媒体的有机结合。在一堂课中，语言表述是基础，板书、板画是纲要，课堂上教师的语言讲解、板书和直观教具的运用是不可缺少的，现代教学媒体与之结合才能达到课堂教学的最优化。第二，实现不同媒体的扬长避短、互为补充。例如，电视录像在表现活动的画面上有独特的优势，但它呈现的时间太短，一闪而过，学生的认知过程难以展开，但如果将它与投影教学相结合，则既能表现活动的画面，又能表现静止放大的图像，教学效果必然会好。

6. 灵活性原则

灵活对待教学媒体，创造性地使用教学媒体。随着新课程的实施，与新教材配套的教学媒体不断增多，在提供的现成教学媒体不合适或不是最佳教学媒体的情况下，教师完全可以根据教学的实际需要，重新选择或设计教学媒体。

（二）中小学教师的教学媒体应用能力要求

1. 转变教学观念，加强交流

教师要转变教学观念，在认识上要正确认识多媒体的优势和劣势，要明白多媒体只是辅助教学的手段而非教学目的，教师应始终处于教学的主导地位；要注意传统教学与多媒体教学的有机结合，使两者优势互补。教师要努力提高自身的教育技术能力水平，一方面，教师应在课件使用过程中注意搜集多媒体教学的发展动向、最新成果等资料，同时注意学生的反馈意见，与相同或相关专业教师多做交流，多看看其他教师的多媒体授课，多听听学生的反馈意见，和其他教师进行技术方面和教学方面的交流探讨；另一方面应该通过积极参加学校等机构组织的技能培训来不断提高自己的教育技术能力水平。

2. 加强学习，提高教学应用能力水平

（1）相关教学媒体知识的学习与实践

教学媒体应用能力水平较低的教师，应该注意学习常规教学媒体理论知识和实践技能，各学校也可以组织教师进行技能培训，提高教师的教学媒体应用能力水平。另外，教师也可以向能力强的教师请教，多学多问。再就是要多实践，比如在课外这些教师可以自己去学习相关的教学媒体知识，利用学习到的教学媒体知识进行教学设计，多实践、反复学习，这样就比较容易掌握相关的教学媒体。

（2）加强系统学习与交流，提高教学设计能力水平

教师应该加强对教学系统设计的学习与交流，加强学术交流，课外可以多学习，多看相关资料，学习他人好的教学设计作品，并与其交流。对好的教学设计作品进行分析、学习，对学习方案进行修改，努力向他人学习教学设计中教学目标的确立、教学内容、教学对象的分析、制订教学策略、媒体的选择及教学效果的评价，通过学习与交流来提高教学设计能力，在多媒体教学中以及多媒体课件设计中充分发挥与体现自身的教学设计能力及设计水平。

（3）加强课件制作经验交流、重视经验技能提高

在制作课件方面可以将经验丰富的教师，有很好教学设计的教师，以及懂得设计制作优秀教学课件的教师组织起来进行设计及技能知识等方面的交流与合作，提高教师的设计水平。学校组织建立多媒体教学技术中心，进行资源整合，由一些设计好、经验丰富、能够设计出优秀多媒体课件的教师担当主讲，对这些教师进行培训，提高教师设计使用课件的技能。

3. 构建"主导主体"教学模式

多媒体教学中应努力构建"主导主体"教学模式，即学生是学习的主体，教师所起的则是主导作用。教师要明确认识到学生才是教学的对象。要以学生为中心开展教学活动。教师要充分利用多媒体教学灵活的表现形式以及丰富的内容，积极调动学生的视听器官，激发他们的兴趣，促使他们主动参与学习。在选择教学内容时，要量学生之力而行，多多并不益善。应该控制好课堂节奏，在教学中要做得张弛有度、有缓有急，注意有所停顿，从而给学生留有足够的时间来思考、认知；注意课堂互动，注意学生的随时反馈，提高学生积极参与、积极思维的主动性，做到教学相长，提高教学效果。

五、中小学教师的校园网建设能力

教师校园网建设能力是学校教育信息化建设能力培养的一个难点，对计算机水平有一定的要求。虽然并不是所有教师都需要掌握这样的能力，但是作为参与到校园网建设的教师，就需要对学校校园网建设能力有一定的要求。

（一）网页设计

网页设计是教师教育技术的基本能力之一。了解、掌握网页设计基础知识，对于提高教师教育信息化水平，运用现代教育技术改革教学手段有着非常重要的意义。此外，对于教师中需要参与到校园网建设的技术人员，校园网页设计与制作是一个必须学习和掌握的技能。

"工欲善其事，必先利其器"，网页制作同样如此，制作网页第一件事就是选定一种网页制作软件。从原理上来讲，虽然直接用记事本也能写出网页，但是对网页制作必须具有一定的 HTML 语言编写基础，非初学者能及，且效率也很低。用其他类似的文字处理软件（如 Word）也能做出网页，但有许多效果不尽如人意，且垃圾代码太多，也是不可取的。比较合适的网页制作软件首推 Adobe 公司的 Dreamweaver，它简单易学，功能强大，用它做出的网页垃圾代码比较少。另外，它还可以在"所见即所得"的环境中编辑网页的同时，使用代码视窗看到对应的 HTML 代码，这对学习 HTML 有很大好处。即使一点不懂 HTML，应用 Dreamweaver 软件也能做出漂亮的网页，但 HTML 毕竟是制作网页的基础，要知其然还要知其所以然，如要制作出比较满意的网页，必须熟练掌握 HTML。

设计一张出色的网页如同创作一件艺术品一样，需要对它精雕细琢，要想设计出符合内容风格的网页，关注网页的样式、内容和配色是非常必要的。因此网页设计有以下要点：

1. 确定整体风格

每篇文章要有恰当的标题，同样，网页必须有突显的标志，同时体现出此网页的主体色彩，最好有符合内容主题和理念的宣传标语，相同类型的元素效果相同，做到风格统一，否则会觉得整个网页非常凌乱。

2. 网页色彩搭配

如果网页只用一种色彩，可以调整这种色彩的透明度或者饱和度，这样的页面看起来色彩统一，有层次感。如果网页中有两种色彩，那么两种色彩最好是具有反差效果的对比色。大多数网页不只有一两种色彩，而是采用一种色系，也就是使用一系列相近或相似的色彩，这样网页的色彩不会显得太单调，但又不会太繁杂。在网页配色中，色彩类型不宜太多，尽量控制在3—5种色彩。背景色和文字色彩的对比度要大，背景色或背景图案不易太复杂，否则网页的访问者无法看清网页上的文字。

3. 网页内容新颖

网页内容的选择要不落俗套，我们在规划网站内容时不能照搬其他网页的内容，要结合自身的实际情况。放眼望去，网上的许多网页喜欢"大"和"全"，内容包罗万象，题材千篇一律，而且时常出现重复的内容，让访问者眼花缭乱，无法快速找到自己需要的信息。所以，我们在设计网页时，网页内容做到"少"而"精"，必须突出自己的特色。

4. 网页命名简洁

为方便各个网页链接，最好能给这些网页起一些有含义且简洁易记的网页名称，这样不仅有助于用户管理网页，而且各类搜索引擎可以更容易索引到自己发布的网页。在给网页命名时，最好使用自己常用的或符合页面内容的英文或拼音（不建议使用汉字），可以非常直观地看出所链接的是什么内容的网页。

5. 注意视觉效果

设计网页时，要考虑到计算机显示器各种分辨率显示出的效果是否良好。例如，我们设计了适合1280×1024像素高分辨率的网页，但部分访问者仍然在使用较低分辨率的显示器，这时网页是无法给他们带来非常好的体验的。在设计网页之前，必须思考一下如何去适应多种分辨率进行显示，以达到我们需要的效果。

6. 网页文字易读

如想通过网页中的文字正确传达信息，我们必须仔细规划背景颜色与文字大小的方案，千万不要喧宾夺主，访问者不是特地来观赏网页背景的。一般来说，浅色背景下的深色文字比较适合。文字大小的设置也很重要，尤其是以汉字为主的网页，汉字字体的大小最好设定为12磅或者14磅，这两种尺寸比较符合正文显示的标准，标题文字可适当放大。虽然可以在HTML中使用特殊符号及字体，但是，我们无法确保这些特殊符号字体在各种浏览器显示的网页中都能正常显示，最好统一使用通用的符号和字体。

7. 熟练掌握HTML

为了成功地设计网站，用户必须理解HTML是如何工作的。大多数网站设计者建议网站设计新手应从有关HTML的书中去寻找答案，用记事本制作网页，因为用HTML设计网站，可以控制设计的整个过程。

8. 图片注释文字

给网页中的每张图片加上文字说明，在图片出现之前就可以看到相关内容，尤其是导航按钮图片和较大图片更应如此。另外，当网页图片无法显示时，同样会在图片显示的位置出现文字说明，这样一来，我们在浏览网页时很清楚地知道这张图片的内容，尽管有时我们无法看到图片，但我们也完全了解这张图片的位置和要向我们传递的信息。

9. 浏览器兼容性

对于浏览器，恐怕我们对微软的 IE 浏览器是最熟悉的，现今 IE 浏览器所占的市场份额也是最大的，那么，是不是所有的访问者同我们一样使用 IE 浏览器呢？答案是否定的。我们仍然需要关心 Firefox、Chrome 以及 Opera 等这些浏览器的使用者。不同类型的浏览器所展示的网页样式及效果存在差异，导致这种差异出现的原因是浏览器对 HTML 代码解释的方式是不同的。在我们设计网页时，要使用各种浏览器对同一张网页进行测试，测试网页的兼容性如何。

10. 网页动画数量

大多数人喜欢用 GIF 或者 Flash 动画来装饰网页，它的确很吸引人，让网页内容看起来直观生动，但网页中的动画数量不宜过多，否则我们会错把网页当成电子杂志，并且太多的动画会加大网络数据传输的负担，影响下载网页的速度，因为一个动画比纯粹的文字和图片容量要大得多，用户不希望看到一张残缺不全的网页。

11. 网页导航清晰

网页最基本的功能是传递信息，我们当然愿意在访问网页时迅速地找到需要的信息，这就体现出网页导航的重要性。用户依靠导航可以很快看到网页显示的内容，它如同一条道路的路标，假如没有路牌和路标，遇上方向感较差的访问者，迷路的可能性就很大了。可以单击链接的文字，其文字在样式上要有所区分，给访问者更加清晰的导向，让他们知道自己手中的鼠标可以点击什么位置。

总之，在设计网页时要考虑到方方面面的因素，为访问者提供一切便利。设计出的网页主要作用是方便访问者查找信息，而不是自我观赏。既要展示网页的美观设计，也要体现网页的功能设计。

（二）网站规划

除了网页设计这个基本功外，中小学教师在建立校园网时，还要提前做好网站的规划工作。网站规划是指在网站建设前对建设需求进行分析，确定网站的目的和功能，并根据需要对网站建设中的技术、内容、费用、测试、维护等做出规划。网站规划对网站建设起到计划和指导的作用，对网站的内容和维护起到定位的作用。

一个网站的成功与否和建站前的网站规划有着极其重要的关系。只有详细地规划，才能避免在网站建设中出现的众多问题，使网站建设能顺利进行。建立网站的步骤可分为申请网页空间、域名注册、网页制作、网站发布四个步骤。

在着手进行一个网站的设计之前，首先要明确以下几项设计原则：

1. 内容与形式相统一

内容是指通过网页向浏览者传达的有效信息及文字；形式是指网页的排版布局、色彩、图形的运用等外在的视觉效果。无论采取何种表现形式都不能单纯追求网页的美观而忽视内容的建设，没有充实内容的网站，即使设计再精美，也不会对用户有长久的吸引力。

2. 主题鲜明

一个网站必须要主题鲜明，突出重点，对于中小学校园网页而言，除了校园网主页应该基本覆盖学校需求以外，其他网页不可能内容大而全，包罗万象，因此必须要确定一个明确的主题，突出重点。主题鲜明、内容丰富、极具特色的网站往往比一个"大杂烩"式的网站更能吸引人。

3. 风格统一

整个网站的设计要采取统一的风格，这样使网站看起来更专业，不要一个页面采用一种风格，另一个页面又换一种风格，给人一种很散乱的印象。风格要突出学校的特点，无论是文字、色彩的运用，还是版式的设计都要给人一种鲜明的印象，使人看到这个页面就会想到这是属于这个机构网站的。这也是目前比较流行的视觉识别系统所提倡的。

4. 兼顾下载速度与美观

由于目前的网络状况不均衡，不能为了片面追求页面的美观而忽视页面的下载速度，那样会失去一大批浏览者，为了看一幅美丽的图片而等上半天并不是一个好的设计。网页中的图片应当是起到画龙点睛的作用，除非特殊需要，一般不要在网页中大量使用图片。网页中的图片要经过适当的压缩处理，使它在保证质量的前提下尽量小。一些用Java程序设计的页面也非常美观，但下载速度慢，一般要慎重使用。

5. 导航清晰

网站要给浏览者提供一个清晰的导航系统，以便浏览者能够清楚目前所处的位置，同时能够方便地切换到其他页面。导航系统要出现在每一个页面上，标志要明显，便于用户使用，对于不同的栏目结构可以设计不同的导航系统。

6. 栏目设置合理

对于一个网站，尤其是学校的网站，其栏目设置是否清晰、合理、科学，往往在很大程度上影响网站的访问量。一个栏目设置合理的网站，用户会很容易地找到需要的东西，这样的网站才能让用户喜欢。对于初学者来说，常犯的错误就是网站结构设计不合理，内容编排杂而乱。因此，在设计网站之前，一定要规划好栏目的设置。此外，学校校园网主页是为整个学校服务的（包括领导、教师、学生、家长、社会等），也是学校宣传自己的窗口，栏目设计尤其显得重要。

7. 良好的兼容性

对于网页来说，它不同于其他印刷品，制作完成后就一成不变了，它随着用户浏览器的不同而出现变化，因此设计者一定要考虑到网页的兼容性，使它适用于大多数主流的浏览器或目标用户所用的浏览器，不至于出现差别很大的浏览效果。现在浏览器五花八门的，已经不再局限于 IE 浏览器了，部分浏览器是基于 IE 内核的浏览器，如 360 浏览器、傲游浏览器、搜狗高速浏览器等。还有一些非 IE 内核的浏览器，如火狐浏览器、谷歌浏览器、Opera 浏览器等。

8. 经常更新

经常维护更新，给用户提供最新的信息，才是一个网站具有吸引力的重要手段。因此要想保持网站的访问量，吸引更多的"回头客"，必须要定期更新网站内容。作为一个优秀网站，应该具备界面美观大方、内容丰富、访问及下载速度快、使用方便等特点。作为学校网页特别是校园网主页，既要注重美观大方，又要关注其实用性。用户体验度是学校网站评价的根本。

第六章 教育技术与人工智能

人工智能是一门研究运用计算机模拟和延伸人脑功能的综合性学科。与一般的信息处理技术相比，人工智能技术在求解策略和处理手段上都有其独特的风格。人工智能的一些成功，以及智能计算机辅助教育系统目前已在教育教学领域得到应用。

第一节 教育技术与人工智能的关系

一、人类的自然智能

人类的自然智能就是人类具有的智力和行为能力。别的生物（动物和植物）也有自己的自然智能。人类的自然智能包括感知能力、记忆能力、思维能力、行为能力和语言能力五个方面。其中的记忆和思维能力是人在大脑中实现的，是内省的。感知、行为和语言能力是人在和周围环境交往中产生的，是外露的。

感知能力指人通过视觉、听觉、触觉、味觉、嗅觉等感觉器官感知外部世界的能力，是人类获取外部信息的基本途径。动物在不同的方面有不同程度的感知能力，在某些方面动物的感知能力甚至比人还强，比如狗的嗅觉。研究人的感知能力的科学领域有（人体）生理学、生物学、心理学等，研究生物的感知能力的学科有生物学、动物学、植物学等。

行为能力是人们对感知到的外界环境信息的一种反应能力。外界环境可以是异质和同质环境。异质环境就是自然环境，同质环境就是人类社会。对自然环境的行为能力就是适应自然和改造自然的能力。人类对社会环境的行为能力就是适应和改造社会的能力，包括人际交往能力。形形色色的生物对自然环境和种内个体也有不同程度的适应和改造能力。研究人和自然环境关系的学科有环境学、生态学、人类学等，研究人和人的关系的学科有政治学、社会学、经济学、伦理学、心理学等。研究其他生物和自然环境的关系的学科有生物学、动物社会学等。

语言能力其实是一种特殊的行为能力，即人类社会环境中的一种行为能力。人类的语言能力包括语音方式和文字方式。某些动物也具有一定程度的语音方式下的语言交际能力。文字方式的语言能力是人类独有的一种行为能力。研究人类语言能力的学科包括语言学、物理学（声学）、文字学等。

记忆与思维能力是人脑不可分割的最重要的两个功能，也是人类具有智能的根本原因所在，也是迄今为止仍需进一步研究的功能。行为能力和语言能力处在思维能力的控制之下。有意识的感知能力也处于思维能力的控制之下。研究记忆和思维能力的学科有生理学、生物学（神经学）、心理学、脑科学等。最近出现的一个交叉科学——认知科学，就是以人类的记忆和思维能力为主要研究对象的一门学科。

记忆指由感觉器官感知到的外部信息和思维产生的结果在大脑中的存储和以后的调用。这些信息和思维结果我们称之为知识。知识有先验的和后验的。先验性的知识是不依赖于人的后天经验而存在的；后验性的知识是外部世界在人脑中的映像。

思维指大脑对记忆的信息进行处理，即利用已有的知识对信息进行分析、计算、比较、判断、推理、联想、决策等，以获取新知识以及运用知识求解问题，并指挥人体进行感知、行为和语言等活动。思维可分为逻辑思维、形象思维以及顿悟思维等。逻辑思维和形象思维是两种基本的思维方式。逻辑思维又称为抽象思维，它是一种根据逻辑规则对信息进行处理的理性思维方式，反映了人们以抽象的、间接的、概括的方式认识世界的过程。归纳与演绎能力是人类进行问题求解的两种主要的推理方式。归纳能力是人们可以通过大量实例，总结出具有一般性规律知识的能力，而演绎能力则是人类根据已有知识和所感知的事实，推理求解问题的能力。形象思维又称为直感思维，是一种以客观现象为思维对象、以指导创造物化形象的实践为主要目的、以意象为主要思维工具、以感性形象认识为思维材料的思维活动。顿悟思维是在潜意识激发下获得灵感而忽然开窍的思维。

学习可以说是一种特殊的思维能力。按照著名人工智能专家、心理学家和经济学家西蒙（Herbert Alexander Simon）的定义，学习是一个系统的有特定目的的知识获取过程，其内在行为是获取知识、积累经验、发现规律，其外在表现是使系统性能改进、系统实现自我完善、自适应于环境。学习是人类的本能，每个人都在随时随地地学习，既可能是自觉的、有意识的，也可能是不自觉的、无意识的；既可以是由教师指导的，也可以是自我实践的。人们的学习是通过与环境的相互作用而实现的，通过学习可以积累知识，增长才干，充实完善自己，适应环境变化。

二、人工智能

人工智能就是用人工的方法在机器（包括计算机）上实现的智能；或者说就是人们使用机器模拟人类和其他生物的智能，包括感知能力、记忆和思维能力、行为能力、语言能力。由于人工智能是在机器上实现的，因此又称为机器智能。所谓智能机器就是能够在各种环境中自主或交互地执行各种拟人活动的机器，这些活动包括人脑所从事的推理、证明、识别、理解、设计、学习、思考、规划以及问题求解等记忆和思维活动，感知器官从事的感知和识别活动，自然语言理解和产生能力，四肢和身体的活动能力，在社会中的适应能力和人际交往能力，学习能力等。人工智能实现这些拟人活动需要的关键技术如图6-1所示。

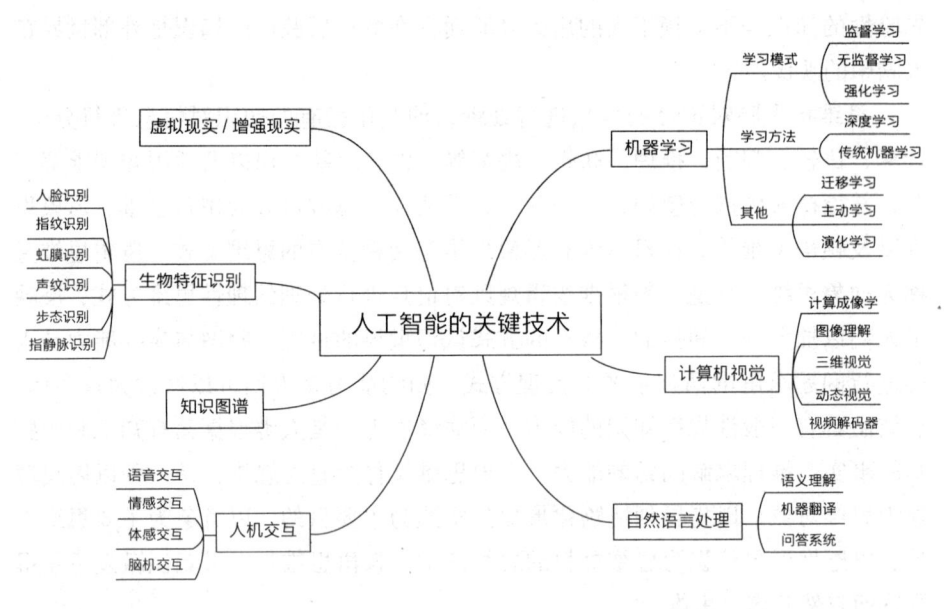

图6-1 人工智能的关键技术

人工智能是一门交叉性的科学，这一点上与教育技术相似。首先，从事该学科的研究人员要了解包括计算机在内的机器的基本工作原理（硬件或软件），因此人工智能学科一般被划分为计算机科学的一个分支；其次，人们要从研究自然智能的某个学科中汲取研究成果，并将其在机器上表现出来。人工智能研究的成功之路就依赖于计算机科学与上面提及的学科门类的相互借鉴和融合，包括生物学、动物学、生理学、心理学、人类学、神经学、脑科学、物理学、化学、经济学、社会学、政治学、语言学，和研究所有学科的学科（或者说作为所有学科的基础的学科）——哲学（如其分支认识论、本体论、科学哲学等），以及所有学科的研究工具——数学等。

人工智能几千年来的发展和现代人工智能学科五十多年的发展历史已经充分证明了这一点。近现代人工智能学科的奠基人和重要人物无不涉足两个或两个以上的学科并颇有建树。从另外一个角度来讲，如前所述，因为很多有关人类记忆和思维的科学研究（如认知科学）无法获得直接的证据（用大脑来研究大脑），所以很多理论还处于假说阶段。如果在人工智能研究中利用这种假说取得了较好的实验效果，那么这种人工智能的研究成果就可以说为这种假说提供了一种佐证。所以说人工智能研究也是其他相关学科的一个实验场所，比如著名的脑科学中的联结主义便得以在串行计算机上模拟，并取得了令人瞩目的实验结果。

三、教育技术与人工智能的关系

人类自然智能的提高标志着人类对客观世界（自然环境和社会环境）和主观世界（人本身）的认识程度的提高。人工智能作为在计算机上实现的智能，也必然随着人类自然智能的进步而进步。反过来，人工智能的进步会不会一定带动人类自然智能的进步呢？这其实也和科学技术对社会发展的作用相似，有正的方面，也有负的方面。从正的方面说，人工智能技术的进步和应用会使人节省出更多的时间来学习知识和接受教育，来充实和发展智力；从负的方面说，"用进废退"，本来应该由人类完成的活动，现在交给机器人或者计算机来做了，人类是否会因此而变得懒惰乃至智力下降呢？

教育技术是计算机在教育上的应用技术。教育系统的功能就是促进受教育者的智能。所以教育技术应该促进受教育者的自然智能。但是教育技术能否真正提高教育系统的工作效率，却还要考虑使用计算机的资源投入，包括人力、物力、财力和时间。人工智能作为计算机科学的一个分支，可以广泛应用在教育系统中，也就是说它可以成为一种教育技术。本书着重讨论人工智能的研究成果成为一种教育技术的可能性或者实际效果，以及它对整个教育系统（包括教育者和受教育者）的影响。总之，教育是自然智能的源泉，人工智能是在计算机上模拟的教育,也是自然智能在计算机上的实现;教育技术是计算机和人工智能在教育上的应用,如图 6-2 所示。

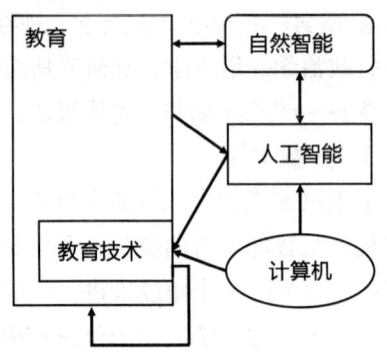

图 6-2 教育技术与人工智能之间的关系

第二节 人工神经网络

一、人工神经网络简介

目前计算机的特点是串行计算,这也是它的一个缺点,使计算机无法很好地解决组合优化和模式识别等计算复杂度很高的问题。一个典型的组合优化问题是 TSP(Traveling Salesman Problem):已知 n 个城市的分布或其距离矩阵,要求确定一条总路径最短的 Hamilton 回路,即遍历各城市当且仅当一次的最优回路。对于 n 个城市的平面 TSP,剔除方向性,存在 $(n-1)!/2$ 条不同的路径。若 $n=20$,则存在 1.2×10^{18} 条回路,即使每秒列举一亿条回路的计算也需 350 年,且随着城市数增加,计算量将超指数增长。数学和理论计算机科学已经证明 TSP 是 NPC(非多项式完备)难题。鉴于其重要的工程与理论价值,TSP 常作为算法性能研究的典型算例。

模式识别问题包括字符识别、手写体识别、语音识别、图像识别等。用常规算法来解决模式识别问题和组合优化问题类似,因为模式的不可穷尽性,也很困难。

为了解决这些难题,研究者尝试了很多其他方法,人工神经网络技术就是一个主要研究方向。它起源于人类对自身的思维器官——大脑的认识。

19世纪，生理学家发现了诸如感觉、视觉和肌肉运动等依赖于个体细胞的神经系统的宏观效应。这些细胞通过引发电流或对电流做出反应，从而能够接收和传送信号。显然，神经系统和大脑是自然界进化中的一种最为复杂的系统。人的大脑中至少有100亿个神经元（神经细胞）。每一个神经元均接受其他细胞的输入，并把输入整合起来，产生某种输出，同时将它送给其他神经元。输入由特定的突触所接收，输出由特定的输出线所发送，这种输出线叫作轴突。

人工神经网络理论（连接主义）来源于20世纪30年代的控制论和自组织理论的共同影响。瑞士学者进行了一项名为遗传认识论的研究工作，它被描述为演进式的认识论。同一时间美国的学者进行了实验认识论的研究。科学家将这种认识论的自然化称作控制论，该名字来源于Wiener。非常明确地说，控制论是一门关于思想和认识的自然科学。

代表这种思想的一个典型例子就是1943年发表的影响广泛而深远的论文《植根于神经活动中的一种逻辑运算》。该文一方面建议用逻辑学来帮助解释人脑及其思考和认知能力；另一方面将大脑看作这样一种装置，在它其中（就是在神经元中）蕴涵了逻辑运算。如图6-3所示，每个神经元被看作一个阈值元素，它可以是活跃的，或者是静止的，对应着逻辑值真或者假。多个神经元可以相互连接起来，这些连接对应于逻辑运算（与或非等）。在这种方式下，大脑就可以被看作一台机器。一个神经元在时刻$n+1$发放一个沿其轴突的脉冲y，如果在时刻n，它的输入X_1，…，X_m和权重W_1，…，W_m的权重和超过了神经元的阈值。有学者利用当时的真空管，构建了McCulloch-Pitts神经元网络。

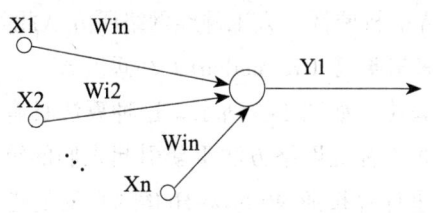

图6-3 McCulloch-Pitts神经元网络

McCulloch-Pitts神经元网络的一个缺点是节点之间连接权重的不变性。1949年，生理学家唐纳德·赫布（Donald O. Hebb）提出一种计算神经元之间连接强度的算法，后来被称为赫布规则。他强调，两个同时处于活动状态的神经元会加强它们之间的连接强度。

伯纳德·威德罗（Bernard Widrow）和特德霍夫（Ted Hoff）在1959年适应性线性网络研究中建议，计算每一个神经元的实际输出和理想输出之间的误差，然后将该误差向网络中传播，以便使得神经元之间的权重逐渐改变，直到输出误差最小为止。该规则被称为 Widrow-Hoff 规则。1958 年罗森布拉特（F. Rosenblatt）设计了第一个人工神经元网络"感知机"，如图 6-4 所示。这个二层网络用来进行模式识别，如字符和语音识别。它通过一个有监督的学习过程进行学习。

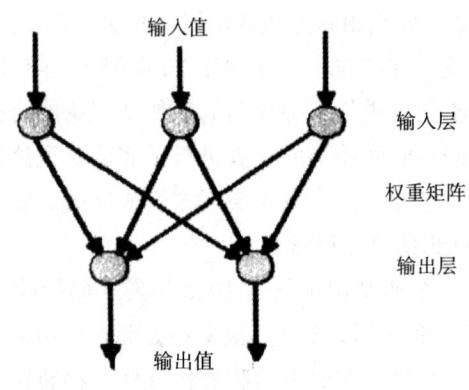

图 6-4　二层感知机模型

20 世纪 50—60 年代 Von-Neumann 计算机得到了飞速的发展，而神经网络方法则没有大的突破。1969 年马文·明斯基（Marvin Minsky）和西蒙·派珀特（Seymour Papert）在他们的著作中对感知机模型提出质疑，因为它连简单的逻辑运算如 XOR 问题都不能解决，对解决其他问题更缺乏有效的算法。由于马文·明斯基在计算机界的权威性，人工神经网络研究从此陷入了低谷。

直到 1986 年鲁梅尔哈特（Rumelhart）和迈克塞兰（McClelland）为多层网络设计了反向传播算法，如图 6-5 所示，这种算法具有较强的学习能力和较为广泛的应用前景，人工神经网络方法重新引起人们的重视。该算法是一个有监督的学习过程，权重计算按照 Widrow-Hoff 规则反复进行，直到实际输出和理想输出的误差足够小为止。这种反向传播算法被广泛应用在分类、模式识别、数据分析等方面。

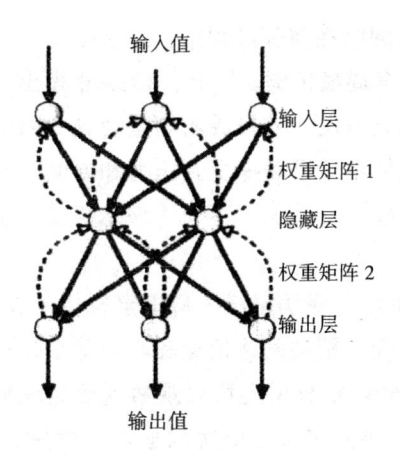

图 6-5 反向传播网络（BP 网络）

当人们沿着心理学、生理学路线研究神经网络的时候，物理学家霍普菲尔德在 1982 年设计了一个单层神经网络，如图 6-6 所示，其思想来源于电磁学上的自组织理论。这种网络的贡献有两个方面：一是网络的设计，神经元之间的权重变化使得一个局部的能量最小值可以得到，它可以被 Lyapunov 函数所描述，被一个非线性微分方程所计算；二是由现有的电子元件组成的神经网络硬件的实现，并使用该硬件计算出了 30 个城市的 TSP 问题的较优解。这一点非常重要，因为用硬件解决 TSP 问题的办法和传统的基于串行计算机的算法迥然不同。这种网络模拟我们至今所认识的人类大脑的结构和原理。如果能够真正在硬件上实现的话，它的运算能力就会更加充分地表现出来。

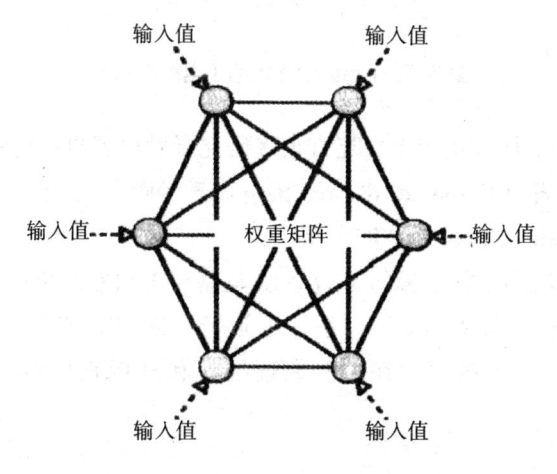

图 6-6 Hopfield 网络

这种网络的缺点是网络在演变过程中，经常陷于能量的局部极小点，而无法逃逸出去，无法达到全局最优解。因此，1985年提出了一个寻找全局最优解的方法，被称作模拟退火方法。或强或弱的震动改变网络在某个局部极小值停留的概率，就好像在气体中分子碰撞受到压力和温度改变的影响，这种概率型的网络被命名为玻尔兹曼（Boltzmann）机。玻尔兹曼是统计力学和热力学的奠基人。

芬兰物理学家和神经生理学家沃·科霍宁托伊（Teuvo Kohonen）在1982年开始研究更加接近生物大脑的网络模型和学习算法，被人们称作Kohonen网络（自组织图）。在神经网络分层上可以观察到聚类现象。外界因素的影响通过一个神经元层得到反映，在这个层次的学习过程中，一个反映外部影响的拓扑图被建立起来。这个学习过程被理解为神经网络的自组织过程，如图6-7所示。

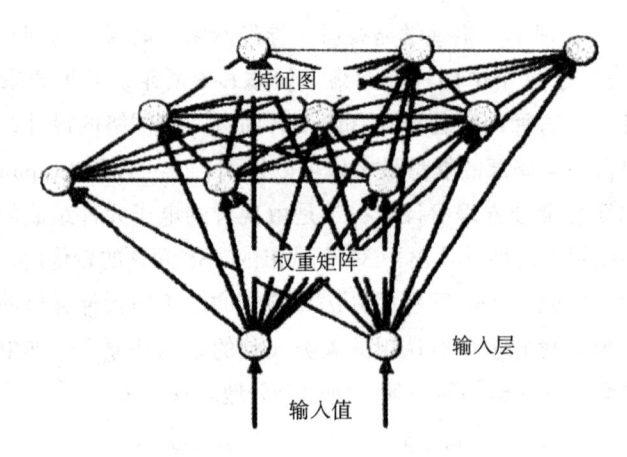

图6-7 Kohonen网络（自组织图）

在神经网络的研究历史上，还有很多研究者做出了自己的贡献。例如，卡朋特和克罗斯伯格（Carpenter & Grossberg）于1987年提出的自适应谐振理论（Adaptive Resonance Theory，ART）等。

一个演示神经网络算法的综合系统是基于UNIX系统的SNNS。新版本的Java NNS则可以在Windows等系统上运行。随着人工神经网络的发展和普及，它的常用算法被包含在一些数理统计和分析软件中，如矩阵实验室（MATLAB）。

二、人工神经网络在个性化教学上的应用案例

(一)人类性格——大五理论

在人格科学研究领域,传统上有三种不同的研究取向:临床的、相关的和实验的。但无论研究者采用什么研究取向,他们的一个共同目标就是构建一个可能描述和解释人格特点的人格模型。从弗洛伊德的本我—自我—超我的人格结构到卡特尔(R. B. Cattell)的 16 种人格因素,可以看出每一个著名的人格心理学家均会提出一个人格结构模型。但是分析研究这些众多的人格模型,发现它们所包括的因素数量和因素性质有很大的不同,一致性很小,没有取得共识。随着研究的不断深入,人格结构五因素模型取得了令人瞩目的进展,被许多研究所证实和支持,也被众多的心理学家认为是人格结构的最好范型。

人格结构中的五个因素后来被称为"大五"(Big Five),强调该人格模型中每一维度的广泛性。这五个维度因素是经验开放性(Openness to Experience)、认真性(Conscientiousness)、外倾性(Extraversion)、宜人性(Agreeableness)和神经质(Neuroticism),简称 OCEAN。

得出五因素模型的一个很重要的方法就是问卷研究。科斯塔(Costa)等人根据对 16 人格的因素分析和自己的理论构想编制了测验五因素的 NEO-PI 人格量表。该量表包括 300 个项目,被测试者在五点量表(从完全同意到完全不同意)上指出每个句子表示他们自身特点的程度。除了五个因素上的得分,还为每个维度量表设置了六个测量特质水平的层面量表得分,这些层面量表提供了有关"大五"因素的每个因素内的行为的更大区分性。有关人格"大五"特质因素和相关特征见表 6-1。

表6-1 人格"大五"特质因素和相关特征

特质量表	低分者特征	高分者特征
经验开放性(O):评鉴对经验本身的积极寻求和欣赏;喜欢接受并探索不熟悉的经验	习俗化、讲实际、兴趣少、无艺术性、非分析性	好奇、兴趣广泛、创造力强、创新性强、想象力强、非传统的

续　表

特质量表	低分者特征	高分者特征
认真性（C）：评鉴个体在目标取向行为上的组织性、持久性和动力性的程度，把可靠的、严谨的人与那些懒散的、邋遢的人进行对照	无目标、不可靠、懒惰、粗心、松懈、不检点、意志弱、享乐	有条理、可靠、勤奋、自律、准时、整洁、细心、有毅力和抱负
外倾性（E）：评鉴人际间互动的次数和强度、活动水平、刺激需求程度和快乐的容量	谨慎、冷静、无精打采、退让、冷淡、寡言、讨厌做事	爱好社交和群体活动、活跃、健谈、乐观、好玩耍、重感情
宜人性（A）：评鉴某人思想、感情和行为方面从同情到敌对这一连续体上的人际取向的性质	多疑、粗鲁、易怒、残忍、不合作、愤世嫉俗、报复心重、好操纵别人	脾气好、心肠软、帮助人、信任人、直率、易轻信、宽宏大量
神经质（N）：评鉴顺应与情绪不稳定，识别那些容易有心理烦恼、不现实的想法、过分的奢望要求以及不良反应的人	平静、放松、安全、果断、自我陶醉、不情绪化	烦恼、紧张、忧郁、情绪化、不安全、不准确

（二）人类智能——多元智力理论

美国哈佛大学心理学教授霍华德·加德纳（Howard Gardner）针对传统智能理论于20世纪80年代提出了多元智力理论（The Theory of Multiple Intelligences）。加德纳认为，智力并非像传统智力定义所说的那样是以语言、数理或逻辑推理等能力为核心、以整合方式存在的一种智力，而是彼此相互独立、以多元方式存在的一组智力。人除了言语（语言智力）和逻辑（数理智力）两种基本智力以外，还有视觉（空间智力）、音乐（节奏智力）、身体（运动智力）、人际交往智力、自我内省智力、自然观察智力和存在智力。加德纳认为，每个学生不同程度地拥有上述九种智力，智力之间的不同组合表现出了个体之间的智力差异。加德纳指出，实施个性化教学没有捷径可走，对学校教育实践而言，通过多元智力理论可以使教师加深对学生智力潜能、学习策略、学习风格和多元评价的认识与研究。教师和学生可以通过项目学习、教学策略、学习风格以及真实评价等途径来实现个性化教学的理念。

多元智力理论虽作为理论假设被提出，但很快在教育领域内激起了广泛的回响，这是加德纳本人始料未及的。仅在美国有关多元智力的学校或加德纳实验学校就有一百多所，而根据多元智力理论进行教育改革的学校则不计其数。多元智力理论为教育工作者找到了一条发现和培养每个儿童潜能的途径和方法，为确立个性化教学理念奠定了基础。

学习风格和多元智力理论的融合可以把人的各自的局限性降到最低程度，提高人的智力强项，从而帮助教师在课堂教学中成功地形成学习风格。教师只有充分认识到学生在学习风格上的差异，才能采用灵活多样的教学策略和方法，为每个学生提供适合其学习风格的学习机会，让学生发挥长处，以促进教学更好地实现个性化，使因材施教真正变成现实。

从传统的智力理论到多元智力理论的发展无疑标志着人类智力研究领域的一场革命。多元智力视野下的教学思想秉持一种乐观的学生观、个性化的课程观、"对症下药"式的教学观和多元化的评价观。

（三）通过神经网络识别个人特征

大多数适应性教育软件系统研究集中在对用户特征的适应，比如用户目标/任务、知识、背景、偏好和兴趣等。然而，基于Web的教育系统也必须包括关于学生学习风格的信息，以便将学习材料优化地呈现给学生。学生的学习风格鉴别对于开发适应性教育软件至关重要。

为了检测学生的学习风格，目前的系统一般需要学生填写心理学调查问卷。比如，一个帮助学习网站上的个性问卷，通过询问学生一些日常问题来获得学生的学习特性。该问卷结果将学生类型划分为视觉型的、听觉型的和运动型的三类。然而，在某些背景下实施这样的问卷调查比较困难。因为不可能通过一次简单的会谈就获得个性化的学习风格，而必须通过多次特定的心理学测试。

个人特征识别的问题和字符识别问题非常相似，因为他们要从可能的无限多的输入中来对有限数量的特征进行分类。有些学者强调在学习者识别中，神经网络方法要比其他方法优越，如基于规则的方法和统计方法，因为它能够识别不精确的或者未被完全理解的数据，对特殊例子进行归纳和学习，在有特殊参数的情况下迅速更新，运行速度也比较快。

（四）学习行为评价

运用神经网络评价学习行为时，必须首先确定能正确反映学生学习行为的主要特征参数，如学生登录该课件的次数、停留时间、有效点击次数、离开原因、评论笔记、发表文章次数、参与活动次数、作业情况、考试情况等，这些参数主要来自学生所在学习系统环境的自动监测，经过量化后成为网络输入节点的输入值。

选取多组对应不同学生不同学习行为的特征参数作为学习样本，进行参数预处理，供网络学习。这些样本应尽可能反映各种学习行为。在网络训练学习过程中，根据样本确定网络连接权值，按照网络基本原理进行误差反复修正。经过神经网络学习算法训练的网络结构，包括输入、输出、隐层节点数、权值矩阵的组合，此结构即为具有推理机制的标准化评价结果库。

将未知结果的某学生学习行为的特征参数值转换后输入经过训练的具有推理功能的神经网络中，运用标准化评价结果库处理后，即可得到该生的学习行为评价结果，并提出相应建议反馈给学生。

利用人工神经网络对远程教学模式下的学生学习行为进行评价，其突出的特点为：首先，使用人工神经网络并行处理的特征，可选择多个适当评价项，克服评价的片面性；其次，用人工神经网络知识存储和自适应特征可自动识别经过训练记忆的评价类别；最后，运用神经网络的容错特征，通过选取适当的作用函数和数据结构，可处理各种非数值型指标，实现对学生学习行为的模糊评价。

采用神经网络进行学习行为评价保证了对学习过程和效果进行充分有效的评价，确保评价的可比性、全面性、客观性、科学性和规范性，可以促进网络环境下学生自主性的学习。但是，由于系统精度的提高取决于学习样本的代表性和数量，需要更多的实验数据不断完善样本库，而这又会加大了网络的复杂性。另外，如何选择足够多的以认知为目的的评价指标来进一步正确评价学生行为等问题，仍有待于进一步研究和探讨。

三、人工神经网络方法在教学评估中的应用

人工神经网络具有非常强大的自组织、自学习和容错能力，当人工神经网络模型训练出来以后，只要待评估的对象处于网络模型范围之内，就可以用它来进行综合评价，使许多复杂的难以直接用数学公式描述的综合评价问题得到迎刃而解。

2012年初，教育部下发《普通高等学校本科教学工作合格评估实施办法》《普通高等学校本科教学工作合格评估指标体系》，新一轮评估方案基本确定。关于本科教学工作水平评估指标体系分七项一级指标，包括：办学思路与领导作用、教师队伍、教学条件与利用、专业与课程建设、质量管理、学风建设与学生指导、教学质量。二十项二级指标，包括：学校定位、领导作用、人才培

养模式、数量与结构、教育教学水平、培养培训、教学基本设施、经费投入、专业建设、课程与教学、实践教学、教学管理队伍、质量监控、学风建设、指导与服务、德育、专业知识和能力、体育美育、校内外评价、就业。

通过对这些指标的分析可以看出：教学工作水平的评估可以看作一类基于一系列独立变量基础上的分类问题；教学工作水平的好坏与评估输入指标是非线性的；评估指标可能是高度相关的；许多指标并不是呈正态分布的。

在构建 BP 网络时，将指标量化后作为模型的输入节点，网络隐含层的层数及隐含层的单元数的选取没有理论上的指导，而是根据经验确定。隐层单元数的选择在神经网络的应用中一直是一个复杂的问题。事实上，人工神经网络的应用往往转化为如何确定网络的结构参数和求取各个连接权值。隐层单元数过少可能训练不出网络或者网络不够强壮，不能识别以前未见过的样本，容错性差；但隐层单元数过多，又会使学习时间过长，误差也不一定最佳，因此存在一个如何确定合适的隐层单元数的问题。在具体设计时，比较实际的做法是通过对不同神经元数进行训练对比，然后适当加上一点余量。最后确定中间层节点数。

输出节点的选择对应于评估结果，期望输出为：A 级 [1000] 表示优秀；B 级 [0100] 表示良好；C 级 [0010] 表示合格；D 级 [0001] 表示不合格。输出节点数为 4。

根据以上分析得出，神经网络模型三层节点配置为：$18 \times 9 \times 4$。在实际应用中，标准 BP 算法由于采用了定步长的梯度下降法以及极小化网络误差函数，如果指标太多，它有很多局限性。如，学习收敛速度太慢，不能保证收敛到全局最小点等。鉴于 MATLAB6 中增加了一些快速算法，如变学习率 BP 算法、弹性 BP 算法、尺度变梯度算法、类 Newton 算法以及 OSS 算法等，经过分析采用弹性 BP 算法。由于样本选择比较少，实验结果有一定的误差，不过如果训练次数足够多，还是能保证输出所期望的精度。

第三节　机器学习与自然语言

一、机器学习概述

随着计算机技术的发展，人们已经拥有存储和处理海量数据以及通过计算机网络从远程站点访问数据的能力。目前大多数的数据存储设备是数字设备，记录的数据也很可靠。但是，只有分析这些数据，并且将它们转换为可以利用的信息后，这些存储的数据才能变得有用。尽管人们不清楚数据产生过程的细节，但是人们知道数据产生不是完全随机的，其中存在确定的模式。

人们也许不能够完全识别数据产生的过程，但人们能够构造一个好的并且有用的近似。尽管这样的近似还不可能解释一切，但其仍然可以解释数据的某些部分；尽管识别全部过程也许是不可能的，但仍然能够发现某些模式或规律。这正是机器学习的定位。这些模式可以帮助人们理解数据产生的过程，人们可以使用这些模式进行预测：假定将来至少是不远的将来，情况与收集样本数据时没有很大的不同，则未来的预测也有望是正确的。

机器学习是一门多领域交叉学科，涉及概率论、统计学、逼近论、凸分析、计算复杂性理论等多门学科。机器学习理论主要是设计和分析一些让计算机可以自动"学习"的算法。机器学习算法是一类从数据中自动分析获得的规律，并利用规律对未知数据进行预测的算法。因为学习算法中涉及了大量的统计学理论，机器学习与推断统计学联系尤为密切，也被称为统计学习理论。很多推论问题属于无程序可循难度，所以部分机器学习研究是开发容易处理的近似算法。机器学习已广泛应用于数据挖掘、计算机视觉、自然语言处理、生物特征识别、搜索引擎、医学诊断、检测信用卡欺诈、证券市场分析、DNA序列测序、语音和手写识别、战略游戏和机器人等领域。

学习是一个有特定目的的知识获取过程，其内在行为是获取知识、积累经验、发现规律；外在表现是使系统改进性能、适应环境，从而实现系统的自我完善。不管是人还是机器的学习，大都具有这些特征。机器学习是研究如何用计算机来模拟人类学习活动和获取知识的一门学科。更严格地说，就是研究计算机获取新知识和新技能、识别现有知识、不断改善性能、实现自我完善的方法。机器学习与计算机科学、心理学、认知科学等各种学科有着密切的联系，涉及面比较广，许多理论和技术上的问题尚处于研究和讨论之中。机器学习是知识工程的三个分支（获取知识、表示知识、使用知识）之一。

机器学习的研究目标有三个：一是学习机理，使计算机能模拟人的学习行为，自动地通过学习获取知识和技能，不断改善性能，实现自我完善。这个方向与认知科学的发展密切相关。二是学习方法，研究适合机器特点的各种学习理论，探讨所有可能的学习方法，比较人类学习与机器学习的异同与联系。三是应用研究，建立各种实用的机器学习系统或知识获取辅助工具。

二、基本结构和学习方法

（一）基本结构

学习系统的基本结构如图 6-8 所示。环境向系统的学习部分提供有关信息；学习部分获得外部信息后，经过分析、综合、类比、归纳等思维过程获得知识，并将这些知识存入知识库中，以增进系统执行部分完成任务的效能；执行部分根据知识库完成任务，同时把获得的信息反馈给学习部分。

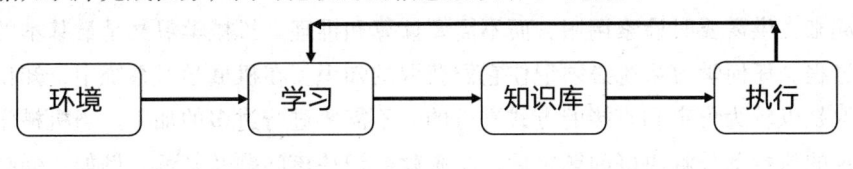

环境 → 学习 → 知识库 → 执行

图 6-8　学习系统的基本结构

影响学习系统的最重要因素是环境向系统的学习部分提供的信息。知识库里存放的是指导执行动作的一般原则，较为固定的，但环境向学习系统提供的信息却是多种多样、未经处理的。如果信息的质量较高，与一般原则的差别较小，则学习部分比较容易处理；如果向学习系统提供的是杂乱无章的指导如何处理面临的问题的具体信息，则学习系统需要在获得足够数据之后，进一步分析处理，并应用于解决其他问题，形成处理问题的一般原则，并放入知识库。这样，学习部分的任务就比较繁重，设计起来也较为困难。

由于学习系统获得的信息往往是不完全的，所以学习系统所进行的推理并不完全可靠，总结出来的规则可能正确，也可能不正确，这要通过执行效果加以检验。正确的规则能使系统的效能提高，应予保留；不正确的规则应予修改或从数据库中删除。

知识库是影响学习系统设计的第二个因素。知识的表示有多种形式，比如，谓词逻辑、产生式规则、语义网络和框架等。选择知识表示形式的时候，需要注意以下方面：

①表达能力的强弱。所选择的表示方式能很容易地表达有关的知识。

②推理难度的大小。为了使学习系统的计算代价比较低，知识表示方式应能使推理较为容易。

③修改的难易。学习系统的本质要求它不断地修改自己的知识库，当推广得出一般执行规则后，要添加到知识库中。

④是否便于扩充。学习系统不能在全然没有任何知识的情况下凭空获取知识，每一个学习系统要求具有某些知识、理解环境提供的信息，分析比较做出假设，检验并修改这些假设。因此，更确切地说，学习系统是对现有知识的扩展和改进。

（二）学习方法

1. 机械学习

机械学习是最简单的机器学习方法。机械学习就是记忆，即把新的知识存储起来，供需要时检索调用，而不需要计算和推理。机械学习又是最基本的学习过程。任何学习系统必须记住它们获取的知识。在机械学习系统中，知识的获取是以较为稳定和直接的方式进行的，不需要进行过多的加工。当机械学习系统的执行部分解决好问题之后，系统就会记住该问题及其解。例如，低龄的学前儿童被要求反复背诵古诗文，对知识进行强化记忆。背诵的内容直接存储在儿童的大脑中，不经过任何加工和处理。也就是说，他们记住了这些内容，但是可能不理解其含义。

2. 传授式学习

由外部环境（比如专家）向系统提供一般性的指示或建议，系统把它们具体转换为系统内部的表现形式，把抽象的建议转换成具体的知识，然后将新知识送入知识库；在学习过程中还要对形成的知识反复进行评价，使其不断完善。这种学习方式被称为传授式学习。

3. 类比学习

类比学习先给定一个基本的假设，即人们每遇到一个新的问题时，会联想起一些以前遇到过的问题，这些问题和新问题的抽象级别虽然不一定相同，但它们具有一定程度上的相似性。通过将新的问题和以前遇到过的问题进行类比，找出相互之间的相似性，把这种相似性转换为系统内部的表现形式，并存储入知识库，这就是类比学习。类比学习是在学前和中小学教育阶段经常使用的一种学习方法。例如：儿童和小学生初次学习汉语拼音或者英文字母，教师会用他们所熟悉的日常生活中的事物来类比某个字母，比如，c像月牙，h像椅子等；通过这样的类比，加深儿童对拼音或者字母的认识和记忆。

4. 归纳学习

学习者从所提供的事实或观察到的假设进行归纳推理，获得某个概念，这样的学习方式被称为归纳学习。归纳学习还可以划分为两类：如果有教师指导，则被称为示例学习；如果没有教师指导，则被称为观察与发现学习。

5. 基于解释的学习

基于解释的学习指通过运用相关的领域知识，对当前提供的单个问题求解实例进行分析，构造出求解过程的因果解释结构，并通过对该解释结构进行一般化处理，获取相应知识，便于指导以后求解类似的问题。

三、自然语言理解和处理

自然语言理解和处理是计算机科学领域与人工智能领域中的一个重要方向，研究能实现人与计算机之间用自然语言进行有效通信的各种理论和方法，主要应用于机器翻译、舆情监测、自动摘要、观点提取、文本分类、问题回答、文本语义对比等。

自然语言能力是人类自然智能的一个重要表现方面。半个世纪以来关于图灵测试的讨论验证了这一点。自然语言在教学系统中至关重要。教师要回答学生的问题，激发学生的学习兴趣，乃至因材施教，实施个性教学，必须通过自然语言，要么是口语，要么是书面语。在计算机辅助教学系统中，计算机要能够回答学生的问题，而不仅仅是呈现教学材料，必须通过自然语言，当然最好是口语，也可通过书面语言。而在基于网络的远程教学系统中，学生和教师数量的比例很大，教师和学生直接面对面的机会很少，教师的释疑解惑作用受到很大限制，教学效果就会受到影响。一个成功的自动答疑系统将对计算机辅助教学系统和基于网络的远程教学系统起到很好的推动作用。

（一）自然语言理解

要让计算机具备理解和产生自然语言的能力，首先要了解人类的自然语言理解和产生机制。人类对自然语言的理解和产生机制是生理学家、语言学家、心理学家、哲学家、计算机科学家等长期以来研究的一个领域。这些不同的学科大都定义了一套涉及自身的问题，并有其自己的解决方法。语言学家研究语言本身的结构，考虑为什么特定词语的组合能形成句子而其他的词语组合则不能，为什么一个句子可能具有某种意义而不是另外一种意义等。心理学家研究人类生成和理解语言的过程，考虑人类如何识别一个句子的合理结构，何时确定词语的合理意义等。哲学家考虑的是词语如何能够表示事物和现实世界中的实体，也考虑拥有信仰、目标和意图意味着什么，以及这些认知能力和语言是如何联系的。计算机科学家的目标是利用计算机科学中的算法和数据结构，建立一种自然语言的计算理论。当然为了建立计算模型，必须利用其他学科的研究成果。

自然语言是如此复杂，以致任何传统学科至今没有提供足够的理论和工具来全面处理语言的理解和产生问题。为此，需要语言学家、心理学家、哲学家和计算机科学家的通力合作。这种跨学科的合作已经促成了一个新的交叉学科的产生，它通常被称为认知科学。

自然语言处理（Natural Langauge Processing，NLP）是人工智能的一个重要研究领域，也称计算语言学（Computer Linguistics）。它有两方面的用途：作为科学研究的目的，可以探索语言交流的本质；作为实用的目的，能够实现有效的人机交互。这个研究领域从20世纪50年代诞生以来，主要沿着三条技术路线发展：符号主义（认知主义）、连接主义（人工神经网络）和基于语料库的统计方法。

连接主义用现有的计算机技术（主要是程序和算法）来模拟人脑神经网络的结构和功能。主要特征是并行计算、容错性、学习能力；语义蕴含于网络结构中，而不是一串串的符号中。连接主义诞生于20世纪40年代，60—70年代有些消沉，80年代以来随着Hopfield、BPN等新的网络结构的提出和成功应用而兴起。它被应用于句子的语法和语义分析、语音和光学符号识别等领域。但是因为人工神经网络仍然依赖于传统的串行计算机的算法模拟，应用范围比较有限。

统计分析技术是要分析语料库中的数据，以便从中获取信息。它借助于对语料库中词汇的概率分析，而不是依靠事先规定好的语法规则，实现对语句的语法分析。概率统计方法也广泛应用在语音和光学（如手写体、印刷体）识别上，如隐含马可夫模型的应用。其诞生于20世纪60年代，80年代以来随着计算机运算能力的大幅度提高而得到一定程度的应用。

符号分析方法诞生于20世纪50年代，是最早的也是迄今为止应用最广泛和最成功的一种自然语言处理方法。符号分析主义的核心思想是：语义蕴含于符号之中。符号分析方法的里程碑是乔姆斯基（N. Chomsky）的产生式语法体系（Generative Grammar）。按照乔姆斯基的说法，产生式意味着这个语法应该能够结构性地描述和产生一种自然语言中的所有表达式。乔姆斯基语法体系不仅是现代语言学的一个重要基础，也是当代理论计算机科学和计算语言学的一块重要基石。

自从乔姆斯基语法体系诞生以来，出现了许多语法分析工具。比如：FDG（Functional Dependency Grammar），TNG（Transition Network Grammar），Chart-Based Parser，Horn-Clause-Based Parser等，技术相对成熟完善。而逻辑

编程语言：如，PROLOG 和 LISP 等则通过命题逻辑和谓词逻辑方法对自然语言进行分析处理。

在语法分析的前提下进行语义分析的理论基础一是弗雷格（G. Frege）的句子分解和组合原理，二是维特根斯坦（L. Wittgenstein）的语言分析哲学。前者指出："一个句子的意义由组成它的各个部分的意义和它们的连接方式决定。"后者指出："世界可以分解为事实。事实是由原子事实组成的。一个原子事实是多个对象的组合。对象是简单的（基本的）。对象形成了世界的基础。事实由自然语言所表达。"

自然语言虽然表示成一连串的文字符号或者一串声音，但其内部事实上是一个层次化的结构。从自然语言的构成中就可以看到这种层次性。一个用文字表达的句子的层次是词素、词或词形、词组或句子。一个用声音表达的句子的层次则是音素、音节、音词和音句，其中每个层次均受到语法规则的制约。因此，自然语言的分析和理解过程也是一个层次化的过程。

（二）自然语言的处理

自然语言处理可以分解为一些相互关联的任务，如回答问题、机器翻译、文本摘要和语音识别。

回答问题是自然语言处理研究中最古老的一个难题，它本身可以分解成一些子问题，如基于文本的问答和基于知识的问答。简单的文本问答中，我们只希望从文本中检索出正确的答案。如故事的主人公是谁？故事发生在什么地方？而在基于知识的问答中，我们通常希望从结构化数据库中提取更多的语义信息。

文本检索大会（TREC，自 1992 年以来每年举办）等大量比赛对问答系统的表现加以评估。许多针对此类竞赛开发的系统，如谷歌等商业搜索引擎已将之用于回答查询。如果以返回事实或列表为目标，最先进的问答系统对简单问题回答的正确率在 70% 以上。对于封闭式问题的回答，早在 20 世纪 70 年代初，问答系统的成绩就颇为可观了。

机器翻译是自然语言处理的另一个问题，它在过去几十年中取得了良好的进展。经历了 20 世纪 60 年代和 70 年代的失望之后，到 20 世纪 80 年代至 90 年代，因为全球互联网络的发展，人们再次对机器翻译产生了兴趣。今天，诸如谷歌翻译等系统表明，如果两种语言的亲缘关系较近，那么机器翻译的准确度是可以接受的。举例来说，谷歌翻译对法语和英语之间的互译相当准确。如果两种语言的关系疏远（如汉语和英语），或是我们想翻译一整段话，那么机器翻译还有很长的道路要走。不过，以机器翻译当前的表现，对许多应用程序来说已经足够了。

最后，语音识别是人工智能进展极其顺利的一个领域。对着设备说话，它能理解我们。近年来取得的许多成果，深度学习仍然是背后的推手。例如，百度硅谷人工智能实验室（SVAIL）的研究成果——新一代深度语音识别系统Deep Speech 2，包含了一个庞大的神经网络，它引入了数以百万计的转录语音。此类系统在语义上并不理解转录的文本，它们的运作建立在纯粹的句法层面上。有时它在识别汉语语音片段方面，要比人为识别更加准确。正是由于Deep Speech 2出色的表现，该系统被美国权威杂志《麻省理工科技评论》列为2016年十大突破技术之一。

尽管取得了上述进展，在一些最基础的领域，自然语言处理仍然面临着挑战。自然语言处理面临四大挑战：在词法、句法、语义、语用和语音等不同层面存在不确定性；新的词汇、术语、语义和语法导致未知语言现象的不可预测性；数据资源的不充分使其难以覆盖复杂的语言现象；语义知识的模糊性和错综复杂的关联性难以用简单的数学模型描述，语义计算需要参数庞大的非线性计算。

四、语音合成技术

语音合成技术（Text To Speech，TTS）是运用计算机技术对文本状态的文字信息进行识别，然后转换为声音信息，并通过计算机的声卡、电话语音卡等多媒体设备将声音信息输出的一项技术。简单地说，就是让计算机把文字资料"读"出来，让机器"像人一样开口说话"。

目前就语音合成系统的系统构架来说，它正朝着多语种、网络化和分布式运算的方向发展，从技术上来说，语音合成未来发展方向主要有以下几个方面：特定应用场合的计算机语言输出系统；韵律特征的获取与修改；语言理解与语言合成的结合；计算机语言输出与计算机语言识别的结合。

以下简要说明英语、汉语语音合成技术的发展状况。

（一）英语语音合成技术

许多研究机构和软件公司先后推出了各自开发的TTS引擎，如微软的Speech SDK、IBM的Via Voice等。英语语音合成从20世纪50年代出现以来，采用的技术内核主要有音素单元拼接、可变长度音素单元拼接、真人录音数据库。前两种技术可以简单地概括为计算机掌握了某种语言的全部音素，而合成过程就是将单词所包含的音素拼接在一起播放出来，与用国际音标来读音很相似。这种办法输出的语音音质粗糙，极不自然，难以听懂，但是可以读出的词汇几乎无限多。最后一项技术则需要预先录制尽可能多的单词的标准读音，这些声音样本构成了一个庞大的数据库，而合成过程便是计算机从语音库中检索并播放出声音，输出的语音音质与真人无异，但是采用这种技术能读出的词汇量是有限的。

目前，大多数商品化的语音合成软件采用了两种技术相结合的方式。

（二）汉语语音合成技术

汉语语音合成技术也受到了微软、IBM等国际大公司的重视，他们开发的语音合成软件中包含了对汉语的支持。科大讯飞公司是中国产业化实体中，在语音技术方面基础研究时间最长、资产规模最大、历届评测成绩最好、专业人才最多及市场占有率最高的公司。其语音合成系统的主要亮点有：首次在一个系统内同时提供多语种、多音色的语音合成服务，充分满足了用户对语音合成系统个性化和多语种的需求；能够自动识别合成文本中的疑问、感叹句式，并通过语音和语调在合成语音中表现出来；数字数值的发音更加清晰饱满，节奏感更强，短语合成更加流畅自然，可以满足各种类型的专业化需求；粤语合成方面补充了大量的口语化语料和处理规则，能将正式文本按照广东话实际播报的口语化效果进行转化；首次实现了Email文本合成和URI合成，可以读出Email内容和自动下载URI链接文本，方便用户使用网络上的信息资源。2005年10月，科大讯飞向国家标准化管理委员会提出的国家标准草案《中文语音合成系统通用技术规范》，草案在标准工作组19家成员单位进行的表决中以18票赞成高票通过，被确认为国家标准。

语音合成技术有着广泛的应用领域，各个领域中又有很多实用产品。如电话银行查询系统，股市查询系统，高考查分系统、护照，银行票据防伪系统、普通话教学软件、教育与娱乐软件等。可以说，基于语音合成技术的系统有着"无所不在的应用领域和无所不能的解决方案"[①]。

---

① 徐东平，何业兰.多媒体技术基础及应用[M].杭州：浙江大学出版社，2011：69.

第四节 专家系统与 Agent 技术

一、专家系统概述

（一）专家系统发展历史

人工智能科学家很早希望开发出一种在某种意义上能够思考的计算机程序。专家系统就是为定义这些程序本质所做的多年探索的结果。

1969 年世界上第一个专家系统 DENDRAL 在斯坦福大学由人工智能专家费根鲍姆（Feigenbaum）与化学家莱德伯格（Lederberg）合作研发成功。他们期望利用这一系统列举出所有可能的分子结构。其后在很多领域出现了专家系统，比如，数学专家系统 MACSYMA，语音识别专家系统 HEARSY，内科病诊断咨询系统 INTERNIST 和 CADUCEUS 等。20 世纪 70 年代具有代表性的专家系统是医疗专家系统 MYCIN 和探矿专家系统 PROSPECTOR。我国专家系统的研究起步于 20 世纪 80 年代，经过 40 多年的发展，取得了较好的成绩，成功开发了许多具有实用价值的应用型专家系统。

（二）专家系统的定义

专家系统是一种具有智能的程序系统。和普通程序不同，专家系统是一种能运用专家知识和经验推理的启发式程序系统。它包含大量专家水平的领域知识，并能在运行过程中不断对这些知识进行更新；能模拟人类专家求解问题的推理过程，解决那些本来应该由人类领域专家才能解决的复杂问题。

（三）专家系统的分类

根据其特性和处理问题的类型，专家系统包括解释型、诊断型、设计型、预测型、规划型、监视型、控制型、调试型、教学型、修理型等。其中教学型专家系统可以根据不同学生的学习特点，采用适当的教学计划和方法实施教学和辅导。预测型是通过分析过去知识以及当前的事实与数据，推断未来情况。具有处理基于时间变化的动态数据的能力，能够从一些不完全和不准确的信息或数据中，依据已有知识对未来的情况做出预测。规划型专家系统能够根据给定的目标数据，制定出某个能够达到目标的动作规划或行动步骤。

按照系统的体系结构，专家系统分为四类：

1. 集中式专家系统

这是指对知识及推理进行集中管理的类专家系统，目前一些成功的专家系统均属这一类。在这一类中，按知识及推理机构的组织方式不同又可细分为层次式结构、深浅双层结构、多层聚焦结构及黑板结构等。层次式结构是指具有多层推理机制。深浅双层结构是指系统分别具有深层知识（问题领域内的原理性知识）及浅层知识（领域专家的经验知识）这两个知识库，并相应地有两个推理机分别应用两个知识库中的知识进行推理，为了协调两个推理机的工作，在它们之上建立了一个控制机构进行统一的管理。所谓多层聚焦结构是指知识库中的知识是动态组织的，把当前对推理最有用、最有希望推出结论的知识称为"焦点"，并把它置于聚焦结构的最上层，把有希望入选的知识放在第二层，如此类推，每个知识元所在层是不固定地随着推理的进行而不断调整，这类结构多用于以框架对象表示知识的系统中。黑板结构通常用于求解问题比较复杂的系统中，在这类系统中一般有多个知识库及多个推理机，它们通过各结构化的公共数据区，即黑板来交换信息，语音识别专家系统 HEARSAY Ⅱ 首先使用了这一结构。

2. 分布式专家系统

这是指把推理机制分布在一个计算机网上，或者两者同时进行分布的一类专家系统。这类专家系统除了要用到集中式专家系统的各种技术外，还需要运用一些重要的特殊技术。例如，需要把待求解的问题分解为若干个子问题，然后把它们分别交给不同的系统进行处理，当各系统分别求出子问题的解时，还需要把它们综合为整体解。如果各系统求出的解有矛盾，需要根据某种原则进行选择。另外，在各系统求解子问题的过程中需要相互通信，密切配合，进行合作推理等。

3. 神经网络专家系统

这是运用人工神经网络技术建造的一种专家系统。这种专家系统的体系结构与我们前文讨论的专家系统完全不同，前文讨论的专家系统是基于符号表示的，而神经网络专家系统是基于神经元的，它用多层神经元所构成的网络来表示知识并实现推理。

4. 符号系统与神经网络相结合的专家系统

符号系统与神经网络各有自己的长处与不足，如何把它们结合起来建立相应的专家系统是人们十分关心的课题。结合的途径有多种，例如，充分发挥神经网络学习能力强的优势,把它用于知识的自动获取,而推理仍用符号机制。再如,把神经网络作为推理机构中的一个模块,然后再用符号机制加以连接,形成统一的专家系统等。

(四)基本结构

专家系统的基本结构包括六个部分:综合数据库及其管理系统、知识库及其管理系统、推理机、解释器、知识获取系统、人机接口。如图6-9所示。

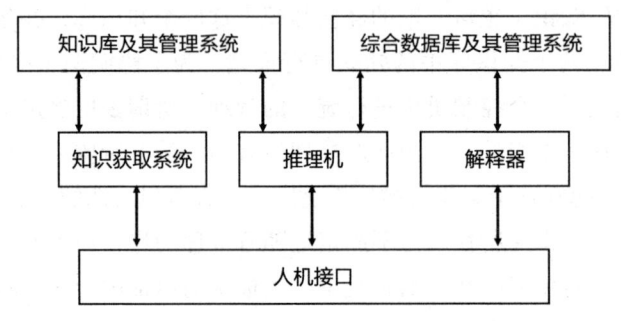

图6-9 专家系统结构图

1. 综合数据库及其管理系统

用来存储有关领域问题的初始事实、问题描述以及系统推理过程得到的各种中间状态或结果等。

2. 知识库及其管理系统

知识库是知识存储器,用来存放被求解问题的相关领域内的原理性知识或者相关事实,以及专家的经验性知识。知识库建立的关键是知识的获取和表示问题。知识库管理系统实现对知识库中知识的合理组织和有效管理。

3. 知识获取系统

知识获取系统负责知识的获取,基本任务是从知识工程师那里获得知识或从训练数据中自动获取知识,并把得到的知识送入知识库中,确保知识的一致性和完整性。

知识抽取指把蕴含于多个知识源中的知识经过分析、识别、理解、遴选、归纳等处理后抽取出来,以建立数据库。知识源是指专家系统知识的来源,包括领域专家、技术报告、课本教材、相关论文、实例研究、经验数据及系统本身的运行实践等。

知识抽取的难点在于对知识源中的数据进行处理,因为知识并不是以某种现成的形式存在于知识源中的,只有对知识源中的**数据**经过分析、识别、理解、关联等一系列处理之后,才能发现其中的有用知识。而这种数据处理又因为知识源中数据形式的不同而呈现不同的难度。例如，领域专家解决某一领域各种困难问题的经验，就可能是只可意会不可言传的，即使由领域专家来提取知识也比较困难。

知识获取的人工手段就是与领域专家充分交流，从领域专家或其他知识源中获得专家系统所需要的知识。一般采用如下的技术步骤：现场观察、问题讨论、问题描述、问题分析、建造原型系统、系统检查、系统验证等。知识获取的理想方法当然是机器自动获取，但是目前的机器学习技术还远未成熟。如果要让专家系统本身在运行实践中从已有知识或者实例中演绎、归纳出新知识，并实现对知识库的自我更新和完善，则必须对机器学习的相关理论和技术进行更加深入的研究。

知识自动获取需要具备以下技术：文字、语音和图像的识别功能，理解、分析和归纳的能力，从自身运行过程中自我学习的能力。这些内容涉及自然语言处理、图像和语音信息处理等方面的前沿研究。知识源中的知识通常以自然语言、图形、表格等形式来表示，必须将它们转换为计算机能够识别或运用的形式。只有那些专家的知识、经验能用语言或者文字表达清楚的应用领域，才适合开发专家系统。知识输入是要将知识在计算机上编辑、编译送入知识库。知识检测的主要任务是保证知识库的一致性和完整性。

4. 推理机

模拟领域专家思维过程，以使整个专家系统以逻辑方式进行问题求解。采用的推理方式可以是正向推理、反向推理或者双向推理。

5. 解释器

负责对专家系统的行为进行解释，并通过人机接口提供给用户。

6. 人机接口

负责专家系统与用户的交流通信。

（五）系统的设计与建造

系统的设计与建造可采用原型法。原型法是一种较好的方法，其基本思想是：首先建立一个能够反映用户主要需求和专家求解问题基本方法的系统原型，并让用户和专家了解未来系统在功能和求解能力上的概貌，请他们提出修改要求。然后反复修改原型，最终建立符合用户要求、具有专家级求解能力的新系统。基于原型法的专家系统开发过程一般由八个阶段构成：应用领域选择与可行性分析、需求分析、原型设计与开发、原型评价、最终系统设计、最终系统实现、系统测试与评价、系统维护。

（六）系统评价内容

对专家系统的评价可以从设计目标、结构、性能、实用性等方面来进行，主要包括以下几项：知识库的知识是否完备；知识的表示方法与组织方法是否适当；系统的推理是否正确；系统的解释功能是否完全与合理；用户界面是否友好；系统效率、响应速度和时空消耗；系统的可维护性；效益如何。

（七）开发工具

语言型开发工具包括：程序设计语言如 Java，Net 等，人工智能语言如 Smalltalk，Lisp，Prolog 等。骨架型开发工具是由一些已经成熟的具体专家系统演变而来的，知识表示方式、推理机制等已经确定，只需要将领域知识写入知识库，即可快速产生一个新的专家系统。这种方法快速、高效，但是灵活性和通用型差。代表性的开发工具有：EMYCIN，KAS，EXPERT 等。

EMYCIN（Empty MYCIN）中知识的表示方式为产生式，知识的不确定度由可信度表示，推理过程为反向深度有限搜索策略。KAS（Knowledge Acquisition System）来自 PROSPECTOR，知识表示方法是产生式规则、语义网络和概念层次，推理机制是双向混合推理机制。EXPERT 的知识主要由假设、事实和推理规则三个部分组成。

通用型开发工具是不依赖于任何已有专家系统、不针对任何具体领域、完全重新设计的一类专家系统开发工具。典型代表是 OPS，该工具由产生式规则库、综合数据库和推理机三部分组成。开发环境与辅助型开发工具是帮助专家系统建造者进行程序设计的系统环境和程序模块。如辅助测试工具、知识库编辑器、输入/输出处理工具、辅助解释工具等。

二、Agent 技术

（一）Agent 的概念

Agent 并不是一个新的概念。休伊特和贝克（Hewitt & Baker，1977）提出了"演员"的概念，即指自包容的、交互的、并发执行的对象，这是 Agent 的雏形。经过多年的发展，Agent 已经成为人工智能领域的一个非常重要的研究课题。

Agent 也称软件 Agent，已被广泛应用到多项技术中，如人工智能、数据库、操作系统和计算机网络等。虽然目前对 Agent 还没有公认的统一定义，但几乎所有的定义认为 Agent 本质上是一类特殊的软件构件，这种构件是自主的，它提供与任意系统的互操作接口，类似人类行为，按照自己的规划为一些客户端提供应用服务。

詹宁斯和伍德里奇（Jennings & Wooldridge，1995）提出的 Agent 定义，可作为参考。此定义包括两个方面：

弱定义：Agent 是一个计算机软件系统，它拥有自治性、社会能力、反应性和能动性。

强定义：在 Agent 弱定义的特性基础上，还包括了情感等人类特性。

Agent 系统可以是一个工作在特定环境中的独立 Agent，也可以在需要时与用户（这些用户通常是由多个 Agent 组成）进行交互。这些多 Agent 系统（MAS）可对复杂系统进行建模，使得具有共同或冲突目标的 Agent 共存成为可能。各个 Agent 之间总是间接（对环境起作用）或直接（通过通信与协作）相互作用。同时，Agent 可以决定互利合作或为自身的利益相互竞争。

（二）Agent 的特性

1. 智能性

Agent 能够根据知识库中的事实和规则进行推理，运行于复杂环境中的 Agent 还具有学习或自适应的能力。

2. 自主性

Agent 是一个独立自主的计算实体，其动作和行为是根据本身的知识、内部状态和对外部环境的感知来进行控制的，它的运行不受人或其他 Agent 的直接干涉。

3. 反应性

Agent 能够及时感知环境变化而做出相应的动作。

4. 社会性

Agent 可以通过某种 Agent 协作语言与其他 Agent 或人进行交互和通信。在多 Agent 系统中，Agent 具有协作和协商能力。

5. 目标导向性

Agent 能够为实现一定的目标而规划行为步骤。

6. 移动性

Agent 作为一个活体，能够在互联网上跨平台漫游，以帮助用户搜集信息，它的状态和行为具有连续性。

（三）多 Agent 系统

由于现实世界非常复杂，单个 Agent 无法完成稍微复杂的任务，于是就出现了多 Agent 系统。基于多 Agent 技术的系统是指多个 Agent 相互通信、彼此协调，共同完成作业任务的系统，它不仅具备一般分布式系统所具有的资源共享、易于扩张、可靠性强、灵活性强、实时性好的特点，而且各 Agent 能够通过相互协调解决大规模的复杂问题，使系统具有很强的鲁棒性（Robustness）、可靠性和自组织能力。

在多 Agent 系统中，单个 Agent 是一个物理的或抽象的实体，能作用于自身和环境，操纵环境的部分，并与其他 Agent 通信，具有感知、通信、行动及控制和推理能力等基本功能。这些特点使得多 Agent 技术在处理基于互联网的知识方面，具有广阔的应用前景。

（四）Agent 技术的应用

1. 智能搜索代理的研究和开发[①]

伴随着计算机人工智能研究的不断发展，具有智能性、代理性、适应性、学习性等特征的 Agent 技术从试验阶段走向实际的应用。目前，智能搜索代理已经成为网络信息检索的核心技术。智能搜索代理就是智能代理技术应用于网络信息检索的特定领域，它是目前具有前瞻性、先进性的网络信息检索手段，目的是为用户提供迅速、准确、方便的网络信息检索服务。

同传统的搜索引擎相比，智能搜索代理具有鲜明的特色，主要表现在以下几个方面：

（1）网络信息收集的智能化

智能搜索代理采用人工智能技术，网络信息收集阶段采取最为有效的搜索策略，按一定的语法规则智能地、有选择地自动收集网络信息，信息搜索的专指度高，并且可以同时启动多个智能搜索代理分工不同的并行工作，最后将检索结果整合为一个整体存放于知识库中。

（2）网络信息处理的智能化

智能搜索代理对收集来的网络信息智能处理和理解，运用推理机制和学习机制，具有跨平台工作和处理多种混合文档结构的能力，既可以处理 HTML、SGML、XML 文档和其他非结构化类型的文档，又可以处理多语种网络文献。

（3）网络信息检索的智能化

智能搜索代理检索是面向普通用户的，采用自然语言检索入口，允许用户自由表达查询请求，主要是采用语义网络等智能技术，通过汉语切词、句法分析以及统计理论有效地理解用户的请求，是基于知识（概念）层面的检索。借

---

① 徐学文.科技信息工作自动化概论[M].北京：国防工业出版社，2008：366.

助知识库和规则库中对用户行为和需求的描述规则，参考用户以前的需求记录和爱好，推断出用户的最大可能需求，在弱化检索入口复杂性的同时提高检索问题的专指性，同时能够兼容关键词等传统检索方式，支持多语种搜索。

（4）网络信息检索服务的个性化

智能搜索代理采用的机器学习、用户行为建模、推理机制、规则描述等是实现主动性、个性化服务的核心技术。它通过学习了解用户的行为、爱好、兴趣，推理出用户以后的潜在需求，根据用户的评价和反馈调整自己的行为，动态地关注用户所需信息的变化，实时地把最新信息推送给用户，实现服务的个性化。目前，智能搜索代理存在着一些局限和不足，如智能化程度不高、自然语言处理有待提高、网速和搜索速度慢等问题。有人提出了将传统搜索引擎技术与智能搜索代理技术相结合的检索模式，两者相互补充，可以体现传统搜索引擎的信息能力和智能搜索代理较高智能性、交互性的特性，将"面向主题"与"面向用户"紧密地结合起来。

2.Agent 技术在数字图书馆的应用

数字图书馆是近年来国内外图书情报学界研究和开发的新领域。数字图书馆是海量的"信息空间"，可以满足分布式面向对象的信息查询需要。它以网络信息资源建设为核心，采用人工智能、信息海量存取、多媒体制作与传输、自动标引、数字版权保护、电子商务等现代信息技术成果，形成超大规模、分布式体系，便于使用、没有时空限制、可以实现跨库无缝连接与智能检索的知识中心。Agent 技术在数字图书馆中发挥了非常重要的作用。

利用 Agent 技术能保证数字图书馆的网络信息资源建设。互联网信息是数字图书馆资源建设的主要来源，但是网络信息的复杂性和不确定性带来网络信息过载、信息污染等问题，这些都是数字图书馆信息资源建设的障碍。利用 Agent 技术的智能搜索引擎对互联网信息进行搜索、分析、过滤、优先分级和整合的方法，形成有自己特色的数字资源，开展有自己服务特色和个性化的信息服务。

可以对数字图书馆的信息数据库进行智能代理。Agent 能够连续监控信息数据库表的剩余空间并与预定义的阈值比较，如果自由空间低于阈值，Agent 向管理台发一个事件，这个事件的优先级别是警告，与这事件相关联的指令和预定义的校正和预防动作被提供给数据库操作员。由于数字图书馆结构复杂，规模较大，其数据库结构也必定是由分布在不同地域的多个数据库组成的分布式结构，如果采用逐级分散管理方式，势必造成管理效率低，且容易出现不一致的地方。所以分布式数据库的集中式 Agent 是一个较好的解决方案。

利用 Agent 技术可以查找到自己所需的信息。数字图书馆在持续不断地进行网络信息资源建设的同时，用户可以更方便地利用智能代理技术检索馆藏特色资源，满足自己的信息需求。若数字图书馆内没有所需的信息资源，再上互联网去检索自己所需的网络信息，同时也可以把检索结果补充到数字图书馆中，成为馆藏信息资源建设的一部分。

数字图书馆利用 Agent 技术为用户提供主动的、个性化信息服务。数字图书馆可以利用 Agent 技术根据用户的爱好、兴趣、工作性质等设计个性化服务模块，建立"个人数字信息资源特色库"，设计智能型的用户服务界面（如用户检索界面），做好知识库（包括用户库、个人数字信息资源特色库等）的安全管理，处处为用户考虑，让用户满意，为用户提供优质的个性化信息服务。

可以为用户提供多样化的信息服务。Agent 技术可以从互联网上帮助用户检索到大量有价值的隐性信息，不仅仅是文本信息，还有声音、动画等多媒体信息，并且可以是多语种内容的信息。其服务范畴也在拓展，提供天气预报、经济动态、新闻报道、股票点评、中介服务等面向大众的信息服务，以多种形式提供全方位的服务来满足用户多元化的信息需求。用户培训和教育也是数字图书馆的一项基本职能，数字图书馆在互联网上进行远程教育也成为目前一个热点。Agent 技术逐渐取代 I-CAI（或 ITS）而成为教学领域实现智能化的一种主流技术。它不仅可以作为教师代理，也可以作为学生代理，而且可以成为学生学习过程中多方面的代理，即 MultiAgent（多代理）。利用 Agent 技术可以构造各种虚拟现实，从虚拟的人物到虚拟的社区，这些内容极大地丰富了远程教育的教学手段。

3. 移动代理技术是 Agent 技术的新发展

移动代理技术（Mobile Agent）是近几年来提出的一个新概念，是智能代理技术研究的新领域和前沿问题。它引入了移动的思想，极大地延伸了分布式计算的概念。在大规模、分布式、跨平台的应用中，移动代理拥有独特的优势，与传统的 C/S 结构相比它有很多优点，如减少网络流量、提供更好的扩展性、支持网络异步计算等。目前，移动代理技术的应用领域主要集中在动态信息获取、电子商务网、企业管理（如供应链管理等）、网络管理（包括入侵检测等）方面。目前，虽然移动代理理论和技术研究仍处于起始阶段，存在着问题和不足，如何把它与实际应用结合起来还有待进一步研究，特别是安全问题。但从中已可以看到一些重要的萌芽，特别是对软件工程构成了潜在的挑战，如果这种挑战在不久的将来成为现实，那必将导致计算机和信息技术的重要革命。

第七章 智慧教育

第一节 智慧教育概述

我国教育发展的目标是构建全民学习、终身教育、随时随地学习的学习型社会。2012年，教育部发布的《教育信息化十年发展规划（2011—2020年）》明确指出，以教育信息化带动教育现代化，破解制约我国教育发展的难题，是加快从教育大国向教育强国迈进的重大战略抉择。随着物联网、云计算和新一代移动网络技术等的兴起和快速发展，教育信息化建设从数字化时代进入智能化时代，智慧教育成为教育信息化发展的新趋势。

一、智慧教育产生的背景

智慧教育的思想源于美国。1992年，美国前副总统阿尔·戈尔提出美国信息高速公路法案。1993年9月，美国政府正式提出建设"国家信息基础设施"计划，俗称"信息高速公路"，其核心是发展以互联网为核心的综合化信息服务体系和推进信息技术在社会各领域的广泛应用，特别是把信息技术在教育中的应用作为实施面向21世纪的教育改革的重要途径。从此，各国纷纷从国家战略规划层面对教育信息化发展予以充分重视，并制定了本国的教育信息化发展规划及战略，统筹了教育信息化的各方面发展。如，美国于2010年发布了《国家教育技术计划》、日本于2010年发布了《教育信息化指南》、英国高校联合信息系统委员会于2009年发布了《JISC战略》等。这些教育信息化发展规划及战略文件的发布，为各国教育信息化的发展指明了方向。

教育信息化的发展带来了教育形式和学习方式的重大变革。1998年，阿尔·戈尔在其题为《数字地球：21世纪认识地球的方式》的演讲中提出了"数字地球"的概念，此后数字化概念在世界各行各业大行其道。随着20世纪90年代末期全球数字化浪潮的兴起，在世界范围内的教育信息化建设进入了数字化时代，即数字教育阶段，信息技术在教育教学中的应用不断深入，从计算机、互联网、多媒体等数字化技术逐步进入校园，到交互式电子白板、虚拟仿真实验等技术在"班班通"建设、数字化校园建设中的应用，数字化教育蓬勃发展，极大地丰富了教与学的过程。

21世纪科技的快速发展，特别是移动终端、物联网、云计算、大数据、三网融合等新一代信息技术的兴起和快速发展，为教育信息化和教育现代化注入了新的推动力，激发了研究者和教育实践者拓展学习概念、开展学习环境设计的兴趣，推动着学习环境的研究与实践从数字化走向智能化。此时，教育进入智能化时代，即智慧教育阶段。信息技术的发展成为促进教育教学变革与创新的重要动因之一。

根据联合国教科文组织2002年提出的教育信息化发展的形成、应用、融合和创新四个阶段的观点，透过美国1996年、2000年、2004年、2010年陆续发布的国家教育技术规划，可以清晰地看出美国教育信息化发展走过了基础设施与设备配备、教育资源建设与推广、教师全员信息技术应用能力建设等阶段，目前进入教育应用创新阶段，寻求教育系统的整体变革成为教育信息化发展的新目标。

我国教育信息化发展经历了"九五"期间的多媒体教学发展期和网络教育启蒙期、"十五"期间的多媒体应用期和网络建设发展期、"十一五"期间的网络持续建设期和应用普及期的发展轨迹，现阶段正处于应用融合阶段，并且向着全面融合、创新阶段迈进。《教育信息化十年发展规划（2011～2020年）》明确提出，力争到2020年实现全面融合、部分创新的阶段性发展目标，要求"以教育信息化带动教育现代化，破解制约我国教育发展的难题，促进教育的创新与变革"。无论从国家地区的宏观层面、学校组织的中观层面，还是学习者的个体层面来看，教育信息化都是一个平衡多方关系、创新应用发展、追求卓越智慧的过程。

在"信息技术—社会—教育变革"三元互动结构中，如何在社会信息化大背景下，推动教育信息化进程，解决当前教育面临的公平与均衡、优质与创新、个性与灵活的三大发展难题，以理念创新、技术创新、教学法创新等落实教育信息化创新发展，成为教育信息化发展的新追求。智慧教育作为"智慧地球"思想在教育领域的延伸，已被世界上多个国家和地区作为未来教育发展的方向。如，澳大利亚、韩国、马来西亚、新加坡等均颁布了相关的国家教育政策。数字教育向智慧教育的转变，不仅仅象征着教育信息化中技术的数字化转为智能化走向而促发的"形变",更蕴含着信息技术促进教育变革所追求的"质变",尤其是教育文化的创新。以智慧教育引领教育信息化创新发展,带动教育教学创新发展,最终指向创新型人才的培养,已成为教育信息化发展的必然趋势。智慧教育是经济全球化、技术变革和知识爆炸的产物,也是教育信息化发展的必然阶段。

进入21世纪以来,信息技术以前所未有的速度和气势,强烈地冲击着社会生产生活的方方面面,成为当今世界发展的重要驱动力。在物联网、云计算、大数据、移动通信等新一代信息技术的推动下,世界上多个国家和地区已将智慧教育作为其未来教育发展的重大战略,从数字教育转向智慧教育已是全球教育发展的必然趋势。随着我国智慧城市建设步伐的加快,智慧教育作为智慧城市的重要组成部分,也开始逐步引起我国政府、企业、高校和科研机构的高度重视,具有广阔的发展空间。智慧教育正在引领全国教育信息化的发展方向,成为技术变革教育时代发展的主旋律。

二、智慧教育的定义

智慧教育伴随信息技术在教育领域的深入应用,已成为信息化教育应用的新范式。智慧教育主张借助信息技术的力量,创建具有一定智慧特性(如感知、推理、辅助决策)的学习时空环境,旨在促进学习者的智慧全面、协调和可持续发展,通过对学习和生活环境的适应、塑造和选择,以最终实现对人类的共善(对个人、他人、社会的助益)。智慧教育充分体现了"以学习者为中心"的思想,强调学习是一个充满张力而又平衡的过程,揭示了"教育要为学习者的智慧发展服务"的深刻内涵。

综合学者的观点,智慧教育的定义大致有五点:

一是认为智慧教育就是智能教育,主要是使用先进的信息技术实现教育手段的智能化,重点关注技术手段。

二是认为智慧教育是基于学习者自身能力与水平,兼顾兴趣,通过娴熟地运用信息技术获取丰富的学习资料,开展自助式学习的教育,重点关注学习过程与方法。

三是认为智慧教育就是在传授知识的同时,着重培养人们智能的教育。智能包含学习能力、思维能力、记忆能力、想象能力、决断能力、领导能力、创新能力、组织能力、研究能力、表达能力等。

四是认为智慧教育是利用物联网、云计算、移动网络等新一代信息技术,通过构建智慧学习环境，运用智慧教学法，促进学习者进行智慧学习，从而提升成才期望，即培养具有高智能和创造力的人。

五是认为智慧教育是为了促进人的发展，全面提高教育质量与效益，运用先进的信息技术，对教育过程的各种信息与情境进行感知、识别、分析、处理，为教育参与者提供快速反馈、决策支持、路径指引和资源配送的教育方式。站在企业的角度，智慧教育就是通过大数据挖掘，满足教师和学生显性和隐性的需求。[1]

三、智慧教育与传统数字教育的比较

与传统数字教育相比，智慧教育在发展目标、发展阶段、技术作用、核心技术、建设模式、学习资源、教学模式、教学方式、学习方式、科研方式、管理方式、评价方式等方面表现出诸多的不同，见表7-1。

表7-1　数字教育与智慧教育的比较

类别＼项目	数字教育	智慧教育
发展目标	提高教育质量和效率	培养智慧型、创新型人才
发展阶段	信息在教学中的应用	技术与教学双向融合
技术作用	通过技术工具、媒体高效率地传递知识	技术变革教育，改变教育战略实施的生态环境
核心技术	计算机、多媒体、互联网、Web2.0	云计算、大数据、物联网、增强现实、移动通信、定位技术
建设模式	建设导向、建网、建库、建队伍	应用驱动，根据教育教学应用建设配套环境、资源与队伍
学习资源	静态固化、结构封闭，CAI课件、网络课程、数字图书、专题网站	动态生成、持续进化、开放建设，慕课、微课、移动课件、电子教材、动态内容库
教学模式	知识传递、灌输	知识建构
教学方式	以教师为中心，多媒体辅助教学、网络教学、远程教学	以学习者为中心，大规模在线开放教学、深度互动教学、智能教学（智能备课、智能批阅等）

---

[1] 李斌，徐波锋.梦山书系 国际教育新理念[M].福州：福建教育出版社，2015：243.

续 表

类别 项目	数字教育	智慧教育
学习方式	多媒体学习、网络学习	泛在学习、自主学习、移动学习、深度学习
科研方式	基于有限资源的小范围协同科研	跨地域、大规模协同科研，科研数据的及时分享与深度挖掘和利用
管理方式	管理信息分散，标准不统一，人管、机管多种方式混杂	高度标准化，归一化管理，智能管控
评价方式	经验导向性评价	数据导向性评价，基于大数据的学习分析和评价

四、发展智慧教育的意义

随着信息化浪潮在全球的兴起，教育发展已经步入一个全新的高速发展的阶段。智慧教育将对传统的教育思想、教育理念、教学模式、教学内容和方法、学习内容、学习方式等产生巨大的冲击，从而推动教育形式和学习方式的巨大变革。智慧教育正在引领全球教育信息化的发展方向，成为技术变革教育时代发展的主旋律。大力发展智慧教育已成为国际社会的共识。智慧教育是对未来教育模式的创新性探索，具有强烈的现实需求和技术条件。在技术变革教育的大背景下，我国发展智慧教育具有重大战略意义。

（一）破解我国教育发展难题，推动教育领域全面改革

目前，我国教育还没完全适应国家经济社会发展和人民群众接受良好教育期盼的要求，还存在一系列发展难题。比如，教育观念相对落后，内容方法比较陈旧；中小学生课业负担过重，素质教育推进困难；学生创造力不足；城乡之间、区域之间教育发展不均衡；教育公平问题长期存在；高等教育规模飞跃式扩张导致本科教学质量下滑；各地校园安全事件频发等。智慧教育通过创新应用信息技术，提升教育系统运行的智慧化水平，有助于破解教育发展难题，从而形成突破点，带动整个教育系统的全面改革。

智慧教育顺应了教育发展潮流，是当前我国教育领域综合改革的方向和途径。信息技术对教育发展具有革命性影响，运用信息技术变革教育已经成为我国的国家战略，其必将引领和推动我国教育的全方位改革和创新。

（二）抢占国际教育制高点，引领教育信息化创新发展

在通往信息化社会的道路上，我国的信息化发展水平和发达国家虽有差

距,但并不明显,尤其在教育信息化领域,经过多年的重点投入建设,某些方面已经走在了国际前列。智慧教育建设为我国抢占国际教育制高点、重塑我国在全球教育领域的影响力和地位提供了契机。祝智庭教授认为,智慧教育是当代教育信息化的新境界,是素质教育在信息时代、知识时代和数字时代的深化与提升,是培养面向21世纪创新型人才、智慧型人才、实践型人才的内在需求。智慧教育的发展将引领我国教育信息化新的发展方向,带动整个教育产业的迅猛发展,培养大批世界一流的创新型人才。

智慧教育已成为当前国际社会教育信息化推进过程中的重要发展战略和长期任务。教育信息化政策、制度、队伍与机制的全方位发展与完善,将为智慧教育提供良好的发展环境。智慧教育的持续发展将进一步体现教育信息化的战略优势,巩固教育信息化在整个国家教育体系中的地位。

(三)服务全民终身教育,助推中国教育梦实现

技术推动下的智慧教育正在成为信息时代全球教育改革的"风向标"。智慧教育面向全体公民,既可以为正常人提供优质的、个性化的教育服务,又能够满足各类特殊人群的教育需求。袁贵仁在政协教育界别联组讨论会上阐述了他的中国教育梦,即"有教无类、因材施教、终身学习、人人成才"。智慧教育运用科技服务教育,显著提升教育智慧,能够实现"学有所教、有教无类""人人教、人人学"的泛在教育,加快我国学习型社会的建设步伐。

智慧教育是国家信息化的重要组成部分,对于转变教育思想和观念、深化教育改革、提高教育质量和教学效果、培养创新型人才具有深远意义,是我国实现教育跨越式发展、实现教育现代化的必然选择。

第二节 物联网技术

一、物联网技术概述

(一)物联网的定义

物联网是物物相连的网络,由于其发展时间并不长,因此目前还没有一个权威统一的概念。当前,比较为公众所认可的物联网的概念为:物联网是通过条码与二维码、射频标签、全球定位系统、红外感应器、激光扫描器、传感器网络等自动标识与信息传感设备及系统,按照约定的通信协议,通过各种局域

网、接入网、互联网将物与物、人与物、人与人连接起来，进行信息交换与通信，以实现智能化识别、定位、跟踪、监控和管理的一种信息网络。换句话说，通过装置在物体上的传感器、电子标签和全球定位系统等设备，网络将赋予物体智能，既可以实现人与物体的沟通和对话，也可以实现物体与物体之间的沟通和对话。

物联网是物物相连的互联网，其中包含两层意思：一是物联网的核心和基础依然是互联网，物联网是互联网的延伸和扩展；二是其用户端可延伸和扩展到任何物体与物体之间进行信息交换和通信。物联网的实质是泛在网络要融合协同的一种网络工作模式，是泛在网络及信息化在行业应用角度的一个重要体现；它物理上涵盖了泛在周边的延伸网，也涵盖了泛互联的网络。但其更多强调的是物与物能够在网络下提供自身信息，以方便识别和处理的交互工作模式。

物联网的概念模型最外层是感知部分，包括射频识别RFID，传感网（WSN）、条码、二维码，全球定位系统，感应器、扫描器等。如图7-1所示。中间层是接入网，通过网络直接将物品接入互联网，或者先组成局域网，然后再接入互联网等，从而形成人—物、人—人、物—物等进行信息交换的网络信息系统。

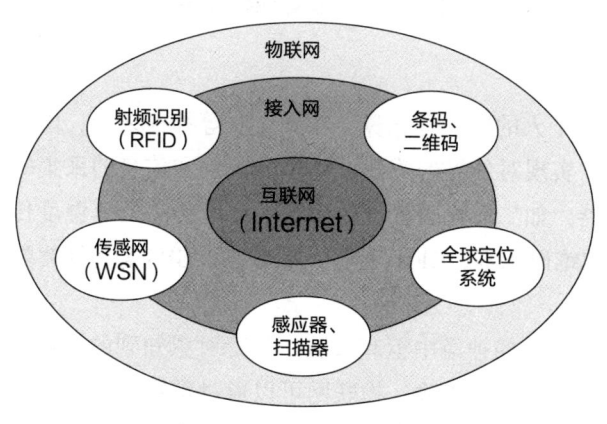

图7-1 物联网的概念模型

（二）物联网的体系结构

1.结构

物联网是物物相连的网络，各种物联网的应用依赖于物联网自动连接形成的信息交互网络。目前物联网的体系结构一般分为三层，如图7-2所示，自下而上依次为感知层、网络层和应用层。

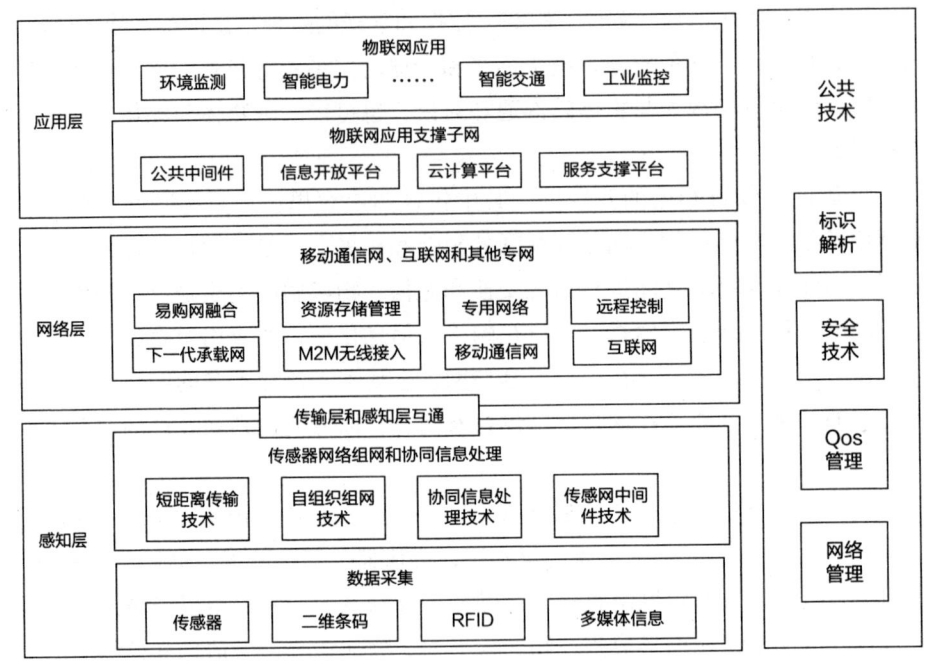

图 7-2 物联网的体系结构

（1）感知层

感知层相当于人的眼、耳、鼻、喉和皮肤等神经末梢，由各种传感器及传感器相关构成，实现对外界的感知、物体的识别和信息的采集等。感知层主要包括各类传感器，如二氧化碳浓度传感器、温度传感器、湿度传感器、光敏传感器等，以及二维码标签、RFID 标签、摄像头、GPS 等感知终端。

（2）网络层

网络层相当于人的神经中枢和大脑，负责对感知到的信息进行无障碍、高可靠性、高安全性的传送传输。物联网可以通过信息在物体间的传输虚拟成一个更大的"物体"。网络层由传感器网络、各种私有网络、互联网、有线和无线通信网等组成。

（3）应用层

应用层是物联网和用户（包括人、组织和其他系统）的接口，它包括各类行业应用服务子层和应用支撑平台子层（或称为服务管理层）。其中，应用支撑平台子层通过对感知层利用网络层传输的信息进行动态汇集、存储、分解、合并、数据分析、数据挖掘等智能处理，可实现跨行业、跨应用、跨系统的信息协同、共享、互通。应用支撑平台子层包括数据库技术、云计算技术、智能信息处理技术、智能软件技术、语义网技术等。

物联网具有广泛的行业结合的特点，应用服务子层依赖感知层、网络层和应用支撑子层，根据某一种具体的行业应用，共同完成应用层所需要的具体服务，实现物联网的智能应用。应用服务子层包括智能交通、智能医疗、智能家居、智能物流、智能电力环境监测、工业监控等行业应用。

（4）公共技术

公共技术不属于物联网体系结构的某个特定层面，其与物联网体系结构的三层都有关系，包括标识解析、安全技术、Qos 管理和网络管理。

2. 特点

物联网由传感网络设备、传输网络和应用控制网络系统构成，具有全面感知、可靠传递、智能处理三个重要特征。

（1）全面感知

利用 RFID、传感器、二维码等随时随地获取物体的信息，实现物体的识别，是物联网系统的前提。

（2）可靠传递

通过现有的各种通信网络与互联网的融合，将物体的信息实时准确地传递出去，是实现异地感知的基础。

（3）智能处理

利用云计算、模糊识别等各种智能计算技术，对海量的数据信息进行分析和处理，对物体实施智能化处理。

3. 物联网与泛在网关系

泛在网是指无所不在的网络，又称泛在网络。最早提出 U 战略的日、韩给出的定义是：无所不在的网络社会将是由智能网络、最先进的计算技术以及其他领先的数字技术基础设施武装而成的技术社会形态。根据这样的构想，泛在网将以无所不在、无所不包、无所不能为基本特征，帮助人类实现"4A"化通信，即在任何时间、任何地点、任何人、任何物都能顺畅地通信。因此，相对于物联网的当前可实现性来说，泛在网属于未来信息网络技术发展的理想状态和长期愿景。从以上的分析可以看出，传感器网络、物联网和泛在网络之间的关系可用图 7-3 来表示。

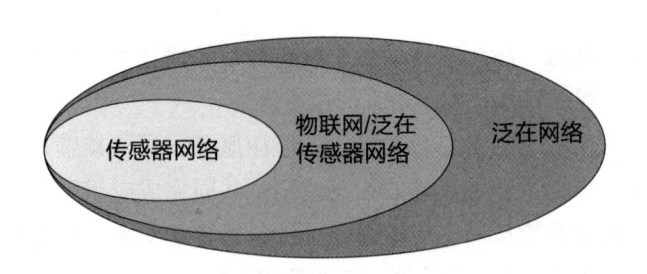

图 7-3　传感器网络、物联网和泛在网络之间的关系

（三）物联网的标准化

物联网自身能够打造一个巨大的产业链，在当前经济形势下，对调整经济结构、转变经济增长方式具有积极意义。一直以来，一些利益相关方争相对物联网进行基于自身利益的解读，使得政府、产业和市场各方对物联网的内涵和外延认识不清，甚至使政府对物联网技术和产业的支持方向产生偏差。此外，我国物联网产业和应用尚处于起步阶段，只有少量专门的应用项目零散地分布在独立于核心网络的领域，而且多数只是依托科研项目的示范应用。它们采用的是私有协议，尚缺乏完善的物联网标准体系，缺乏对如何采用现有技术标准的指导，在产品设计、系统集成无统一标准可循，已经严重制约了技术应用和产业的迅速发展，为了实现无处不在的物联网，关键技术尚需突破。标准化对于实现大规模应用网络所需要的互联互通具有重要作用。

目前，物联网国际标准主要由国际标准化组织（ISO）和国际电工委员会（IEC）负责制定；中国国家标准由工业和信息化部与国家标准化管理委员会负责制定；相关行业标准由国际、国家的行业组织制定，如国际物品编码协会（EAN）与美国统一代码委员会（UCC）制定的用于物体识别的 EPC 标准。此外，还有涉及道德、伦理、健康、数据安全、隐私等的规范。

我国政府和行业高度重视物联网技术的标准化工作。我国国家物联网基础标准工作组由国家标准化管理委员会、国家发展和改革委员会联合成立，由物联网基础技术涉及的各标准化技术组织专家组成。

我国国家物联网基础标准工作组的主要宗旨为：适应我国社会主义市场经济建设的需要，培育和发展战略性新型产业，促进我国物联网领域技术研究和产业化的迅速发展，加快开展标准化工作，制定符合我国国情的物联网总体和通用标准，积极推进国际标准化工作，进一步提高我国物联网领域技术研究水平。

我国国家物联网基础标准工作组的主要职责为：研究符合中国国情的物联网技术架构和标准体系的建议；提出物联网关键技术和基础通用技术标准研制，

修订项目建议并开展标准研制；与各应用标准工作组进行沟通衔接并做好基础标准和应用标准的协调工作；负责相应国际标准的推进工作。

工作组下设物联网总体项目组、物联网标识技术项目组、物联网信息安全技术项目组、物联网国际标准化研究组，分别负责开展物联网基础领域总体技术标准研究、物联网标识和编码标准研究、物联网信息安全标准研究及物联网国际标准化研究。同时，工作组对接五个行业领域应用标准工作组（物联网社会公共安全领域应用标准工作组、物联网环保领域应用标准工作组、物联网交通领域标准工作组、农业物联网行业应用标准工作组、林业物联网行业应用标准工作组），负责基础标准和应用标准的衔接和协调工作。

二、物联网关键技术

物联网各种具体应用要满足全面感知、可靠传输、智能处理、自动控制四个方面的要求，涉及较多的技术主要有二维码技术、传感器技术、RFID 技术、红外感知技术、定位技术、无线通信与组网技术、互联网接入技术（如 IPv6 技术）、物联网中间件技术、云计算技术、语义网技术、数据挖掘技术、智能决策技术、信息安全与隐私保护技术、应用系统开发技术（如嵌入式开发技术、系统开发集成技术）等。

上述物联网关键技术与物联网的体系结构相对应，可大致分为感知与识别技术、通信与组网技术和信息处理与服务技术三类。

（一）感知与识别技术

物联网的感知与识别技术主要实现对物体的感知与识别。感知与识别属于自动识别技术，即应用一定的识别装置，通过被识别物品和识别装置之间的接近活动，自动地获取被识别物品的相关信息，并提供给后台的计算机处理系统来完成相关后续处理的一种技术。识别技术主要实现识别物体本身的存在，定位物体位置、移动情况等，常采用的技术包括射频识别技术、GPS 定位技术、红外感应技术、声音及视觉识别技术、生物特征识别技术等。感知技术主要通过在物体上或物体周围嵌入各类传感器，感知物体或环境的各种物理或化学变化等。下面主要介绍射频识别技术和传感器技术。

1. 射频识别技术

射频识别技术是一种非接触的自动识别技术，利用射频信号及空间耦合传输特性，实现对静态或移动物体的自动识别。RFID 技术可实现无接触的自动识别，具有全天候、识别穿透能力强、无接触磨损、可同时实现对多个物品的自动识别等特点，将这一技术应用到物联网领域，使其与互联网、通信技术相结合，可实现全球范围内物品的跟踪与信息的共享，对于物联网"识别"信息和近距离通信具有重要的作用。同时，产品电子代码以 RFID 电子标签技术作为载体，大大推动了物联网的发展和应用。RFID 技术应用市场成熟，标签成本低廉，但 RFID 一般不具备数据采集功能，多用来进行物品的甄别和属性的存储。目前在国内，RFID 技术已经在电子收费和物流管理等方面有了广泛应用。

2. 传感器技术

传感器技术是一门涉及物理学、化学、生物学、材料科学、电子学以及通信与网络技术等多学科的高新技术，而其中的传感器是一种物理装置，能够探测、感受外界的各种物理量（如光、热、湿度）、化学量（如烟雾、气体等）、生物量，以及未定义的自然参量等。

传感器是物联网信息采集的基础，是摄取信息的关键器件，物联网就是利用这些传感器对周围的环境或物体进行监测，进而达到对外"感知"的目的。

传感器将物理世界中的物理量、化学量、生物量等转换成供处理的数字信号，为感知物理世界提供最初的信息源。此外，物联网中的传感器除了要在各种恶劣环境中准确地进行感知外，其低能耗和微小体积也是必然的要求。最近发展很快的 MEMS（Micro-Electro-Mechanical Systems）微电子机械系统技术是解决传感器微型化问题的一种关键技术，其发展趋势是将传感器、控制电路、通信接口和电源等部件组成一体化的微型器件系统，大幅度地提高系统的自动化、智能化和可靠性水平。

另外，传感器技术与无线网络技术相结合，综合传感器技术、纳米技术、分布式信息处理技术、无线通信技术等，使嵌入任何物体的微型传感器相互协作，实现对监测区域的实时监测和信息采集，形成一种集感知、传输、处理于一体的终端末梢网络。

（二）通信与组网技术

物联网通信与组网技术旨在实现物与物的连接。从信息化的视角看，物联网本质上就是实现信息化的一种新的流动形式，其主要内容包括信息感知、信息收集、信息处理和信息应用。信息流动需要网络的存在，以便进一步实现信息融合、信息处理和信息应用等。没有信息流动，物体和人就是孤立的。

物体联网的实质是将物体的信息连接到网上，因此物联网中网络的作用在于使物体信息能够流通。信息的流通可以是单向的，比如我们可以监测一个区域的污染情况，污染信息流向信息终端；也可以是双向的，比如智能交通控制，既能够监测交通情况，又能够实现智能交通疏导。网络不仅可以把信息传输到很远的地方，而且可以把分散在不同区域的物体连接到一起，形成虚拟的智能物体。

物联网涉及的网络有多种，可以是有线网络、无线网络，可以是短距离网络、长距离网络，可以是企业专用网络、公用网络，还可以是局域网、互联网等。物联网中的物体既可以通过有线网络将物体连接起来，比如飞机上的传感器可以使用有线网络将传感器连接起来，也可以使用无线联网，比如手机采用的就是一种无线的联网方式。无线传感器网络采用无线组网方式。物联网的网络可以是专用网络，比如企业内部网络，也可以是公用网络，比如将商店蔬菜的信息连接到互联网上，购买者就可以使用互联网完成蔬菜的溯源任务。

对于物联网而言，无线网络具有特别的吸引力，比如无线网络不用部署线路并且特别适合于移动物体。无线网络技术丰富多样，根据距离的不同，可以组成个域网、局域网和城域网。其中利用近距离的无线技术组成个域网是物联网最为活跃的部分。物联网是互联网的最后一公里，是末梢网络，其通信距离在几厘米到几百米之间，常用的技术主要有 Wi-Fi 蓝牙、ZigBee、RFID、NFC 近场通信和 UWB（超宽带）等。这些技术各有所长，但低速率意味着低功耗、节点的低复杂度和更低的成本，结合实际应用需要可以有所取舍。在物流领域，RFID 以其低成本占据着核心地位，而在智能家居的应用中，ZigBee 占据着重要地位。

（三）信息处理与服务技术

信息处理与服务技术负责对数据信息进行智能处理并为应用层提供服务。信息处理与服务技术旨在解决感知数据如何储存（如物联网数据库技术、海量数据存储技术）、如何检索（搜索引擎等）、如何使用（云计算、数据挖掘、机器学习等）、如何不被滥用的问题（数据安全与隐私保护等）。对于物联网而言，信息的智能处理是最为核心的部分。物联网不仅仅要收集物体的信息，更重要的在于利用这些信息对物体实现管理，因此信息处理技术是提供服务与应用的重要组成部分。

物联网的信息处理与服务技术主要包括数据的存储、数据融合与数据挖掘、智能决策、云计算、安全及隐私保护等。目前，由于物联网处于发展的初级阶段，物联网的信息处理与服务技术还处于发展之中，对于大规模的物联网应用而言，海量数据的处理以及数据挖掘、数据分析正是物联网的威力所在，但这些目前还处于发展阶段的初期。下面简单介绍一些主要的信息处理与服务技术，如云计算技术、智能化技术、安全与隐私保护技术、中间件技术等。

1. 云计算技术

云计算技术是处理大规模数据的一种技术。它通过网络将庞大的计算处理程序自动拆分成无数个较小的子程序，再交给多部服务器所组成的庞大系统，经计算分析之后将处理结果回传给用户。通过这项技术，网络服务提供者可以在数秒之内处理数以千万计甚至亿计的信息，提供和超级计算机同样强大效能的网络服务。

云计算是分布式处理、并行处理和网格计算的发展，或者说是这些计算机科学概念的商业实现。云计算通过大量的分布式计算机，而非本地计算机或远程服务器来实现，这使得用户能够将资源切换到需要的应用上，根据需求访问计算机和存储系统。尽管物联网与云计算经常一块出现，但二者并不等同：云计算是一种分布式的数据处理技术，而物联网是利用云计算实现其自身的应用的，但物联网与云计算关系紧密。首先，物联网的感知层可以产生大量的数据，因为物联网部署了数量惊人的传感器，如RFID、视频监控等，其采集到的数据量很大。这些数据通过无线传感网、宽带互联网向某些存储和处理设施汇聚，使用云计算来承载这些任务具有非常显著的性价比优势。其次，物联网依赖云计算设施对物联网的数据进行处理、分析、挖掘，可以更加迅速、准确、智能地对物理世界进行管理和控制，使人类可以更加及时、精细地管理物质世界，大幅提高资源利用率和社会生产力水平，实现"智慧化"的状态。因此，云计算凭借其强大的处理能力、存储能力和极高的性价比，成了物联网理想的支撑平台。反过来讲，物联网是云计算最大的用户，可以为云计算取得更大的商业成功奠定基础。

2. 智能化技术

智能化技术旨在将智能技术的研究成果应用到物联网中，实现物联网的智能化。物联网的目标是实现一个智慧化的世界，这不仅仅是指感知世界，关键在于影响世界，智能化地控制世界。物联网根据具体应用结合人工智能等技术，可以实现智能控制和决策。

人工智能就是用人工方法在机器（计算机）上实现的智能，或称机器智能，即研究如何用计算机来表示和执行人类的智能活动，以模拟人脑所从事的推理、学习、思考和规划等思维活动，并解决需要人类的智力才能处理的复杂问题，如医疗诊断、管理决策等。

人工智能在计算机上实现时有两种不同的方式：一种是运用传统的编程技术，使系统呈现智能的效果，而不考虑所用的方法是否与人或动物机体所用的方法相同，这种方法称为工程学方法；另一种是模拟法，它不仅要看效果，而且要求实现方法和人类或生物机体所用的方法相同或相类似。

运用工程学方法，需要人工详细规定程序逻辑，在已有的实践中被多次采用。从不同的数据源收集的数据中提取有用的数据，对数据进行滤除以保证数据的质量，将数据经转换、重构后存入数据仓库或数据集市，然后寻找合适的查询、报告和分析工具和数据挖掘工具对信息进行处理，最后转变为决策。

模拟法应用于物联网的一个方向是专家系统，这是一种模拟人类专家解决领域问题的计算机程序系统，不但采用基于规则的推理方法，而且采用诸如人工神经网络的方法与技术。根据专家系统处理的问题的类型，可把专家系统分为解释型、诊断型、调试型、维修型、教育型、预测型、规划型、设计型和控制型等类型。模拟法应用于物联网的另外一个方向为模式识别，即通过计算机用数学技术方法来研究模式的自动处理和判读，如用计算机实现模式（文字、声音、人物、物体等）的自动识别。计算机识别的显著特点是速度快、准确性好、效率高，识别过程与人类的学习过程相似，可使物联网在"识别端"（信息处理过程的起点）就具有智能性，保证物联网上的每个非人类的智能物体都有类似人类的"自觉行为"。

3. 安全与隐私保护技术

物联网是一种虚拟网络与现实世界实时交互的新型系统，其特点是无处不在的数据感知、以无线为主的信息传输、智能化的信息处理。与互联网不同，从物联网的信息处理过程来看，感知信息经过采集、汇聚、融合、传输、决策与控制等过程，整个信息处理的过程体现了物联网的安全特征，与传统的网络安全存在着巨大的差异。物联网的安全特征又体现了感知信息的多样性、网络环境的多样性和应用需求的多样性，呈现出网络规模大、数据处理量大、决策控制复杂等特点，给物联网安全提出了新的挑战。物联网的信息安全建设是一个复杂的系统工程，需要从政策引导、标准制定、技术研发等多方面向前推进，提出坚实的信息安全保障手段，保障物联网健康、快速发展。

物联网一般涉及无线通信，由于无线信道的开放性，信号容易被截取并破解干扰，并且物联网包含感知、传输信息、信息处理、控制应用等多个复杂的环节，因此物联网的安全保护更加复杂，一旦物联网的安全得不到保障，就会给物联网的发展带来灾难。物联网也是双刃剑，在享用其好处的同时，我们的隐私也会由于物联网的安全性不够而泄露，从而影响我们的正常生活。物联网能实现对物体信息的监控，比如位置信息、状态信息等，而这些信息与我们自身密切相关。如当射频标签被嵌入我们的日常生活用品中时，这个物品就可能会不受控制地被扫描、定位和追踪，这就涉及隐私问题，需要利用技术保障安全与隐私。

由物联网的应用带来的隐私问题，也会对现有的一些法律法规、政策形成挑战，如信息采集的合法性问题、公民隐私权问题等。如果我们的信息在任何一个读卡器上能随意读出，或者我们的生活起居、生活习性信息被全天候监视而暴露无遗，那么我们不仅需要应用技术来保障安全，而且需要制定法律法规来保护物联网时代的安全与隐私。因此，在发展物联网的同时，必须更加重视物联网的安全问题，以保证物联网的健康发展。对于物联网的安全，可以参照互联网所设计的安全防范体系，在传感层、网络传输层和服务及应用层分别设计相应的安全防范体系。

4. 中间件技术

中间件是一种位于数据感知设施和后台应用软件之间的应用系统软件。中间件具有两个关键特征：一是为系统应用提供平台服务，二是需要连接到网络操作系统，并且保持运行工作状态。中间件为物联网应用提供一系列计算和数据处理功能，主要任务是对感知系统采集的数据进行捕获、过滤、汇聚、计算、数据校对、解调、数据传送、数据存储和任务管理，减少从感知系统向应用系统中心传送的数据量。同时，中间件还可提供与其他支撑软件系统进行互操作等功能。

从本质上看，物联网中间件是物联网应用的共性需求（感知、互联互通和智能）与信息处理技术（信息感知技术、下一代网络技术、人工智能与自动化技术等）的聚合与技术提升。然而在目前阶段，一方面，由于受限于底层不同的网络技术和硬件平台，物联网中间件研究主要还集中在底层的感知和互联互通方面，现实目标包括屏蔽底层硬件及网络平台差异，支持物联网应用开发、运行时共享和开放互联互通，保障物联网相关系统的可靠部署与可靠管理等内容；另一方面，由于物联网应用还处于初级阶段，物联网中间件支持大规模物联网应用在环境复杂多变、异构物理设备、远距离多样式无线通信、大规模部署、海量数据融合、复杂事件处理、综合运营管理等诸多领域仍有未克服的困难。

第三节 智慧校园

智慧校园是智慧教育中有关智慧学习环境的重要组成部分。教育的基本功能体现为促进社会发展和促进个体发展，学校便成为促进社会发展和个体发展的主要载体。智慧校园作为智慧城市中智慧教育的重要组成部分，是继数字校园后关于院校信息化建设的又一全新概念。智慧校园自2010年由浙江大学在信息化"十二五"规划中首次提出之后，智慧校园建设的热情不断高涨。近年来，国内不少高校的学者对智慧校园的概念、理论进行了探索，不少教育信息化公司对智慧校园建设给出了切实可行的解决方案。物联网技术在教育中的应用，推动了数字校园向智慧校园方向的升级发展，使得基于物联网的智慧校园将校园中的物体连接起来，实现了校园的可视化智慧管理，构建了富有智慧的教育教学环境，为师生提供了一个全面的智能感知环境和综合信息服务平台，使课堂得以向真实的场景延伸。

一、智慧校园概述

（一）智慧校园的发展历程

在教育信息化进程中，智慧校园是在数字校园建设的基础上提出来的。"数字校园"这一概念起源于20世纪70年代美国麻省理工学院提出的E-campus计划。1990年，美国克莱蒙特大学教授凯尼斯·格林发起了数字校园的大型科研项目。随着国际互联网的广泛应用，各种与之相关的概念不断涌现，数字校园逐步成为一个单独的研究领域。数字校园旨在以计算机网络为核心技术，以信息和知识资源的共享为手段，对学校的教育、教学、管理等主要业务以及资源和数据，进行优化、整合和融通，拓展现实校园的时间和空间维度，在传统校园的基础上，提供一个网络化、数字化、智能化有机结合的现代教育教学环境，实现从环境、资源到活动的数字化，以达到优化教学、提高教育质量、变革学校教育模式的目标。因此，数字校园是学校教育信息化发展到一定阶段的产物，是通过技术手段改造和提升传统校园的必然结果。利用各种计算机技术创建一个基于互联网的与现实校园并行的"虚拟化电子校园"，并依托各种技术工具和手段来推动高校的全方位改革，成为世界各国高等教育改革的重要趋势。数字校园建设强调信息技术与教育教学深度融合，这与教育信息化的目标是一致的，也是与社会信息化的步伐相匹配的。

　　进入 21 世纪，尤其是 2014 年以后，随着智慧教育理论研究的不断深入，有关智慧教育的研究飞速发展。学术界更多从理论研究转向对智慧教育应用和实践的关注，人们试图从智慧校园、智慧课堂、智慧课程、智慧城市等不同角度去分析智慧教育的应用[①]。数字校园逐渐向智慧校园平稳转变。

　　当前，智慧校园在我国取得了长足的进展。智慧教育、智慧学校、智慧教室等概念逐渐被教育界接受，相关的探索与实践也开始展开。现在各大高校积极地提出智慧校园的规划并加以实施，北京大学、浙江大学、同济大学、中南民族大学等几十所高校已开始智慧校园的建设。北京大学在《北京大学"十二五"改革和发展规划纲要（2011～2015）》中明确提出了智慧校园的建设：紧紧抓住国家加快教育信息基础设施建设、加强优质教育资源开发与应用、构建国家教育管理信息系统的机遇，研究制定北京大学智慧校园建设规划，以物联化、集成化、智能化为主要技术路线，以服务创新为导向，将智慧导入校园各个系统、过程和基础设施，将信息化深植于教学、科研、管理和生活的各个方面，全面构建智慧校园。中南民族大学在大规模无线校园网的建设、运行和维护经验中，提出了无线大数据平台在中南民族大学智慧校园建设中的实践与应用设想。

（二）智慧校园的概念和特征

1. 智慧校园的概念

　　智慧校园是信息技术高度融合、信息化应用深度整合、信息终端广泛感知的网络化、信息化和智能化的校园。智慧校园是多域融合共享和泛在的智慧服务，它能实现多域资源及其业务的融合和共享，并实现无所不在的信息服务综合化和智慧化。

　　关于智慧校园的概念和特征，不同研究领域的专家、学者给出了各有侧重的定义。物联网技术专家注重智慧校园的智能感知功能，认为智慧校园是基于物联网和云计算技术的数字校园，通过物联网传感器实现对物理校园的全面感知，利用云计算对感知的信息进行智能处理与分析，实现了校园内任何人、任何物、任何信息载体、任何时间、任何地点的互联互通，从而给广大师生提供了智能化的教育教学信息服务和管理服务。教育技术学专家注重智慧学习环境与智慧课堂等教学方式的改革，认为智慧校园是基于新型通信网络技术所构建

---

① 吴玮. 我国智慧教育研究现状及发展趋势探析——基于 CNKI 论文的内容分析研究[J]. 高教学刊，2017（08）：12.

的资源共享、智能灵活的教育教学环境，旨在利用计算机技术、网络技术、通信技术对学校与教学、科研、管理和生活服务有关的信息资源进行全面的数字化，并用科学规范的管理对这些信息资源进行整合和集成，以构成统一的用户管理、统一的资源管理和统一的权限控制，把学校建设成既面向校园，也面向社会的一个超越时间和空间的虚拟大学。学校信息化建设专家则注重智慧校园的应用和服务，认为智慧校园的建设不仅仅是物联网技术的应用（那只是感知部分），应更多考虑技术的特点，突出应用和服务。

综上所述，智慧校园是以物联网技术、云计算技术等为基础，以面向师生个性化服务为理念，以各种应用服务系统为载体而构建的教学、科研、管理和校园生活为一体的新型智慧化的工作、学习和生活环境，旨在利用先进的信息技术手段，实现基于数字环境的应用体系，使得人们能快速、准确地获取校园中人、财、物和学、研、管业务过程中的信息，同时通过综合数据分析为管理改进和业务流程再造提供数据支持，推动学校进行制度创新、管理创新，最终实现教育信息化、决策科学化和管理规范化；通过应用服务的集成与融合来实现校园的信息获取、信息共享和信息服务，从而推进智慧化的教学、智慧化的科研、智慧化的管理、智慧化的生活及智慧化的服务的实现进程。

2. 智慧校园的特征

智慧校园是现实校园和虚拟大学的结合体。现实校园是智慧校园的基础，智慧校园是现实校园通过信息技术在时间和空间上的扩展与延伸，它包含了现实校园及其所衍生出来的数字空间。虚拟大学是智慧校园的远程教育功能部分，是智慧校园的对外服务的部分职能，它是传统校园数字化后社会功能的延伸。在智慧校园中，通过把感应器嵌入和装备到食堂、教室、图书馆、供水系统、实验室等，普遍连接形成"物联网"，然后将"物联网"与现有的互联网整合起来，可以实现教学、生活与校园资源和系统的整合。智慧校园可利用物联网技术来改变师生和校园资源相互交互的方式，提高交互的明确性、灵活性和响应速度，从而实现智慧化服务和管理。

智慧校园具有以下特征：

（1）环境全面感知

智慧校园中，通过利用各种智能感应技术，包括光线、方位、影像、温度、湿度、位置、红外、压力、辐射、触摸、重力等技术实时获取各种监测信息，可实现全面感知。全面感知包括两个方面：一是传感器可以随时随地感知、捕获和传递有关人、设备、资源、位置（位置感知）的信息；二是对学习者个体特征（社会感知，包括学习偏好、认知特征、注意状态、学习风格等）和学习情景（情景感知，包括学习时间、学习空间、学习伙伴、学习活动等）的感知、捕获和传递。此外，智慧校园还具备对现实中人、物、环境等因素特征、习惯的感知能力，并能依据建立的模型智能地预测一般规律与发展趋势。

（2）网络无缝互通

智慧校园支持所有软件系统和硬件设备的连接，支持校园中的人与人、物与物、人与物之间实现全面的互联互通，以及不同学习资源、服务和平台之间的互联互通，为各种随时、随地、随需的应用提供高速、泛在的基础网络环境和持续的服务会话。信息感知后可迅速、实时地传递，这是所有用户按照全新的方式协作学习、协同工作的基础。灵活、敏捷、开放、扁平化的网络环境为用户提供了高可靠性、高稳定性的网络服务。信息服务无盲区，园区内的每一个角落，包括办公室、课堂、宿舍、餐厅等能随时随地地访问互联网络，使用各种信息服务。同时，以高速多业务网络体系支持各类信息的实时传递，最大限度地消除了时空限制。

（3）海量数据支撑

依据"大数据"理念的数据挖掘和建模技术，智慧校园可以在"海量"校园数据的基础上构建数据挖掘模型，建立合理的分析和预测方法，对新到的信息进行趋势分析、展望和预测；同时，智慧校园可综合各方面的数据、信息、规则等内容，通过智能推理，做出快速反应、主动应对，实现智能化的决策、管理与控制，更多地体现智能、聪慧的特点。

（4）开放学习环境

教育的核心是创新能力的培养，校园面临着从"封闭"走向"开放"的诉求。智慧校园支持拓展资源环境，让学生冲破教科书的限制；支持拓展时间环境，让学习从课上拓展到课下；支持拓展空间环境，让有效学习在真实情境和虚拟情境中均得以发生。智慧校园构建开放的、多维度的学习与科研空间，具备支持多模式、跨时空、跨情境的学习科研环境。

（5）师生个性服务

智慧校园环境强调个性化的服务理念，针对不同类别的用户提供个性化的功能应用组合，向用户呈现友好的服务界面，提供便捷化、个性化的服务。

智慧校园建设中，以信息主动推送与主动服务为主，提供从内容、方式到界面等的"按需定制"的个性化访问服务。

（6）各类业务深度融合

智慧校园强调"以服务为核心，以管理为支撑"的理念，集智能感知、资源组织、信息交换、管理逻辑、科学决策于一体。智慧校园环节的最终目的是向用户提供更好的服务。智慧校园体现了校园活动的深度融合。深度融合包括学校信息化工作与学校各项常规工作在机制与机构等层面的融合、信息化平台资源的融合与集约化利用、信息化业务流程与消息数据的融合、信息化基于校园活动以及与外部环境（如智慧城市）的融合等四个层面。"以人为本、深度融合"体现了智慧校园的内涵。

从以上智慧校园的概念和特征可以看出，智慧校园作为智能感知环境和新型校园形态方面体现在便捷的生活服务中，校园即社会，教育即生活，师生是校园的主体，便捷的生活、学习、工作环境是教与学的基础；也体现为一种新的管理模型，充分发挥信息技术的潜力，是对信息技术的深层次应用，是信息技术与现实社会的充分融合。智慧校园旨在通过对现实校园的信息流动、业务流程的深刻剖析和对信息技术的充分利用来实现现实校园内的新型协作关系，达成基于信息技术的智慧运行效果。然而，当前的研究和建设实践远未达到这个实际效果。

国内智慧校园的发展具有明显的地域性和层次性。发达地区的教育机构智慧校园建设程度优于欠发达地区。高教、普教、职教、幼教、成教等各种教育层次，由于业务特性、管理体制和信息化普及程度存在差异，对智慧校园的需求和体会也存在着很大的差异性。因此，建设智慧校园的关键是从差异中总结共性，针对个性化的需求模式提供定制化的校园建设方案，将现代教育思想和现代信息技术结合起来，建立一套数字化校园解决方案，保证学校的投资最大化、业务个性化、管理职能整合化、教师学生便利化。

二、智慧校园建设

（一）智慧校园建设的总体目标和原则

智慧校园建设的总体目标就是在现有校园网络的基础上，体现"以人为本"的理念，把 EPC、RFID 等各种传感器装配到教学、科研、后勤、生活等学校领域的各个部门，通过智慧校园平台，连在一起形成物联网，将各种信息融合到学校的每个人和每件物上，实现人与人、人与物、物与物的互联与协作，做到服务于全体师生。

智慧校园建设主要遵循以下原则：

1. 统一标准，资源共享原则

智慧校园的建设需要充分考虑相关信息系统与学校所在市、省教育信息资源的共享，建立信息资源共享机制，充分利用网络基础、业务系统和信息资源，加强整合，促进互联互通、信息共享，使有限的资源发挥最大的效益。

2. 开放性原则

智慧校园的建设要对各应用系统的开发平台、数据库和运行环境进行统一考虑。智慧校园在后期的应用过程中，校园网上的应用和资源会越来越多，如果对各项应用缺乏有效的组织和管理，技术升级存在风险，那么业务系统维护的成本将会不断增加。因此，前期的建设必须考虑学校未来需求的变化和扩展，通过开放性的平台进行持续改进，并能够实现更加方便的系统维护。

3. 以平台为框架，无缝集成学校已建和今后新建的业务应用系统原则

在符合教育部和行业标准的体系指导下，建设智慧校园数据标准，以智慧校园平台为框架，无缝集成学校已建和新建的业务应用系统，促进数据利用的最大化。最大限度地融合数据交换集成、用户管理、统一身份认证、业务数据整合、信息资源展示等，以标准、数据、应用、用户为重点要素进行规划和建设。

4. 先进性原则

系统设计采用先进的智慧校园理念、先进的技术和先进的系统工程方法，目标是建设一个可持续发展的、具有先进性和开放性的智慧校园。

5. 系统安全性原则

在系统设计与建设中，应该充分考虑数据安全、网络安全、传输安全和管理安全等系统的安全。

（二）总体架构

智慧校园建设的总体架构如图7-4所示。该架构从下到上分别为智能感知层、网络通信层、智能信息采集与管理平台层、智慧应用支撑平台层、智慧校园应用层和统一信息门户，辅以信息标准与规范体系、运行维护与安全体系两个保障体系，保障智慧校园的规范建设与运行维护。

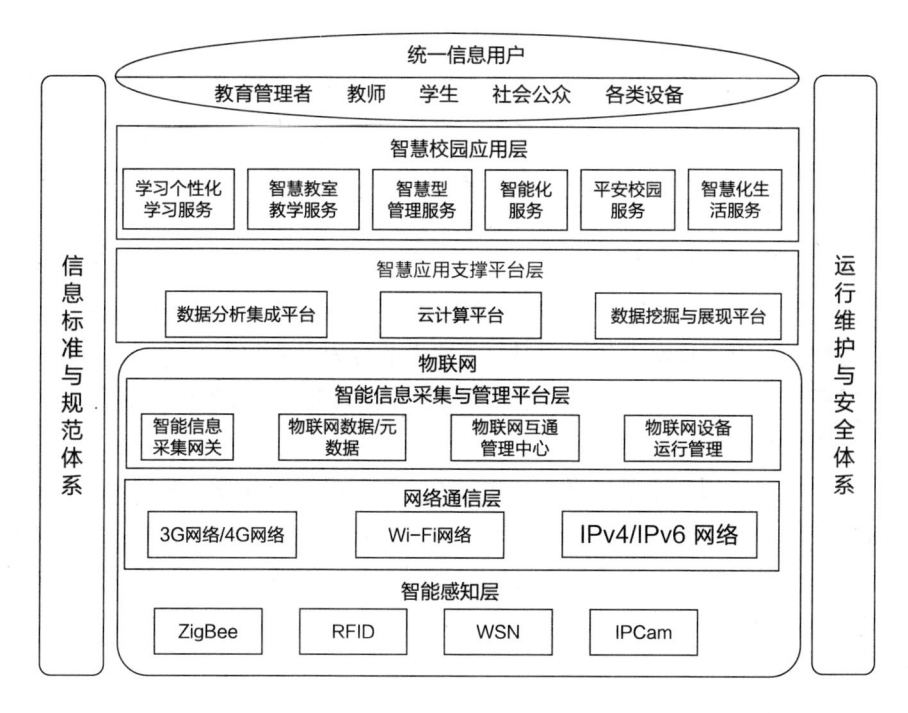

图 7-4 智慧校园建设的总体架构

1. 智能感知层

在智慧校园中，智能感知层位于系统的最底层，通过无处不在的传感器、二维码标签、RFID、摄像头等感知和识别校园中相关物体的信息，实现对校园的人员、设备、资源等环境的全面感知，具体包括物与物的感知、人与物的感知，以及系统间信息的实时感知、捕获和传递等，这就要求传感器不仅要实时感知人员、设备、资源的相关信息，而且要感知学习者的个体特征和学习情境。

2. 网络通信层

网络通信层的主要功能是实现移动网、物联网、校园网、视频会议网等各类网络的互联互通，实现校园中人与人、物与物、人与物之间的全面互联互通与互动，为随时、随地、随需的各类应用提供高速、泛在的网络条件，从而增强信息获取和实时服务的能力。

3. 智能信息采集与管理平台层

智能信息采集与管理平台层包括智能信息采集网关、物联网数据/元数据、物联网互通管理中心、物联网设备运行管理，主要功能是实现对收集到的数据的整理及不同系统之间数据的格式转换。

4. 智慧应用支撑平台层

智慧应用支撑平台层负责对收集到的信息进行全面集成、数据挖掘和智能分析，依赖于智慧校园中沉淀的多源、海量的非结构化和结构化数据，这些数据均通过 Hadoop 集群进行挖掘，数据分析和处理的结果存储在专用数据库中供系统和用户使用。

智慧校园以实现个性化服务为目标，客观上要求对校园用户的实际需求进行挖掘。校园网、无线网、一卡通、MOOC、数字学习、社交平台等系统的海量日志蕴含了用户日常工作、学习、生活中的行为习惯和爱好等，这为通过数据挖掘提升用户的使用体验、改进服务流程和提高服务质量提供了条件。

5. 智慧校园应用层

智慧校园应用层主要提供个性化服务、智能决策服务等。通过将教务管理系统、科研管理系统、人事管理系统、财务管理系统、资产管理系统等典型业务系统、传感系统、视频监控系统、社交网络系统等新型业务系统，以及各种应用系统进行高度融合，构建开放的学习环境，最终实现为师生提供个性化、智能化的应用服务。

6. 统一信息门户

智慧校园通过对各种服务进行融合，展现在用户面前的不再是一个个孤立的应用系统，而是统一、友好的使用入口界面——综合信息服务平台（统一信息门户）。统一信息门户提供的接入门户和入口界面，针对不同授权角色的用户，提供个性化的信息服务。用户只需访问个性化的校园门户，就可以进行各种信息资源的查询、交互与协同。同时，信息化的服务方式提高了管理效率和管理水平，有助于监控服务质量，提高服务能力。

7. 信息标准与规范体系

信息标准与规范体系确定了信息采集、信息处理、信息交换等过程的标准和规范，规范了应用系统的数据结构，满足了信息化建设的要求，为数据融合和服务融合奠定了基础。

8. 运行维护与安全体系

运行维护与安全体系是智慧校园正常运行的重要保障。智慧校园中的安全涉及物理安全、网络安全、数据安全和内容安全四个方面。物理安全包括设备安全、环境安全、容灾备份、介质安全等。网络安全包括风险评估、安全检测、数据备份、追踪审计、安全防护等。数据安全主要包括数据库安全、数字签名、认证技术等。内容安全主要包括数据挖掘、隐私保护、信息过滤等。

(三）主要功能模块

基于物联网的智慧校园的主要功能模块如图 7-5 所示。

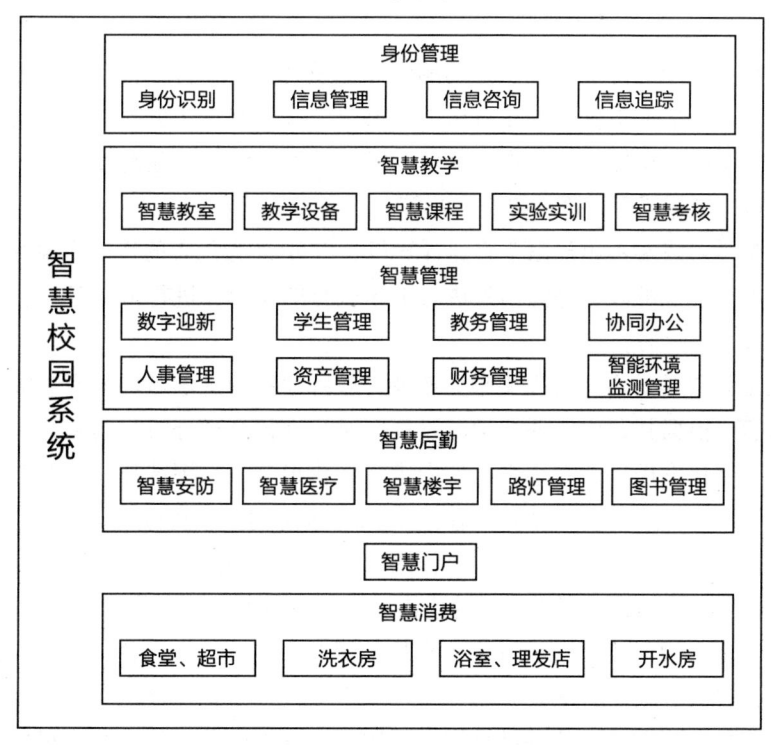

```
智慧校园系统
├─ 身份管理
│   ├─ 身份识别  信息管理  信息咨询  信息追踪
├─ 智慧教学
│   ├─ 智慧教室  教学设备  智慧课程  实验实训  智慧考核
├─ 智慧管理
│   ├─ 数字迎新  学生管理  教务管理  协同办公
│   ├─ 人事管理  资产管理  财务管理  智能环境监测管理
├─ 智慧后勤
│   ├─ 智慧安防  智慧医疗  智慧楼宇  路灯管理  图书管理
├─ 智慧门户
├─ 智慧消费
│   ├─ 食堂、超市  洗衣房  浴室、理发店  开水房
```

图 7-5 基于物联网的智慧校园的主要功能模块

1. 身份管理模块

身份管理模块是对全校师生身份的统一认证和管理。全体师生可以到智慧校园管理中心申请，在 SIM 卡中以 RFID 电子标签的形式写入自己的个人基本信息，这就成了自动身份识别的终端。这样，师生的 SIM 卡的射频标签与师生的基本信息可以通过师生信息的基本数据库进行转换。在教师离职、退休或者学生毕业时，可以申请删除手机 SIM 卡中的个人信息，SIM 卡会因失去自动识别功能再次成为一张普通手机卡。当教师或者学生的信息发生改变时，也可以申请更改，这些都是信息管理的功能。通过师生 SIM 卡的识别记录可查询其动态信息，比如考勤情况、到寝情况等。此外，还可以通过最近一次身份识别时标签识别器的位置来定位或追踪手机。

2. 智慧教学模块

智慧校园在教学方面需要提供智慧的环境，智慧学习环境是一种能感知学习情景、识别学习者特征、提供合适的学习资源与便利的互动工具、自动记录学习过程和评测学习成果，以促进学习者有效学习的学习场所或活动空间。其主要有以下特点：

一是智慧学习环境包括融合的网络和先进的教学平台，旨在实现无处不在的网络学习。学生不仅可以在机房、图书馆、自习室、宿舍等用计算机进行网络学习，还可以在操场、食堂、草坪上通过无线网络随时随地接入网络，接收课程通知，参与课程讨论，提交作业等。

二是学习终端不再局限于普通计算机，以 iPad 为代表的移动终端得到更广泛的应用，学生可以在课堂内外进行电子教材的学习，进行师生互动、生生互动等网络学习活动。

三是教与学的方式将发生很大改变，教师通过智慧学习环境能够快速识别学生特征，根据其课内、课外学习过程，对其进行合理分析与判断，将学习资源进行个性化推送，并在小组协作中进行优化组合，发挥特长，激发学生的学习兴趣与热情，提高学习效果。基于 Web2.0 理念的技术将得到充分的应用，日志、博客等在教学中将会发挥重要作用，支持学生的共同学习与反馈，培养学生的自主学习能力，有利于知识的建构，并实现知识的共建共享。

智慧教学模块主要包含五个子模块：智慧教室、教学设备、智慧课程、实验实训、智慧考核。智慧教室通过对教室中的人、设备、环境、师生情绪等进行精确感知和监控，对信息进行综合运用，根据不同的教学内容，利用现代教育技术等教学手段及当前教室的电气装置和设备，提出情景教学模式，体现智慧教室具有教学内容呈现的优化性、学习资源获取的便利性、课堂教学互动的深度性、教学情景体验的感知性、教室电气布局的管理性特征，最终达到提高教学质量和提升学生就业能力的目标。教学设备是相互独立的，彼此之间的关联不是太紧密，通过物联网将各个教学设备连接成一个互联互通的网络，可以提高教学设备的利用率。智慧课程借助于互联网将 PC 机、手机等终端设备连接到专业资源库上，使师生随时随地可以方便快捷地访问专业资源库。在没有专业人员在场的情况下，通过自动识别学生或教师的身份并自动检测设备的状态，让他们自由出入实验实训场地，可实现实验实训的智慧化。智慧考核既是对教师教学质量的考核，也是对学生学习情况的考核。智慧考核可以公平公正地实现对教师和学生的同时考核。

3. 智慧科研模块

高等院校不但要进行教学研究,而且要进行科学研究。智慧校园提供了创新的科研协作平台,通过知识管理,建立组织合理和分类规范的单位级、部门级、个人知识库,实现知识的获取存储、学习和创新,为学校科研人员提供统一的知识资源服务,为科学研究提供强大的知识平台支撑。同时,加强科研团队协作建设,创新科研协作模式,科学研究不再是个人单打独斗的行为,也不是简单的工作叠加,而是团队合作创新的过程。通过协作平台,为科研协助支持、业务管理等方面创造条件,使科研人员的科研成果得到有效共享与交换,促进科研人员科研水平及其科研效率的提升。具体而言,在智慧校园中构建智慧科研服务平台,对科研的方向、成果、动态等进行跟踪,对科研工作进行智能管理,将使科学研究活动的开展变得更为快捷、高效和便利。在科研项目申报过程中,教师申报的过程将会更为便捷,科研项目申请表中个人的基础信息将可以实现自动填报,还能主动推荐合作成员,校内团队成员的基础信息也能实现自动添加。在科学研究活动过程中,智慧校园将提供更加智能的知识管理服务、高效的协同支持服务、便利的科研项目事务管理服务等,使得研究工作更加高效、协同。另外,智慧校园还能实现科研成果的智能汇集和跟踪。例如,发表论文被引用、检索的自动跟踪,科研成果的自动汇集和统计等。

智能科学研究模块主要包括四个子模块:项目管理、成果管理、政策法规、学术交流。项目管理子模块可以借助互联网,实现与上级主管部门及其他相关部门在科技方面的沟通,及时了解政府部门的科技政策与信息,组织横向和各级纵向科研项目的材料申报、统计报表、合同管理、过程检查管理、项目结题验收等,还能实现科研经费的管理与监督功能。成果管理子模块可以实现专利申请、科技成果的鉴定并利用各种渠道发布科技成果,促进科技成果的转化。政策法规子模块负责及时向全校师生发布关于科技的政策法规,并起草学校层面的科技管理制度。学术交流子模块负责组织和管理校内的学术交流,促使校内单位或个人加入学术团体的管理工作等。智慧科研模块典型应用功能结构如图7-6所示。

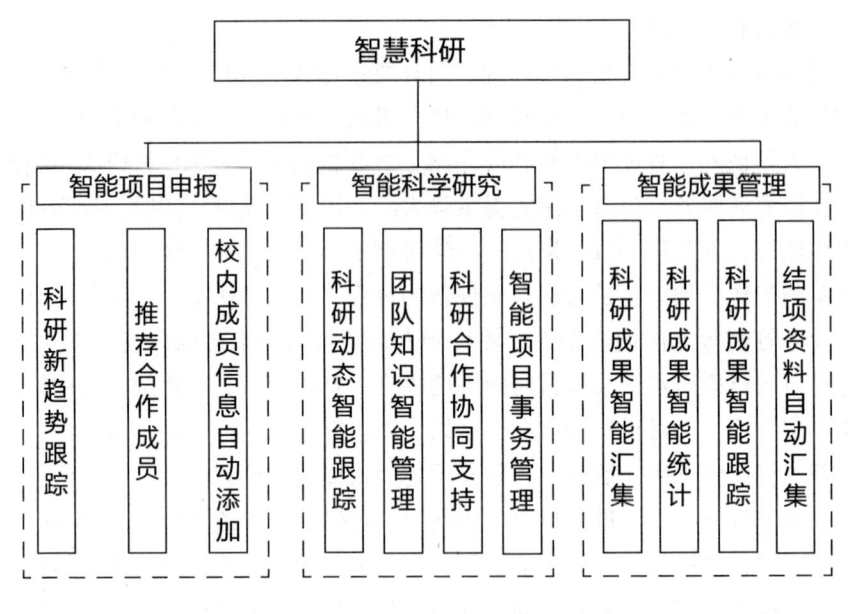

图 7-6　智慧科研模块典型应用功能结构图

4. 智慧管理模块

智慧校园提供智能高效的校务管理，包括数字迎新、学生管理、教务管理、协同办公、人事管理、资产管理、财务管理、智能环境监测管理等。

（1）数字迎新

数字迎新系统是智慧校园的重要应用。新生入学报到时，通过手机或者计算机等终端，可以便利地了解需要办理的手续。"新生导航"模块会非常智能地引导新生先到哪里办理身份确认，然后到哪里进行缴费，再如何领取开学物品，最后如何办理住宿登记等，每个环节会安排衔接得有序而有效，节省了时间，实现了入学手续办理的智能高效。同时，学校统一数据平台实时将迎新系统的数据共享给学生处、教务处、财务处、后勤等相关部门，便于学校各部门及时掌握新生报到动态，提前安排好各项准备工作。

（2）协同办公

协同办公可以实现多校区、各级单位工作的快速协同，协同是将时间上分离、空间上分散又相互依赖、相互协作的个体之间联系起来的过程。通过设计表单与流程，实现公文网络审批的智能流转、电子签章、多人会签等，既规范了管理流程，又大幅度提高了工作效率。同时，支持移动办公，相关领导和工作人员可以利用手机进行公文批阅，重要的校内新闻、通知、公告、公文等会以手机短信、手机邮件等各种方式推送到手机,实现重要事务的应急响应与及时处理。

（3）智能环境监测管理

学生可以随时随地查询有空闲座位的自习教室、开放的实验室,节省时间,提供学习便利;对于教室的使用情况系统实时监控,管理人员可以根据系统反馈的情况,远程控制教室资源,如果教室已经处于完全空闲状态,系统就会自动以声光形式反应,管理员可以视情况远程关闭教室电灯、空调、多媒体设备,节能减排,建设绿色校园;同时,教室、机房、宿舍安装了智能传感器系统,实时感应烟雾、温度、湿度等环境情况,并通过网络传输给监控大厅,如有异常,会及时发送手机短信提醒,便于管理人员及时排查隐患。

5. 智慧后勤模块

智慧后勤模块分为智慧安防、智慧医疗、智慧楼宇、路灯管理和图书管理等五个子模块。智慧安防子模块通过射频识别、GPS、遥感等技术,并结合日常的视频监控系统,全面感知校园的环境、人和物的变化,然后计算机系统将感知信息进行汇总、处理,适时地进行提示或报警。智慧医疗模块利用物联网技术实现教师和学生的医疗感知,为师生提供智慧体验。智慧楼宇模块借助物联网技术实现办公楼和学生宿舍楼的智慧管理,包括水电管理、消防管理等。路灯管理模块旨在管理校园内部的全部路灯,根据时间、天气的不同对路灯进行实时智能管理。图书管理子模块通过物联网技术为每本图书设置RFID卡,师生可以方便地进行借阅和归还,并能进行实时查询,可以实现图书馆的无人化、智能化管理,并可以降低在图书馆人员和资金上的投入。

6. 智慧门户模块

智慧校园为用户提供一体化信息服务,实现信息的自动流转,而用户感受到的则是简单、便捷与实用。信息门户平台与业务系统进行深度融合,可实现对业务的集成,建设一个智能的、协同的智慧门户。智慧门户不仅是一个综合信息展现中心,而且是一个应用集成中心;智慧门户的内容能够随需而变,能够根据业务需求智慧构建;智慧门户能够将各个独立的信息系统联系起来,相互感知,实现智慧关联;智慧门户能够对分散于各系统的相关业务进行集中处理与查询,实现智慧集成;智慧门户能够对业务数据中有价值的信息进行分析、提炼,得到各类数据分析结果与趋势预警信息,以图形、报表、仪表盘等形式实时展现,帮助学校领导和相关管理人员科学决策。

7. 智慧消费模块

高校的校内消费是师生日常学习生活的重要组成部分,全体师生均拥有一张含有 RFID 电子标签的校园卡，当师生在身份可识别的地方进行消费时，相应的信息就会被读取出来，可以查询到卡主的相关信息及卡中余额，产生消费后，消费记录会以短信息的方式反馈给卡主。高校校内师生日常消费的场所包括食堂、超市、洗衣房、浴室、理发店、开水房等。

三、智慧校园建设中常见的问题

智慧校园建设是一个长期的渐进过程，由于建设周期长，在建设中往往会遇到一些问题。

智慧校园建设中常见的问题包括以下几个方面：

第一，前期未做好充分调研，对智慧校园发展过程中取得的成就和存在的误区分析不到位。对智慧校园的设计与构建在某种程度上有简单化、理想化的倾向，没有完全摆脱传统数字校园的思维桎梏，以致不能准确分析未来智慧校园发展面临的机遇与挑战。

第二，智慧校园战略规划的指导思想，缺乏系统观，不能从宏观层面指导智慧校园建设。往往出现"缺乏与教育发展规划、教育信息化发展规划等相关政策与标准的紧密结合、过度强调信息化基础设施建设、忽视智慧校园的有效应用"等现象。

第三，智慧校园战略规划中的发展目标定位不合理，往往出现"缺乏短、中、长期目标的相互结合，发展目标定位过高或定位过低"的现象，不利于智慧校园的长期可持续发展。目标定位过高则难以实现，目标定位过低则不具有挑战性。智慧校园的发展目标不明确，未能与学校的办学目标、学校特色，以及与学生、教师和教育管理者的需求紧密结合。只关注智慧校园的当前发展，未考虑智慧校园的长期可持续发展。仅从本校的角度考虑智慧校园建设，未考虑国家有关智慧校园建设和教育未来发展的政策导向，也未考虑如何充分利用社会资源。在战略规划中不断提出一些大概念，但在项目建设中难以落实，或落实的只是具体的应用，导致规划与现实存在巨大的落差。

第四，对学校教育信息化发展的现状与存在的问题分析不透彻，未能准确调研学生、教师、教育管理者和社会公众等智慧校园的实际需求，以至于智慧校园重点建设内容定位不准确。智慧校园在建筑智能化与信息智能化工程之间建设的匹配程度，往往也影响着整体智慧校园建设内容的效果。例如，建筑智能化方面的投入不大，功能不全，那么在信息智能化建设方面要实现大数据、超融合等内容就会非常困难。

第五，智慧校园战略规划中的重点任务或重大工程，不是依据如何解决智慧校园发展过程实际存在的问题提出，或实施难度太大，难以实现。智慧校园建设的应用系统，要么大而全，模仿其他学校的应用系统的建设方式，要么直接采用公司开发设计的应用系统，未结合学校的实际情况做本地化处理。

第六，保障措施不到位。考核机制不到位，缺乏相应的激励措施，未能有效执行智慧校园战略规划，无足够的经费支持工程的实施等。建设经费分配不合理，存在硬件和软件经费投入较多，资源建设经费投入较少，有的甚至没有考虑运营维护费用。绝大部分学校的智慧校园建设方案未考虑建立激励机制，没有相应的激励措施，很难推动智慧校园的实际应用。信息化领导力薄弱，建设队伍组建不合理，未能充分调动各个部门的人员积极参与智慧校园建设。

第七，智慧校园建设方案整体上存在三种倾向：强调技术与媒体在智慧校园建设中的应用，对应用系统、资源建设关注较少；强调智慧校园辅助教育管理的功能，对智慧校园支持教与学的功能关注较少；强调智慧校园对学与教的支持，兼顾利用智慧校园提高教育管理质量和水平，同时注重在智慧校园建设中使用合适的媒体与技术较少。

第八，智慧校园的智慧化程度不高，与数字校园在本质上无显著区别。尽管有些意识超前的高校和中小学提出建设智慧校园，但是由于对智慧校园的内涵把握不清晰，智慧校园的智慧化程度还有待提高。此外，在智慧校园建设方面往往是在硬件系统方面投入过多，而在软件系统方面的投入很少，但是在用户的体验方面，往往只是软件功能体验居多，这又会导致整体用户对智慧校园建设满意度降低。

通过智慧校园问题分析，学校管理层应重视智慧校园建设中存在的问题，特别是对软件的使用要切实考虑使用者的感受，要不断调试，直到满足用户为止，这样能对智慧校园建设、校园环境的智能化改造起到非常好的引领作用，更好地促进教育科研、管理、政策的实施，实现教育信息化的预期效果。

参考文献

著作：

[1] 南国农.信息化教育概论.[M]北京：高等教育出版社，2004.

[2] 罗维亮.教育技术[M].西安：西北大学出版社，2006.

[3] 李红波.职业教育信息化教程[M].桂林：广西师范大学出版社，2013.

[4] 张福高，张霞霞.现代教育技术[M].成都：电子科技大学出版社，2017.

[5] 徐东平，何业兰.多媒体技术基础及应用[M].杭州：浙江大学出版社，2011.

[6] 张有录.信息化教学概论[M].北京：中国铁道出版社，2012.

[7] 郑宽明.现代教育技术教学论[M].成都：西南交通大学出版社，2013.

[8] 赵小河.现代教育技术理论与实训[M].成都：电子科技大学出版社，2014.

[9] 赵秀云，张良朋.小学教学实施[M].济南：山东人民出版社，2014.

[10] 付蓉，张强刚.中小学教师教育技术能力实用教程[M].武汉：武汉大学出版社，2015.

[11] 解继丽.教育信息化促进教学改革的保障体系研究[M].昆明：云南大学出版社，2015.

[12] 陈佐瓒，蒋炎华.普通高等教育"十三五"师范类应用型人才培养实训规划丛书 教育信息技术应用实训教程[M].成都：西南交通大学出版社，2015.

[13] 李斌，徐波锋.梦山书系 国际教育新理念[M].福州：福建教育出版社，2015.

[14] 杨红云，雷体南.智慧教育 物联网之教育应用[M].北京：华文出版社，2016.

[15] 徐燕，伏振兴，李兆义.信息技术与现代教育手段[M].银川：阳光出版社，2018.

[16] 马启龙.信息化教育学原理[M].兰州：甘肃人民出版社，2017.

[17] 王永庆.人工智能原理与方法[M].西安：西安交通大学出版社，1998.

[18] 任友群，闫寒冰. 为数字时代准备未来教师：师范生信息化教学能力的标准测评及培养路径 [M]. 上海：华东师范大学出版社，2019.

[19] 徐学文. 科技信息工作自动化概论 [M]. 北京：国防工业出版社，2008.

[20] 张文杰. 信息技术与学科教学整合 [M]. 北京：中国水利水电出版社，2009.

[21] 贾积有. 教育技术与人工智能 [M]. 长春：吉林大学出版社，2009.

期刊：

[1] 李海峰，王炜，吴曦. AECT2017 定义与评析——兼论 AECT 教育技术定义的历史演进 [J]. 电化教育研究，2018，39（08）：21-26.

[2] 杨成，李永琴，王彦杰. 我国教育技术学科发展四十年研究 [J]. 终身教育研究，2019，30（01）：61-69.

[3] 沙景荣，周跃良. 关于我国教育技术学学科建设的思考 [J]. 电化教育研究，2003（09）：19-22.

[4] 钟柏昌. 教育技术定义：争论与解读 [J]. 开放教育研究，2012，18（03）：34-43.

[5] 李卢一，郑燕林. 美国新国家教育技术规划及述评 [J]. 中国电化教育，2002（04）：67-69.

[6] 吴玮. 我国智慧教育研究现状及发展趋势探析——基于 CNKI 论文的内容分析研究 [J]. 高教学刊，2017（08）：11-13，16.

[7] 王春香. 混合式教学评价体系在高职公共英语教学中的应用 [J]. 太原城市职业技术学院学报，2018（02）：157-158.

[8] 张辉，马俊. MOOC 背景下翻转课堂的构建与实践——以"现代教育技术"公共课为例 [J]. 现代教育技术，2015，25（02）：53-60.

[9] 李子运. 教育技术学研究方法的独特性祛魅与方法论阐释 [J]. 电化教育研究，2015，36（03）：17-21，28.

[10] 周平. 基于现代教育技术的翻转课堂及其理论基础溯源 [J]. 外语电化教学，2015（02）：72-77.

[11] 刘和海，饶红. 我国师范院校教育技术学学科建设：现状与反思 [J]. 中国电化教育，2015（06）：31-41.

[12] 熊华军，褚旭. 近二十年教育技术元研究的可视化分析 [J]. 电化教育研究，

2015, 36（07）：28-34.

[13] 杨九民，梁林梅. 教育技术学本科专业发展现状及改进对策研究[J]. 电化教育研究，2015，36（07）：98-104.

[14] 万昆，兰国帅，叶冬连. 国内教育技术研究领域：现状、问题与前瞻[J]. 现代远距离教育，2015（05）：68-75.

[15] 王康宁，于洪波. 从技术批判反观教育技术的伦理性[J]. 电化教育研究，2015，36（09）：16-19，29.

[16] 蔡旻君，李小涛. 学科分化与学科整合——教育技术学发展的原动力探讨[J]. 电化教育研究，2015，36（09）：20-24.

[17] 吴鹏泽，杨琳. 教师信息技术应用能力培训系统的层级化绩效评价研究[J]. 中国电化教育，2016（01）：109-115.

[18] 林青松. 基于翻转课堂的"现代教育技术"实验课程设计[J]. 实验室研究与探索，2014，33（01）：194-198.

[19] 祝智庭，管珏琪. 教育变革中的技术力量[J]. 中国电化教育，2014（01）：1-9.

[20] 刘成新，张松，苌雨. 我国教育技术领域云计算研究现状述评[J]. 电化教育研究，2014，35（03）：41-45.

[21] 谢娟，马煜，程凤农. 教育技术伦理研究：理论视角与内容边界[J]. 电化教育研究，2014，35（04）：11-16，30.

[22] 吴鹏泽，杨琳. Web2.0环境下教师教育技术能力培训模式构建[J]. 中国电化教育，2014（09）：126-131，138.

[23] 张乐，郭绍青，陈莹. "现代教育技术"教师教育课程内容体系改革研究[J]. 电化教育研究，2014，35（09）：102-108.

[24] 祝智庭，沈德梅. 基于大数据的教育技术研究新范式[J]. 电化教育研究，2013，34（10）：5-13.

[25] 李五洲，汪基德. 基于模糊综合评价法的MOOC适切性研究——以"现代教育技术"课程为例[J]. 电化教育研究，2016，37（12）：60-66.

[26] 田俊华. 教育技术学本科专业课程体系的构建研究[J]. 电化教育研究，2017，38（01）：122-128.

[27] 张成龙，李丽娇. 论基于MOOC的混合式教学中的学习支持服务[J]. 中国远程教育，2017（02）：66-71.

[28] 陈明选，俞文韬. 走在十字路口的教育技术研究——教育技术研究的反思与转型[J]. 电化教育研究，2017，38（02）：5-12，18.

[29] 赵呈领，阮玉娇，梁云真. 21世纪以来我国教育技术学研究的热点和趋势[J]. 现代教育技术，2017，27（03）：49-55.